"粤派教育"丛书　　熊焰　高慎英　于慧　主编

◎ 广州市基础教育系统新一轮"百千万人才培养工程"第三批小学名师培养项目

羊城名师成长密码之五

韩迎春　易敏　主编

广州

版权所有　翻印必究

图书在版编目（CIP）数据

羊城名师成长密码之五/韩迎春，易敏主编．—广州：中山大学出版社，2021.7
（"粤派教育"丛书/熊焰，高慎英，于慧主编）
ISBN 978－7－306－06850－7

Ⅰ.①羊… Ⅱ.①韩… ②易… Ⅲ.①小学教师—师资培养 Ⅳ.①G625.1

中国版本图书馆 CIP 数据核字（2020）第 04283 号

YANGCHENG MINGSHI CHENGZHANG MIMA ZHI WU

出 版 人：	王天琪
策划编辑：	张　蕊
责任编辑：	梁俏茹
封面指导：	李冬梅名教师工作室
封面设计：	林绵华
责任校对：	张陈卉子
责任技编：	何雅涛
出版发行：	中山大学出版社
电　　话：	编辑部 020－84110283，84113349，84111997，84110779，84110776
	发行部 020－84111998，84111981，84111160
地　　址：	广州市新港西路135号
邮　　编：	510275　传　真：020－84036565
网　　址：	http：//www.zsup.com.cn　E-mail：zdcbs@mail.sysu.edu.cn
印 刷 者：	广东虎彩云印刷有限公司
规　　格：	787mm×1092mm　1/16　14印张　232千字
版次印次：	2021年7月第1版　2021年7月第1次印刷
定　　价：	45.00元

如发现本书因印装质量影响阅读，请与出版社发行部联系调换

总 序

教育与文化总是相伴而行、共荣共生的。与文化相比，教育的内涵和外延要更明晰具体。可以说，文化是一种内涵非常丰富、外延又极其宽泛的社会现象。人类在长期的社会历史发展过程中，形成了不同的大文化圈，大文化圈中又存在着许多的小文化圈。某个特定文化圈中的文化既保持着所属大文化圈的共同特质，又具有鲜明的民族特色和地域特色，置身其中的人类既创造文化，也深深地受文化的滋养与约定。当代著名作家梁晓声在解读"文化是什么"时，用四句话涵盖文化的内涵品质——文化就是"植根于内心的修养，无需提醒的自我，以约束为前提的自由，为别人着想的善良"。可以说，文化之根浸润教育之根，文化对教育具有巨大影响和价值引领。

作为省属师范类高校，广东第二师范学院在中小学教师和校长培训领域有着诸多思想理论和实践模式创新。在党和国家高度重视教育问题、多次强调发展教育的重要意义的形势下，基于对广东基础教育的责任感、使命感，广东第二师范学院教师研修学院研究团队最先提出基于岭南文化的"粤派教育"理念，努力为广东教育发声。为了进一步改革创新、奋发进取，坚定"粤派教育"的文化自信，提炼"粤派教育"的成功经验，创新素质教育的广东范式，建设南方教育高地，以新的更大作为开创广东基础教育改革发展新局面。教师研修学院于2018年分别在肇庆和广州番禺举办了"粤派教育"高峰论坛，产生了开创性的效应。在这样的背景下，以挖掘岭南文化之根、探寻滋养教育的动力之泉、从文化视角看教育的现实样态与应有之义为宗旨的"粤派教育"就非常值得从理论和实践两个层面进行深入的分析与探究。

这里，有三个关键词需要澄清，即"文化""化""教育"。"文化"乃"人文化成"一语的缩写。此语出于《易经·贲卦·象辞》："刚柔交错，天文也；文明以止，人文也。观乎天文，以察时变，观乎人文，以化成天下。"按照《现代汉语词典》（商务印书馆，第6版）的解释，"文化"就是指"人类在社会历史发展过程中所创造的物质财富和精神财富的总和，特指精神财富，如文学、艺术、教育、科学等"。"化""教化"和"化育"三个词的意义大体相同，就是"感化、滋养、养育"。由此看来，教育其实就是一种使人"文"化、在文化的浸润中实现文化认同与文化理解的过程。"教育"作动词时的意思就是："按一定要求培养"，"用道理说服人使照着（规则、指示或要求等）做"。

一

关于"岭南文化"有多种理解，我们可以把岭南的概念想象成"粤派"，两个概念可以互换，岭南文化和粤文化有一点儿差别，粤的范围较岭南小，但精神上是一致的。

岭南文化是在兼容中迅速崛起的，有学者认为，岭南文化主要经历了古代、近代和当代三次大的兼容，也出现了三次发展高峰。① 能够称得上岭南文化名片的重要历史人物有：唐代的六祖慧能，明代的陈白沙（陈献章）、湛若水（湛甘泉），清末民初的康有为（康南海）、梁启超、孙中山等。

历史上岭南地区被称为"南蛮之地"，陈白沙是岭南地区唯一获准从祀于山东曲阜孔庙的文人，故被称为"岭南第一人"。陈白沙原名陈献章，出生于新会县（今属江门市新会区）新会村，他开启了明儒心学的先河，创立了"以道为本，以自然为宗，学贵自得，学贵知疑"的"白沙学说"（或称"江门学派"）。后经湛若水的完整化、精致化、思辨化的发展，岭南形成了一个异于正统理学的理学新派——陈湛学派。湛若水，字元明，号甘泉（明代时期的新塘镇叫甘泉都），他师承陈白沙，在"以道为本，以自然为宗"的学说上，提出"随处体认天理"的主张，深得陈白沙的赞赏，陈白沙临终前将其讲学场所——钓鱼台，交与湛若水，以示衣钵相传。

湛若水考中进士，被任为翰林院庶吉士，赴京就任，而王阳明正在吏部讲学。当时王阳明34岁，湛若水40岁。湛、王二人的相遇，对于二人来说，都是人生发展的重要标志性事件，并相互成就了对方。王阳明遇上湛若水，成为王阳明研究心学的重要转折点，开始归正于圣贤之学。之前王阳明涉猎广泛，兴趣多样，被湛若水称为"五溺"：一溺于任侠之习，二溺于骑射之习，三溺于词章之习，四溺于神仙之习，五溺于佛氏之习。

湛若水与王阳明在维护各自学术主张的前提下，又共同推进明代心学的发展与完善。35岁时，王阳明遭贬，在贵州龙场悟道，悟出"本心"强大，"心即理"，内心强大与意志力是最重要的。五年后，王阳明遇赦，他与湛若水誓约终生共同求学，致力于圣学的昌明。50岁时，湛若水回到增城。57岁时，王阳明在广西平定宁王之乱后，到增城与湛若水相见，为湛若水撰写诗文《甘泉居记》。在回浙江余姚的途中，不幸去世。湛若水为王阳明撰写墓志铭。

其实，儒学的这种心学传统并非始于陈献章。在唐代，韩愈感慨"道之不传久矣"，提出要维护儒学"道统"，当儒学面临佛老之学的冲击时，韩愈坚决拒斥。

---

① 参见黄明同《岭南文化的三次大兼容与三个发展高峰》，载《学术研究》2000年第9期，第98-101页。

北宋时期，儒学家不再简单排斥，而是既深入研究佛老学说，又着手重建新儒学。南宋时期，形成"陆王心学"和"程朱理学"两大流派。到了明代，陈白沙上承宋儒理学的影响，下开明儒心学之先河，在中国哲学思想史的发展上，具有承前启后的地位和作用。加上湛若水和王阳明对心学体系的系统化和精致化研究，二人的主张各有侧重，但都致力于彰显和弘扬明儒的心学传统。到了清代，广东南海人康有为同样选择了心学之路。

岭南文化是如何延续、承接中国历史上的心学一脉的呢？一个重要的文化源头就是要探寻六祖惠能的《坛经》。六祖惠能，南派禅宗的创立者，广东新兴人，史称"六祖"，中国禅宗杰出大师。他生于岭南，长于岭南，弘法于岭南，圆寂于岭南。其弟子集其语录编为《六祖大师法宝坛经》，它是南禅顿教形成的标志，是唯一一部中国人撰述而被称为"经"的佛教典籍，曾被列入"中国最有代表性的十本哲学著作"，而惠能本人被欧洲人列为"世界十大思想家之一"，与孔子、老子并列为"东方三圣"。

惠能对岭南心学的影响主要体现在方法论上。他的一个信念就是"自我解脱"。这种自我解脱，有时需要借助外缘的启发，如所谓的禅机、机锋，但关键的一步全靠"自修自悟"。自修自悟，如人饮水，冷暖自知，听别人说千万遍不如自己亲身感受的亲切、深刻。

禅宗思想中国化，首先在于它从生活方式和生产方式上的中国化，禅宗在经济体制上与中国封建社会融洽一致，不劳而食的习惯有所改变，减少了被攻击的口实。其他宗派的寺院经济来源多是靠别人的劳动，与地主和政府有一定的利益矛盾，其发展和生存受到较多限制。在生存竞争中，禅宗的优势更明显：自食其力，可以不受经济来源断绝的威胁，一代一代传下去。修行之人，除了不能结婚生子外，与常人生活没有太多差别。僧人们在日常生活中体悟，在亲身劳作中自修自悟、自我解脱。六祖惠能强调"自度""自悟"的方法论意义被陈献章所吸取。

陈献章融合儒、释、道三教精义，强调"静中养出端倪"，以"宗自然"与"贵自得"为基调，既有庄子"坐忘"的影子，又有佛者"坐禅"的路数，倡导"心在万物上""贵在自得""彻悟自省"。湛若水沿着"宗自然"与"贵自得"的路径，进一步提出"随处体认天理"，鼓励"学贵自得"。

影响岭南文化与教育改革的重要文化之源，就蕴含在强大的心学传统之中。当我们把心学传统与学校教育和人的学习与发展相联系时，就会发现，心学所倡导的"内心强大""意志""自得"和"静悟"等自我修炼和治学方法，对一个人的学习、发展是非常重要的。

由此，岭南文化与"粤派教育"所强调的第一个纲领，就是想尽一切办法让学生学会"自学"。第一步，要尽可能做到"静"。静能生慧，凝神静气，宁静致远，要安静、沉静、宁静，从身到心。第二步，要努力拓展"能"。丰富知识、提升能力、增长本领、培养多方面兴趣。第三步，要整体感悟，融会贯通，自成体系，"取之左右逢其源"，超越一切具体知识和细节知识。

二

岭南文化的第二个源头就是南洋精神。"闯关东""走西口""下南洋"都是近代中国老百姓外出务工、人口迁徙的重大历史性事件，而"下南洋"是中国近代史上规模最大、路程最远的一次跨国大迁徙，其路途危险程度和谋生的难度远非国内迁徙可比。与"闯关东""走西口"相比，"下南洋"更为壮观，经历的时间更长，历史影响更深远。

中国人"下南洋"的迁徙历史，打造出中华民族伟大的"迁徙精神"，这是中国人的现实主义、英雄主义和浪漫主义情怀的集中体现，支撑着中国人追求美好生活、跨越任何艰难险阻所需的勇气、信心和力量。回首中华民族的发展史，总是与大规模的人口迁徙纠缠在一起。每当成千上万的人们开始打点行囊、准备远离故土的时候，历史就将从此翻开新的一页。

"下南洋"的岭南人用自己的勤奋与努力，改变了岭南人的命运。中国人在近代大规模向海外迁移的同时，也将中华文化传播到异域，在侨居地形成以中国为认同取向，以儒家思想为价值体系核心，同时兼容吸收异域文化的华侨文化。在中国文化地图上，华侨文化是岭南文化结构的独特形态，广东"侨文化"特色鲜明，它形成于异国，反哺于祖国，集中体现为敢为人先、爱国爱乡、兼容中西、包容开放的文化特质。

近代岭南文化的兼容性和开放性，带来中国思想文化尤其是岭南文化的又一次大飞跃。康有为融古今中外文化为一体，创立近代中国第一个以变革为主旋律的维新思想体系。孙中山在承传中国传统文化的同时，大量地"撷取"西方文化，从而创立最具时代精神的"三民主义"学说。康有为、孙中山二人由兼容而创立的思想学说，不仅是近代岭南文化的丰碑，而且是近代中华文化最高成就的体现，岭南文化正因此而取得主流文化地位。

康有为提出的"三世说"，即据乱世；升平世（小康社会）；太平世（大同社会），构筑别具特色的大同理论。康有为在继承中国传统文化的同时，又大胆地吸取东方与西方各国文化之精华，熔古今中外文化于一炉，树起了中国文化向近代转换的丰碑，建造了近代社会变革斗争的强有力的理论武器，其影响远远超出岭南而及于全国乃至世界。康有为与梁启超组成"康梁学派"，推崇"心学"，推崇《春秋》，重新发现"三世说"。

康有为的"三世说"对岭南文化与教育改革具有重大的意义与价值。他认为据乱世、太平世和升平世不只是时间概念，还是空间概念，这是康有为独特的发现。

如果用康有为的"三世说"来解读学校教育与学生成长，可以这样理解：据乱世需要的是刚性气质；太平世需要的是柔性气质；升平世居于中间状态，需要的是双性气质。相应地，据乱世需要刚性教育，需要强调体育、劳动、道德与法制的教育。太平世强调柔性教育，强化的是智育、美育、德育等，倾向于浪漫主义教育学派。也就是说，如果在据乱世与升平世阶段，不恰当地实施柔性教育，则很容易从文明走向文弱。例如，宋朝文教政策强调"重文抑武"，历史教训就是发达文化和文明并没有带来国力的增强。升平世要求的是努力奋斗、艰苦创业，同时要有忧患意识。升平世需要的是刚柔相济，倡导"新六艺"教育，即文武双全："智育+体育"；劳逸结合："劳动+美育"；通情达理："德育+情感"。升平世既有据乱世的艰难，又有太平世的追求，要德智体美劳全面发展。教育要同时抓两个方面：一方面，要有文化教育，让学生变得文明，让学生学会游戏，学会享受情感生活，可以称之为柔性教育；另一方面，要有野性教育，要重视体育和劳动，让身体保持一定的野性。通过刚柔相济的教育，让国家保持长期的强盛。

三

如何用岭南文化精神引领教学改革的方向与路径？岭南文化的源头是心学，当我们站在心学立场之上，用岭南文化的风格解读和设计教学改革时，就会发现：处理好知识学习中的情理关系、学思关系和知行关系变得特别重要。在情与理之间，情比较重要；学与思之间，思比较重要；知与行之间，行比较重要，这不仅包括学生行动，还要参与真实的社会实践活动，更重要的是体验职业生涯规划，用生活志向和职业理想带动学生学习。

基于心学立场的教学改革的方向与相应路径主要有以下三个方面。

第一，激发自信与自学的兴发教学。注重情感教学，整体探究学习，生涯教育与自学。让学生自信，这是情感，"情"通则"理"达；让学生自学，这是思，以"思"促"学"；生涯教育是行，用"行"兴发出"自学"和"自悟"。由此，"粤派教育"的典型特征之一就是，想尽一切办法让学生自信，想尽一切办法让学生自学，想尽一切办法让学生自食其力。

第二，动静相宜，劳逸结合。睡眠是最好的静修，《黄帝内经》把充足的睡眠当作头等大事，认为"心藏神""肝藏魂"。白天的意识行为尤其是"聚精会神"的意识行为一直在耗神、费神，使得心神或灵魂处于被驱使的劳役状态，只有进入睡眠之后，"神"才成为主角。"静坐"接近于睡眠，是人在无法睡眠时让自己暂时处于类似睡眠的催眠状态。"静"可以让躁动的生活重新归于从容淡定。从这种意义上讲，睡眠比运动和学习更重要。动生阳，静生阴。吃饭运动生阳气，睡觉休闲生阴气。动静相宜、劳逸结合的理想状态就是，从容不迫，张弛有度。

第三，勇毅果敢，意志力强大。人是否强大，主要指人的精气神、意志力是否强大，身体强壮、知识丰富、能力高超并不等同于意志力强大。孟子倡导"浩然之气"，讲"天将降大任于斯人也，必先苦其心志，劳其筋骨，饿其体肤，空乏其身……"，陈白沙提倡"心在万物上"，等等，都是强调一个人只有内心强大、志向坚定，才能拥有强大的意志力，才能成就最好的自己。

置身于"粤派教育"中的学校、校长、教师和学生，需秉承岭南文化精神，弘扬心学优秀传统，致力于教育实践改进，深化学校教育研究，凸显"粤派教育"特色。广东第二师范学院教师研修学院结合广东省与广州市"百千万人才培养工程"名校长、名教师培养项目，提出编写校长和教师培训成果系列丛书，并将其命名为"粤派教育"丛书，一方面期望凝聚广东中小学校长、教师优质资源，深化岭南文化与"粤派教育"的系统化研究，生成"粤派教育"理论内涵与实践范式，让"粤派教育"发出应有的声音；另一方面旨在总结、研讨和探究粤派校长和教师专业成长路径，开启粤派校长和教师成长密码，探寻培养"一大批新时代好校长、好教师"的路径，"创新体制机制，激活一批校长和教师"。

遵循习近平总书记"讲好中国故事"的指示和要有"文化自信"的启示，教师研修学院在汇编"粤派教育"丛书时力求突出区域文化特点，讲好广东校长和教师成长的故事，要求校长和教师总结提炼自己的教育主张、办学特色或教学风格。同时，组织相关专家就案例写作进行系列化指导、整体讲座、分组评审、分科答辩等，期望校长和教师在写作过程中，探寻自我成长的规律、路径、特点，以此振兴杏坛作为，为其他校长和教师"六下功夫"和夯实专业素养提供范例，也为建设广东教育高地、培养德智体美劳全面发展的社会主义建设者和接班人略尽绵薄之力。"粤派教育"丛书大体分几个系列，以校长/名师/骨干教师群；区域/项目/学科/幼儿园等为分类线索。设总序，突出"粤派教育"和岭南文化特色；设分册序，内容包括项目介绍、与总序的衔接回应、板块导读语、供稿教师姓名罗列（按内容顺序）；等等。

"教师系列"分为学段、学科、区域，各分册独立成书，采用教师叙事研究方式，致力于找寻一些规律性的所谓"粤派教育"的优势特色。各分册既保持统一体例，又允许呈现自己的特色。体例主要以学科板块的形式呈现，每个学科板块包含5～8位教师的成果，同时分为5～8个学科板块，每个学科板块包括以下几个方面。

（1）导读语：教师肖像、教师成长要素、学科特色及教师风格归类小结。

（2）名师成长档案：自拟主标题，以"我"的成长历程为蓝本，讲述生活、求学、教学所在地域风俗文化对自己的影响，在文化认同的过程中如何处理文化冲突与文化理解。凸显教师的成长要素和关键事件包括文化浸润、热爱学习、勤于实践、重视研究、善于反思和注重写作等。

（3）学科教育观：自拟主标题，由"我的教学风格解读""我的教学主张""他人眼中的我"整合完善而成。可添加真实的教学案例、教学过程材料等补充说明。如助力学生成长、课堂教学改进、师生关系培育等。

（4）育人故事：自拟主标题，以学生喜欢的教育方式为主线，讲述"我"与学生的故事，如激励学生、指导学生个体学习或班级管理智慧等。

（5）附录：教学现场与反思（以"我的教学实录"形式展开，增加本节课的自我反思）。重点反思三个方面，一是课程（文化，含地域文化）资源开发与教学设计，二是课堂教学对话与教学生成，三是教师教学风格与教学艺术。

"校长系列"根据学段、区域、任务驱动，既保持统一体例，又允许各分册呈现自己的特色。主要通过行动研究、叙事研究、案例研究，致力于在以下几个方面找到一些规律性的所谓"粤派教育"的优势特色：校长成长的地域文化影响，校长关注、思考、研究的主要问题，校长的办学思想、教育哲学，学校改进实践的关键要素与路径等。根据校长专业发展阶段和成果类别，主要从"校长学习力——我眼中的名校成长基因""校长思想力——办学思想的探寻与凝练""校长行动力——学校改进与教育实践创新"三大子系列呈现"粤派教育"和岭南文化的特色。

本套"粤派教育"丛书努力做到三个超越：第一，超越教学风格或管理风格，打造"粤派教育"；第二，超越课堂教学或办学经验，展现教育智慧；第三，超越常规培训成果体例，凸显启发性和可读性。

本套丛书之以所以能够成书，得益于各方力量的聚合和支持。首先，感谢广东第二师范学院闫德明教授，本套丛书"教师系列"的体例设计有所选择地采纳了其主编的"我的教学风格"丛书的基本框架，并在此基础上进行了创新。其次，感谢华东师范大学刘良华教授，其对"粤派教育"的开创性研究成果被充分运用到本套丛书的顶层设计之中。最后，感谢长期以来关心支持教师研修学院培训工作的领导、专家和同事，感谢各位主编和供稿的广大中小学校长和老师的辛勤付出，感谢中山大学出版社的鼎力支持。

"粤派教育"丛书编写组
2019 年 3 月

前 言

百年大计，教育为本，建设教育强国是中华民族伟大复兴的基础工程，要以习近平新时代中国特色社会主义思想为指导，认真贯彻落实习近平总书记的系列重要讲话精神，深刻把握教育对中华民族伟大复兴的决定性意义，优先发展教育事业，加强教师队伍建设。兴国必先强师，新时代需要高素质专业化创新型教师队伍。强化教师培训工作，提升教师培训成效，更好地贯彻落实党和国家关于新时代教师队伍建设精神，助力粤港澳大湾区建设，提升广东教育品质，用"四有好老师"标准、"四个引路人""四个相统一"和"四个服务"等要求，统领教师培训工作，促进教师专业发展。

2017年4月，广州市启动了第三批"百千万人才培养工程"，以打造广州市中小学高层次领军人才队伍为目标，通过系统设计、高端培养，计划到2019年，培养一批师德高尚，具有先进教育理念和丰富理论知识、扎实教学能力和教学管理水平、国际视野和开拓创新能力、较大社会影响力和知名度、处于领军地位和发挥示范作用的名教师、名校长和教育家，为建设教育强市，推进教育现代化，打造南方教育高地提供人才保障。

广东第二师范学院充分发挥自身优势，主动承担了广州市"百千万人才培养工程"第三批小学名师培养项目的培训任务，培训过程中不断创新培训模式，致力于名师培养有效路径的探索。本项目以"成为有独特教学风格的粤派专家型教师"为培训主题，以拓宽教育视野、更新教育理念为主旨，促进教师知行合一，鼓励教师理论创新与实践改进，积极开展"教学改革行动研究"，以课题研究和项目驱动为基础，坚持理论研修、课题研究和实践改进相结合，以"学习促反思"，以"写作促成长"，融教师学习、实践改进与反思写作于一体；提供丰富多样的"名师引领"资源，聘请54位学科导师跟进主题研讨和共同体学习，同时为每位教师提供个性化指导，意在帮助每一位培养对象成为风格建构者、实践创新者和思想传播者。本项目助力教师在省思、改进、凝练和叙说中形成个性化的"粤派教学风格"，彰显"粤派教育"的优势亮点，使其成长为能够发挥示范引领作用，具有较高知名度和影响力的专家型教师。

一方水土养一方人，一地文化陶染一地教育。教育根植于文化中，文化又滋养着教育生长。岭南文化有着独特的文化底蕴，所呈现出来的"开放""兼容"

"务实""自励"的文化精神融合地域优势，让广东教育人的文化底蕴更为丰富多彩。不论来自天南还是地北，五湖四海的教育工作者扎根于此，融会贯通，创造出具有广东文化特色的"粤派教育"。

具有自己独特的个性化的教学风格是名师的标识。教学风格是指教师长期在文化感染下，扎根于教学实践过程中形成的，在一定的教学理念指导下，创造性地运用各种教学方法和技巧所表现出来的一种个性化的教学风貌和格调。广州名师要形成基于广东文化特别是广州特色的粤派教学风格。粤派教学风格的形成是一个不断探索与批判的过程，一个不断实践与省思的过程，一个不断凝练与升华的过程。粤派教学风格的形成，也是一个且行且思的过程，永远在路上，循环往复、层层递进、螺旋上升。

名师教学风格的生成与凝练，不是孤立的教学技能技巧的提升，而是一个人成长历程、文化浸泡、教育信念的整体思考，基于教学风格，超越教学风格，将名师成长档案、学科教育观与育人故事融为一体，撰写粤派名师成长案例，解锁羊城名师成长密码，这是本册编者的期待与努力方向。

粤派名师成长案例，主要包含教师叙说自己的成长历程、表达自己的教学风格与教育主张、记录教学现场与教学反思等。个人成长历程的叙说，其实就是一个自我反思和自我发现的过程。从解锁羊城名师成长密码的视角看，名师成长的路径与方式是多种多样的，有的教师是在科研兴教中成长起来的，有的教师是从磨课比赛中历练出来的，有的教师是师从名师发展而来，有的教师在不断培训提升中成长，等等；在名师成长路上，有的自幼励志成师，有的阴差阳错"误"入师道，有的幡然顿悟力求成才……最终都因共同的信念汇聚一堂，通过展现他们的历练，他们的境遇，他们的思想，期盼为后来者指明前行道路，明晰促进教师队伍建设的关键要素，助力教师专业成长。

成就名师的过程同时也是一个自我修炼、示范带学、扩大影响力的过程。本项目名师培养过程注重教师实践创新能力的发展，通过示范带学、学科研讨、跟岗实践等，把外显的教学知识和教学经验转化为内隐的实践智慧。通过三年的研磨和培育，每一位培养对象不断提炼和表达自己的粤派教学风格，提交了自己的粤派名师成长案例。该案例主要包括五个部分：导读语——即个人肖像或自画像；名师成长档案——讲述个人成长和教学改革历程的真实故事；学科教育观——剖析能够匹配自己教学风格与教学理念的教学主张和学科教学思考；育人故事——通过立德树人故事的讲述，展示自己的教育情怀与教育信念；教学现场与教学反思——让"事实"说话，用教学实录与自我反思方式展现教师的学科教育观。

为了提升名师培养对象的作品感和成就感，项目组邀请学科名师和理论专家，对其"粤派名师成长案例"进行反复审视指导，选择具有代表性的案例结集出版。

限于篇幅，本项目"粤派名师成长案例"分三册出版。《羊城名师成长密码之四》包括语文学科,共13篇;《羊城名师成长密码之五》包括数学、信息技术、综合实践、科学四个学科及特殊教育,共12篇;《羊城名师成长密码之六》包括英语、品德、音乐、体育四个学科,共13篇。

  本分册为《羊城名师成长密码之五》,主要涵盖数学、信息技术、综合实践、科学四个学科及特殊教育,名师包括麦荣斌老师(广州市番禺区韦大小学)、陈婕老师(广州市海珠区宝玉直实验小学)、欧阳桂锋老师(广州市从化区流溪小学)、李秀琼老师(广州市海珠区后乐园街小学)、李娜老师(广州市从化区雅居乐小学)、林妙容(广州市白云区大冈小学)、肖剑平老师(广州市黄埔区东区小学)、雷雯老师(广州市番禺区市桥中心小学)、梁秀清老师(广州市荔湾区西关培正小学)、李瑞雯老师(广州市海珠区宝玉直实验小学)、黎超莹老师(广州市海珠区南洲小学)、李毓嘉老师(中国教育科学研究院荔湾实验学校)。每位名师通过记录成长轨迹,展示个性风采,彰显学科特色,透视出其独特的人格魅力和育人智慧。读者可以从他们的实践故事中感悟"粤派教育"的应有之义和内涵要素,同时比较深入地了解广东文化特色与人文景观的教育意义。

  本丛书是多方协作的成果。丛书主编广东第二师范学院熊焰教授、高慎英教授和于慧副教授负责整套丛书的架构设计工作;项目负责人广东第二师范学院唐志文副教授负责组织案例的修改指导工作;校内外众多学科导师提出了切实中肯的修改指导意见;广东第二师范学院陈元银、刘碧群、刘六老师在沟通联络、信息整理等方面做了大量的工作。各位案例作者非常重视这次出版工作,反复打磨、精心修改,为读者展示了各具特色的粤派名师风采。限于水平,本书难免存在不完善之处,敬请各位同行批评指正。

目 录

严谨、简朴、活力（麦荣斌·小学数学） ↗1

    第一部分 导读语 ··· 1

    第二部分 名师成长档案 ··· 2

    第三部分 学科教育观 ··· 4

    第四部分 育人故事 ··· 10

    附   录 教学现场与反思 ····································· 11

自主亲和 实学拓潜（陈　婕·小学数学） ↗20

    第一部分 导读语 ··· 20

    第二部分 名师成长档案 ··· 21

    第三部分 学科教育观 ··· 24

    第四部分 育人故事 ··· 27

    附   录 教学现场与反思 ····································· 29

严谨、扎实、活跃（欧阳桂锋·小学数学） ↗37

    第一部分 导读语 ··· 37

    第二部分 名师成长档案 ··· 38

第三部分　学科教育观 ··· 41
　　第四部分　育人故事 ··· 44
　　附　　录　教学现场与反思 ··· 46

平实严谨　亲和灵动（李秀琼·小学数学）↗53
　　第一部分　导读语 ··· 53
　　第二部分　名师成长档案 ··· 54
　　第三部分　学科教育观 ··· 57
　　第四部分　育人故事 ··· 61
　　附　　录　教学现场与反思 ··· 62

简约质朴　睿智温情（李　娜·小学数学）↗68
　　第一部分　导读语 ··· 68
　　第二部分　名师成长档案 ··· 69
　　第三部分　学科教育观 ··· 72
　　第四部分　育人故事 ··· 76
　　附　　录　教学现场与反思 ··· 79

朴实　严谨　有效（林妙容·小学数学）↗87
　　第一部分　导读语 ··· 87
　　第二部分　名师成长档案 ··· 88
　　第三部分　学科教育观 ··· 91
　　第四部分　育人故事 ··· 96
　　附　　录　教学现场与反思 ··· 98

吹尽狂沙始见金（肖剑平·小学数学）↗104
　　第一部分　导读语 ·· 104
　　第二部分　名师成长档案 ·· 105
　　第三部分　学科教育观 ·· 109
　　第四部分　育人故事 ·· 113

附　　录　　教学现场与反思……………………………………………… 115

细腻中追求品质，传统中不失潮流（雷　雯·小学数学）↗122

　　第一部分　导读语……………………………………………………… 122
　　第二部分　名师成长档案……………………………………………… 123
　　第三部分　学科教育观………………………………………………… 125
　　第四部分　育人故事…………………………………………………… 129
　　附　　录　教学现场与反思…………………………………………… 131

授之以渔　索以至正（梁秀清·小学综合实践活动）↗140

　　第一部分　导读语……………………………………………………… 140
　　第二部分　名师成长档案……………………………………………… 141
　　第三部分　学科教育观………………………………………………… 143
　　第四部分　育人故事…………………………………………………… 148
　　附　　录　教学现场与反思…………………………………………… 150

温润　自信　创新（李瑞雯·小学科学）↗155

　　第一部分　导读语……………………………………………………… 155
　　第二部分　名师成长档案……………………………………………… 156
　　第三部分　学科教育观………………………………………………… 159
　　第四部分　育人故事…………………………………………………… 164
　　附　　录　教学现场与反思…………………………………………… 166

兼融开放　多元创新（黎超莹·小学综合实践活动）↗173

　　第一部分　导读语……………………………………………………… 173
　　第二部分　名师成长档案……………………………………………… 174
　　第三部分　学科教育观………………………………………………… 177
　　第四部分　育人故事…………………………………………………… 181
　　附　　录　教学现场与反思…………………………………………… 183

问题解决　意义导航　享受学习（李毓嘉·小学信息技术）↗189

- 第一部分　导读语……………………………………………………189
- 第二部分　名师成长档案……………………………………………190
- 第三部分　学科教育观………………………………………………193
- 第四部分　育人故事…………………………………………………199
- 附　　录　教学现场与反思…………………………………………201

严谨、简朴、活力

广州市番禺区韦大小学　麦荣斌（小学数学）

第一部分　导读语

本人麦荣斌，小学数学高级教师，任番禺区韦大小学副校长，分管学校的教学教研工作。荣获"广州市优秀教师""广州市优秀班主任"等称号；先后主持区级课题"小学数学问题解决'后教策略'的案例研究"和"基于'研学后教'理念深化小学数学'综合与实践'后教策略的案例研究"，参与市、区课题研究5个；荣获番禺区教学新秀评比二等奖、说课比赛二等奖等奖项；10多篇论文和案例获奖，3篇论文发表。

我是一个土生土长的广州人，从小在农村长大，黝黑的皮肤，高高的个子，亮亮的头，戴着一副黑框眼镜，诚实稳重，严谨中带点幽默。农村养育了我，因此，毕业后我毅然选择回到农村任教，反哺这块生我养我的地方。在扎根农村的17年里，凭着广州人奋发向上、自强不息的精神，通过自醒自悟，不断学习，努力提升，我成了广州名师培养对象的一员。我在教学中逐渐形成了严谨、简朴、活力的风格，以学科和个人严谨风格为基础，以简单朴素为教学形式，在尊重学生的前提下，呈现有活力的课堂，努力实现为提升学生数学关键能力而教学的目标。

第二部分　名师成长档案

广州又称羊城，自古以来就是岭南水乡富庶之地，还是一座务实、求真、宽容、开放、创新的城市，彰显了"敢为人先、团结友爱、奋发向上、自强不息"的广州城市精神。我是一个土生土长的广州人，自小受粤文化的熏陶，自然而然在骨子里传承了这份珍贵的文化，形成了自强不息、坚韧不拔、敢为人先的性格。在农村扎根的17年，在粤文化的浸润下，我在教学中发挥自身优势，实现了自我蜕变，逐渐形成了自己的教学风格。

一、分配变故，激发动力

2001年，我从番禺师范学校毕业，这是我人生的转折点。这一年，因为分配发生的变故，激发了我内在的动力——让我决心要成为一名优秀老师。怀揣着美好的愿景，怀揣着对农村的眷恋，我毅然选择了回农村任教，因不想回老家的缘故，我选择了远离家乡的化龙。凭着自己在校的优秀表现，当年7月我被分配到了当时化龙条件最好的农村小学——山门小学任教，拿到通知书的那一刻，我心里乐滋滋的，凭着自己的努力，我可以做自己喜欢的事情了，也对自己的未来充满着希望。但现实跟我开了个大玩笑，8月30日我重新接到了通知，我被安排到了水门小学。虽然就差一个字，可当时两所小学的硬件和软件条件相差还是蛮大的。我的心情犹如坐过山车，从顶峰掉落到谷底。山门小学的位置被一个"关系户"抢走了，没有征求我的意愿，没有商量的余地，我只能被迫接受。这对于一个刚走出校门的中师生来说，确实是很大的打击。我清楚地记得，那天晚上，下公交车后，我独自一人走在漆黑的路上，一路走着，一路哭着，心里埋怨着上天的不公。凭着广州人自强不息的精神，就在那一天晚上我确定了自己的人生目标：我要成为一名优秀的教师，我要让你们知道，不要我是你们的损失。就这样，在水门小学的三年里，我发愤图强，努力做好自己的本职工作，主动接受任务，积极钻研教材，让自己度过了充实而难忘的三年。

二、合校之机，活力初现

2004年是我从教的第二个转折点，合校让我的教学生涯得以新生，而在培训、学习的过程中，我接触到深圳南油小学的"活动教育"理念，接触到一线名师，开阔了教育视野，并在以后的实践中让我的课堂教学展现出充满活力的一面。2004年9月，因资源整合学校合并，我被调到番禺区化龙第二小学任教，这所学校由四所小学合并，学校的硬件和软件都有了质的提升。凭着自己前三年打下的基础，我成为学校青年骨干教师的重点培养对象。2005年，化龙镇全面学习活动教育，并开发了系列的综合实践课程。也在那一年，我开始接触活动教育，并开始在课堂实施活动教育。2006年我有幸到深圳南油小学学习，见识到了活动教育课堂。当听完了"书写广角"公开课以后，活动教育的形式和理念深深地打动了我。这节课上，我看到了充满活力的师生，学生在老师的引领下有效组织活动，高效地完成学习任务，让我坚定了走活动教育的路子。2007年，我申请参加广州市第一批农村骨干教师培训，认识了我人生中第一位导师——曾少华特级教师。跟着导师一起学习、上课、参加教研活动，让我感受到名师的魅力，从此我有了更高的追求。在名师的指导下，我在课堂上进行活动教育尝试，五年间我以体验教学为基础，共承担了4节片区公开课，在2007年的化龙镇小学教师课堂教学竞赛中获得一等奖；2008年，获得番禺区第六届教学新秀评比二等奖，所撰写的教育论文在"广州市校本研究与教师发展学术研讨会"中获奖，并在《广州教学研究》发表；2009年，在化龙镇"创建学习型组织，争做知识型职工"活动中被评为先进个人，在广州市教育局教学研究室组织的广州市第一批农村地区小学学科教师培训中被评为优秀学员。在化龙第二小学任教的五年，我在成长的觉醒中找到了教学的自信，教学和写作能力得到较大的提升，以体验教学为基础的教学风格得到基本确立。

三、新秀蜕变，严谨治学

2009年，我因家庭原因申请工作调动，调入现单位韦大小学。这是一所比较偏远的农村小学，但我喜欢这里的纯朴：纯朴的学生，纯朴的家长，还有纯朴的同事和领导。当时，学校安排我担任一年级数学老师和班主任，这对没有一年级任教经验的我来说确实是一个挑战。凭着不怕输的精神，我开始琢磨跟学生说的每一句话，考虑每个动作、每句话背后的作用，我开始琢磨我的教学行为。一切从零开始，一年级的学生什么也要教，我认真研读教材，仔细钻研教法，主动学习低年级的教学方法，一年下来我学会了更加灵活地调控课堂，教学效果让学校领导非常满意。2010年，我承担了番禺区的公开课"几百几十加减几百几十的练习"；2011年，我参加番禺区说课比赛，获二等奖，一切都进展得非常顺利。2012年，我再度参加番禺区教学新秀比赛，那一年我趋向成熟，开始对我的教学风格重新进行思考。在新秀比赛的磨课中，我以活动教育的方式试教了"面积"课，由于涉及很多的素材，我安排了很多的活动，希望学生能在活动中进行有效学习；但在汇报时，学生不能准确地进行表达，于是教研员给我提了一个问题：学生的表述不准确，作为教师应该怎样教？这一个问题，让我对课堂教育进行了深刻的思考。数学课程标准把严谨作为数学的基本特征，它要求数学结论的表述必须精炼、准确；而对结论的推理论证，要求步步有根据，处处符合逻辑理论的要求。在数学教学内容的安排上，要求有严格的系统性，要符合学科内在的逻辑结构，既严格又周密，贯彻严谨性与量力性相结合的原则。因此，在以后的教学中，我更加注重数学的严谨性，并且把严谨作为第一位。在严格的要求下，我的课堂逐渐形成了"严谨+活力"的特点，两者相辅相成。在韦大小学的第一个五年是我快速成长的五年，自身的理论水平和实践水平都得到了显著的提升，这五年让我收获了"广州市优秀班主任"和"番禺区优秀教师"的殊荣。

四、追求卓越，风格渐成

2014年，我受到领导赏识被提拔为学校副校长，分管教学工作，这让我有更多的机会认识外面的教育世界。教科研工作是我的主要工作之一，从那时起我真正开始做课题，参与不同课题和项目的研究。2014年，我主持番禺区教育科学"十二五"规划课题"小学数学问题解决'后教策略'的案例研究"，在摸索中前进，边做边尝试，最终课题顺利结题，绩效评价被评为良好。从此我对做课题有了信心，2016年主持课题"基于阳光评价下提高小学生对礼韵文化认同的校本行动研究"，目前正在有序研究中；其间，我还先后参与了学校的4个课题和1个科技项目研究。做课题给我最大的收获是用科学的方法进行研究。2014年，我担任片区数学中心组教研员，在不断的听课视导中，发现片区也出现了一些不良的风气：上课的形式太花哨了，数学课变成了表演课。于是，我有了让教学回归本源的想法：简简单单地教。我开始观察名师的课堂，学习他们如何简单地教，也逐渐在自己的课堂上进行尝试，进一步磨炼自己的课堂教学。2016年，我觉得自己还年轻，还想进一步提升，于是参与了广州市"百千万人才培养工程"的遴选，实现了自己教学道路的再起航。有优秀的导师指导，有优秀的同学同行，我的教学视野更加开阔，提升也更加快。到了这个时候，我开始思考：我的课堂有什么特点？自然而然，严谨、简朴、活力成了我的教学风格。

第三部分　学科教育观

我的教学风格解读

在农村从教的17年里，务实的我一直在教学的道路上不断追求着，经过多年的积累和沉淀，逐步形成严谨、简朴、活力的教学风格。

严谨、简朴、活力的教学风格是指在数学学科严谨的特点下，遵循学生的特点，教师以简单朴实的方式进行教学，追求有活力的课堂，展现学生的个性特点，促进学生的可持续发展。三者相辅相成密不可分，严谨是前提，简朴是基础，活力是中心。首先，数学是一门理科，有着严谨的特点，我个人也是沉稳的性格，学科和个人的性格特点让我对数学教学有着严谨的追求，严谨是我教学的基础；其次，受农村地区简单朴素的环境影响，我希望用简单朴素的教学方式让学生学习数学知识，简单的才是最好的，这成为了我教学的基础；最后，是活力，新课程标准指出，学生是学习的主体，每个学生都是富有个性的，教师要因材施教，我尊重学生的特点，在课堂上力求展现学生有活力的一面，呈现有活力的课堂，以学生为本是教学的中心。

严谨，《现代汉语字典》解释为态度严肃谨慎，细致、周全、完善，追求完美。数学作为理科学科之一，是研究数量关系和空间形式的科学。数学教学有着特定的课型和思维方式，因此，我在教学上遵循学科的特点，准确理解和把握教材目标，运用科学的手段进行教学和评价，加上我对教学的严谨态度，铸就了我严谨的教学风格。在教学"比的基本性质"一课中，有这样的一道判断题：比的前项和后项同时乘或除以一个相同的数，比值不变。大部分的同学认为这是对的，但基于数学的严谨性，我引导学生深入思考和推敲，于是我反问：是任意数都可以吗？有没有同学提出自己的看法？在老师的引导下，最终有一位同学提出了0除外，最后师生共同完善比的基本性质：比的前项和后项同时乘或除以一个相同的数（0除外），比值不变。一数之差就可以推翻结论，看似接近的表述，不能模糊，在数学来说，1就是1，2就是2，教学必须体现严谨性。

简朴，取简单朴实之意。数学是简洁的，教师简约地教，学生简单地学，是我的教学追求，我要让学生在简朴的课堂上学会数学知识和技能。在教学"搭配"一课时，我让学生观看了小明上学烦恼的视频（怎样搭配衣服），然后提出问题：小明可以怎样穿呢，你们能帮助小明解决问题吗？老师没有过多的言语，没有花哨的情境，3分钟完成了情境导入。课堂的时间是宝贵的，这就要求老师用最简朴的方式进行教学，以体现教学的高效。

活力，《现代汉语词典》指旺盛的生命力，行动上、思想上或表达上的生动性，形容活泼不呆板，富于变化。教师的教最终都是为了学生的学，教师必须关注、研究学生的学习状况，组织引导学生的学习过程。《全日制义务教育数学课程标准（修订稿）》指出，"学生的数学学习应当是一个生动活泼、积极主动和富有个性的过程"。因此，在教学中，我在坚持简朴教风和尊重学生的前提下，以学生为主体，力求展现学生的特点，让学生快乐地学，使学生真正成为学习的主人。在"圆的认识"一课中，学生对圆已经有一定的认识，因此在教学中，我以问题为引领放手让学生进行探究。我设计了以下问题串：①生活中哪些物体的形状是圆形的？②怎样画一个标准的圆？③圆的半径和直径有什么关系？学生以问题为中心，进行了找一找、画一画、量一量等活动。课堂上学生主动地进行汇报，而且笑声、质疑声不断，活动有效，课堂气氛活跃，很好地完成了学习任务。教师只要给学生提供一个平台，他们就会给你惊喜，请相信你的学生。

▶ **我的教学主张**

义务教育阶段的数学教育是学生接受数学教育的奠基阶段，它不应是"毕其功于一役"的教育，而应是"风物长宜放眼量"的教育。教学风格是教学主张的具体体现，作为一名小学数学老师，我要以严谨、简朴、活力的教学风格实现为提升学生数学的关键能力而教的教学主张，实现学生的可持续发展。我主张教师要培养学生科学的态度，营造"创生"的环境，提升学习能力，发展学生数学的关键能力。

1. 培养科学态度

人们常说"态度决定高度"，学生的态度决定学生的学习效果。让学生具有良好的科学态度是数学教学贯穿始终的目标，良好的科学态度的核心是实事求是。数学的结论是通过严格的逻辑推理得到的，对就是对，错就是错，来不得半点的含糊，这是数学核心素养中逻辑推理能力的要求，所以数学教学特别适合培养学生实事求是的科学态度。教师在课堂讨论中应该利用一切的机会，让学生在方法上、逻辑上和结论上明辨是非。有不同意见是正常的，真理越辩越明，在课堂讨论中应该鼓励学生争论，教师不要过早表态影响学生的结论，但可以点拨和引导，使争论更加涉及问题的本质，使争辩的是非越来越分明。科学的态度在数学上表现为严谨，严谨是数学最基本的特点，在数学课上，我跟学生说得最多的是：数学中 $1+1$ 永远等于 2。记得六年级测验试卷上有这样的一道题目：$1/4+1/4+1/4=(\ )\times(\ )=(\ )$，有的学生是这样做的：$1/4+1/4+1/4=(3)\times(1/4)=(3/4)$，这些同学我都打了错。评卷的时候，学生就跟我争论："明明答案是对的，麦老师你为什么还打我错？"对于学生的质疑，我耐心地进行解答："$3\times1/4$ 表示的是 3 的 $1/4$，$1/4\times3$ 表示的是 3 个 $1/4$ 或者 $1/4$ 的 3 倍。"

从答案来看，两者没有区别，但从意义上来说，两者有着根本的区别。题目"$1/4+1/4+1/4$"的原意是 3 个 $1/4$ 相加，因此只能写成 $1/4\times3$。可能对于学生来说，只是数字前后调换了，但作为一名数学老师，数学的严谨性告诉我，数学的每一步算式都要经得起验证，科学的态度非常重要。因此，在我的数学课中，严谨是放在第一位的。

2. 营造创生环境

可持续发展的数学教育应该是富有生命力的，具有自我生长力的教育。基于可持续发展的理念，课程实施的过程应该是教师和学生共同构建教育经验并共同成长的过程。在数学教学中，教师除了要钻研教材、了解学情、研究教法外，更应该重视在课堂上构建一个有利于"创生"的即具有自我生长性的数学学习环境。因此，教师在遵循儿童生长规律的前提下，要做到眼中有学生，为学生提供一个开放、融合的课堂，让学生在平等、开放的课堂上获取知识。课堂上学生是主体，我的课堂追求以生为本，以学定教，"老师，我不同意"，这是我的数学课上常见的情景。记得在教学六年级工程问题时，出现了下列的情况。

我出示例题，要求小组自主合作学习，然后进行汇报。（题目：一共有300棵树，甲队单独完成需要8天，乙队单独完成需要10天，两队合作需要多少天？）

师：下面请第一小组的3号同学进行汇报。

生1：我们是这样做的，先求出甲队的工作效率，用工作总量除以工作时间，得出$300÷8=37.5$（棵），再求出乙队的工作效率$300÷10=30$（棵）……

生2：老师我不同意这个同学的看法，怎么会算到37.5棵呢？不可能出现半棵树，我觉得应该用四舍五入法约等于38棵。

生3：我也不同意刚才那位同学的看法，我觉得不可能出现37.5棵，我觉得应该用去尾法，那一棵都没有种完，不应该进一，应该去掉，是37棵。

师：我觉得大家都非常有道理，说出了自己对37.5的看法，解释都有依据，我为大家的精彩回答感到骄傲。大家想想37.5表示什么意思？为什么会出现37.5？

一个不起眼的37.5，却引起了同学们数学思维的强烈碰撞，正当学生热烈讨论时，老师抛出了问题：大家想想37.5表示什么意思，为什么会出现37.5？把热闹的课堂带进思维的空间。老师支持并鼓励学生有不同的声音，课堂上学生可以大胆地发表自己的看法，只要有理有据，老师都给予肯定。我们经常提创造力，如何提升创造力，我想课堂是我们最好的阵地，课堂是一个随时发生"意外"的地方，它常常脱离既定的教学设计，但老师要做好把控与调节，重视与支持学生的创造力，给予他们开放平等的平台。学生的学习力，就是在这样的创生的土壤下慢慢地成长起来的。

3. 提升学习能力

学习能力是所有能力的基础。学生要学好数学，必须提升自身数学学习能力。教师要重点培养学生运用数学的思维方式进行思考，增强学生发现和提出问题的能力、分析和解决问题的能力。

（1）运用数学的思维方式进行思考。

"数学是思维的体操"，数学课程在培养学生逻辑思维和理性思维方面发挥积极的作用，教数学一定要教思维，学数学也一定要学思维，"授人以鱼"不如"授人以渔"，学生学会"数学的理性思维方式"将受用终身。在小学阶段，较多使用的是合理推理，其内涵包括分类、归纳、类比、联想、猜想等。猜想是数学课堂上最常见的。印象最深刻的在教学"$1/2+1/4+1/8+1/16+1/32……=？$"时，老师提出两个数学问题：①观察这道题目，你发现了什么规律，1/32下一个加数是多少？②它们的结果你猜会是多少？围绕这两个数学问题，学生展开了积极的小组合作学习，其中有一位学生这样分析：我试着一个一个地加起来，$1/2+1/4=$

3/4，1/2＋1/4＋1/8＝7/8，1/2＋1/4＋1/8＋1/16＝15/16，1/2＋1/4＋1/8＋1/16＋1/32＝31/32……我发现和在不断地增大，同时和与最后一个加数合起来是1，如果按照这样下去的话，结果会无限地接近1，因此我认为它们的最终结果是1。从这位学生的回答中可以看到，从已有的条件出发，展开合理的猜想，这是这道题目背后真正的含义。数学计算结果重要，过程也同样重要，过程造就学生思维。数学思维不但应用在数学课堂上，在社会生活中更是应用广泛，用理性的数学思维解决日常问题，使学生终身受用。

（2）增强发现和提出问题的能力、分析和解决问题的能力。

《义务教育数学课程标准（2011年版）》的课程目标提出，要"增强学生发展和提出问题的能力、分析和解决问题的能力"。课程目标从过去的"分析问题和解决问题的能力"到"增强学生发现和提出问题的能力、分析和解决问题的能力"的发展，是从培养学生的创新意识和创新能力进行考虑的。在解决问题的教学中，老师经常会出现这样的一个问题：你能提出什么数学问题？提出问题意味着学生对已有条件的理解，对数量关系分析透彻。如在教学分数除法的工程问题时，老师出示题目后出现了这样的一幕。

师：根据题目的条件，你们有什么疑问？你们能提出什么数学问题？

生1：这道题都不知道工作总量，怎么办？

生2：甲队每天能完成工程的几分之几？乙队呢？

生3：甲乙两队的工作时间比是多少？他们的工作效率比又是多少？

生4：如果只完成工程的一半，需要多少天？

…………

师：我们把这些问题稍微进行分类和整理。本题的工作总量不知道，怎么办；甲、乙的工作效率分别是多少，合作一天的工作效率又是多少；合作需要多少天。下面我们逐一进行解决。

学生提出了自己的疑惑和问题，形成一系列的问题串。老师想学生所想，解决学生问题，把问题加以处理，形成清晰有效的教学思路，课堂因学生而精彩，精彩的课堂也提升了学生的数学学习力。

他人眼中的我

"一个1.8米的高个子在低年级数学课上有精彩的展现"，这是我做教研员以来难得一见的事情。麦老师以其扎实的教学基本功及灵动的课堂给我留下深刻的印象。近年来，他在片区教研活动和赛评活动中一步一个脚印成长着，从原来的追求形式，到现在追求内容，追求实效，每一步都在蜕变着。近年逐渐形成严谨细腻、简单朴素、有活力的教学风格。

——番禺区西片教育指导中心　梁志洪

认识麦老师已经 9 年了，眼见他对教学事业的热爱，对教学执着的追求，让我佩服。他是我们科组的带头人，每次听他的课都是一种享受，我欣赏他那严谨的课堂，欣赏他那简朴的教学方式，欣赏他那有活力的课堂。

教学严谨　环环相扣

数学是有着严密逻辑的学科，麦老师注重学科本身的逻辑性，环环相扣，层层推进，严谨细致的教学风格使学生受益匪浅。课堂上麦老师的教学思路非常清晰，为什么教，教什么，怎样教，每个问题都有扎实的答案，教学的每一步都细腻而具体，学生非常清楚自己要做什么。一节课下来，学生清楚了解知识点的来龙去脉，对知识点的掌握也能做到游刃有余。

简单朴素　活动增效

麦老师经常教导我，数学是做出来的。以简单的方式，有效的活动，达致高效的课堂。教学不一定华丽，但教学一定要有效，教学的方式取决于教学内容，用最简单的方式进行教学是麦老师的追求，因此他的课堂都是朴实的，经常能见到他那"一张白纸"的课堂。白纸让学生的思维不受束缚，在白纸上任意发挥，用自己的方式学数学。课堂上，师生是教学的共同体，麦老师时刻关注学生的学习状况，让学生经历合作、探究等活动，在活动中生成，在活动中体验，在活动中理解，在活动中获取知识，真正实现"做中玩，做中学"。

——番禺区韦大小学数学科组长　曹镜棠

麦老师从一年级开始已经教了我们四年多了，给我印象最深刻的是麦老师是一个严格而充满活力的老师。麦老师对每件事情都有着严格的要求，他确立了五大习惯：读书习惯、本面习惯、书写习惯、放学习惯、书袋习惯，每个习惯都有着具体的要求，而且经常检查我们的习惯。开始的时候，我们是有点不太适应的，但久而久之我们发现了这种习惯背后的"严格美"。正是因为这样严格的要求，才让我们养成了良好的学习习惯，相比其他班级的同学，我们站出去就是一面旗帜。同时，麦老师非常尊重我们每一位同学，他主张让我们做自己喜欢的数学活动。数学课上，我最喜欢的就是数学活动，在活动中我们游戏、感悟、学习，学习变得简单且愉悦。同时，麦老师上课充满激情和活力，他那生动的语言，时刻感染着我们，从他的身上，我们也学会了大胆地表达。我庆幸我遇见了一位我喜欢的数学老师，他的教学魅力感染了我，谢谢您，麦老师。

——番禺区韦大小学五（2）班　方炫岚

第四部分　育人故事

跟数学爸爸来张合照

"捧着一颗心来，不带走半根草。"我始终记得自己回农村的初心：这片土地养育了我，我会真心对待这片土地的一切。学生就像我的孩子，我要用心对待他们。我和学生之间有着很多的故事，我教育学生，学生也在教育着我，们共同成长着。这一届的学生是我从一年级一直教到六年级的，是我从教以来唯一的一届完整带到毕业的学生，我也是他们唯一一位没有更换的老师。2018年艺术节发生的一幕让我哭了。

每年的艺术节都是学校的盛事，这一年也不例外，学生穿着漂亮的衣服带着家长一起参加了艺术节。这一年，是我任教的六年级学生的最后一届艺术节，很多同学都有上场表演的机会，上台表演的同学更是盛装打扮，家长们都积极配合，从头饰到衣服，给自己的孩子精心打扮，因此大家的心情都非常好。就在表演接近结束的时候，腼腆的静雯走到了我的身边，但没有说话。我看了看，她今天穿得特别的漂亮：一条白色的连衣裙，一双黑色的皮鞋，头上还扎起了几条漂亮的小辫子。我清楚地记得她今天是没有表演任务的，平时穿着普通的她，今天为什么穿得那么漂亮呢？于是我逗了逗她，说："你今天很漂亮哦，真像一个白雪公主，你找我有事吗？"她一下子就脸红了，吞吞吐吐地小声说："老师……我想……跟你拍张合照留念。"虽然很小声，但我听懂了她的意思，她旁边的妈妈马上应道："麦老师你好，她这些天就一直想跟你拍张合照，前天还专门让我们给她买裙子和鞋子，说是要以最漂亮的样子跟你来张合照。""静雯，快点过来跟数学爸爸来张合照。"那一刻，我终于知道为什么这个腼腆的女孩没有上台，却穿得那么漂亮了。我马上开心地应答："好……好……好"，那一刻我的眼泪喷涌而出，再也控制不住了。我和静雯在台上留下了美好的回忆。旁边的家长听到后也纷纷喊道："对啊，快点去跟六年（2）班的数学爸爸来张合照，六年的感情不容易啊，麦老师，六年的感情不容易啊。"接着，旁边的学生也涌了过来，纷纷要求来一张合照。那一刻我成了世界上最幸福的人。

一声"爸爸"融化了我的内心。作为一名教师，没什么能比得上家长和学生对你的肯定：你的每一份付出，家长和学生都会记在心里。老师是一个良心职业，只要用心付出，必有回报。

附录　教学现场与反思

"数学广角"教学实录

【教学内容】

人教版小学《数学》三年级下册第108页"数学广角"例1及相关练习题。

【教材简析】

数学广角作为渗透数学思想方法的载体,在拓宽学生的数学思想方法、提高学生的数学思维水平、激发学生学习数学的兴趣、培养学生的创新意识方面发挥重要的作用。本单元主要是结合实际,使学生初步体会集合和等量代换这两种数学思维方法。本课中,教师从学生实际出发,把教材中的"参加语文小组和数学小组的学生名单"改编成"喜欢篮球和足球的学生名单",人数没有发生变化,借助学生更为熟悉的情境,通过统计表的方式,发现喜欢篮球和足球的学生名单和实际喜欢两项体育运动总人数不相符合,从而引起学生的思考,在教学中渗透集合的有关思想,并利用直观图的方式求出两个小组的总人数。集合是比较系统、抽象的数学思维方法,针对三年级学生的认知水平,在这里只是让学生通过生活中容易理解的题材去初步体会集合思想,为后续的学习打下必要的基础。

【学情分析】

三年级学生从一年级开始学习数学时就已经在运用集合的思维方法了,所以对集合有一定的生活经验和知识基础。例如在数数时,把1个人、2朵花、3支铅笔用一条封闭的线圈起来,这样表示出的数学概念更直观、形象;而且在以后学习平面图形之间的关系都用到了集合的思想,如把一堆图形按照一定的标准分类,这种分类思想就是集合理论的基础。但这些都只是单独的一个集合圈,学生不一定从集合的角度来思考并解决问题。因此,本课的教学要结合学生的特点,借助直观图及活动加深学生的认知。

【教学目标】

（1）让学生初步体会集合思想,理解直观图中各部分表示的意义,借助直观图利用集合的思想方法解决简单的实际问题。

（2）让学生在数学活动中经历观察、操作、交流等过程,在解决问题的过程中不断提升逻辑思维能力。

（3）感受数学与生活的密切联系,树立学数学、用数学的意识,激发学生学习数学的兴趣。

【教学重点】

体会集合的思想方法,借助直观图利用集合的思想方法解决简单的实际问题。

【教学难点】
体会集合的思想方法。

【教学过程】
(一) 创设情境，导入新课

师：老师知道同学们都很喜欢体育运动，你们喜欢哪项体育运动呢？

生1：篮球。

生2：足球。

师：看来大部分同学们都喜欢篮球或足球，下面老师来做一个调查，喜欢篮球的请举手。

师：喜欢足球的请举手。

师：老师发现你两个都不举手，你两样都不喜欢吗？

生3：不是的，我两样都喜欢。

师：哦，我明白了。你两样都喜欢，在语文上我们有一个连接词"既……又……"，你能用这个词述说你喜欢的体育运动吗？

生3：我既喜欢篮球又喜欢足球。

师：太棒了，我们把掌声送给这位聪明的小朋友。今天我们就走进数学广角，用数学的眼光研究这一生活现象。

（设计意图：以学生调查引入新课，让学生发现生活中的重复现象，感受数学来源于生活的数学理念，为新知的学习搭建一个有效的平台。）

(二) 探究新知，构建模型

师：课前老师也做了一个调查，观察表格，你发现了哪些数学信息？（见表1）

表1 喜欢篮球和足球的学生名单

篮球	赵威	永超	鹤萱	胜辉	胜华	富勇	广宽	树林	—
足球	赵威	永超	鹤萱	文昊	浚杰	军衔	冠希	浩贤	祖杨

生：喜欢足球和篮球的人中，有一些是相同的。

生：前面三个同学喜欢的是一样的。

师：也就是说前面三个同学……

生：既喜欢篮球又喜欢足球。

师：太棒了，看来你们一学就会了。老师想知道有多少个同学喜欢篮球？

生：5个……8个……5个……

师：究竟喜欢篮球的同学有多少个？

生：喜欢篮球的有8人，因为前面三个也是喜欢篮球的，要加上去。

师：太棒了，你观察得真仔细。那请快速告诉老师，喜欢足球的有多少人？

生：9人。

1．认知冲突，初步解决

师：喜欢足球和篮球的一共有多少人？

生：17人。

师：真的吗？

生：不对，应该是14人，前面的三个是都喜欢足球和篮球的，应该在17的基础上减去3个，答案应该是14人。

师：那是14人，还是17人呢？我们一起用数一数的方法来验证。

生：1，2，3，4，5，6，7，8，9，10……

生：那3个不数，因为是重复了的。

师：行，那当我们数到这3个的时候，我们用"重复"代替，怎样？

生：好。1，2，3，4，5，6，7，8，重复了，重复了，重复了，9，10，11，12，13，14。

师：哦，是14个才对。刚才这个表差点把我们给误导了，我们能不能把这个表格做得更清晰一点，让我们一看上去就知道人数。

生：能。

（设计意图：认知冲突是学生学习的内在动力，数学思考是数学学习中最有价值的行为，教师创设时间和空间让学生在总人数的问题上思、辨，从而激发学生探求的欲望，突显学生学习的主体地位。）

2．创新思维，建构模型

师：记得我们在一二年级的时候，学习过分类的知识，下面我就让同学画一个图或者表，让我们清晰地表达。请看要求，谁来帮老师大声地读出合作的要求？（设计一个图或者表，图表要清晰地反映出学生喜欢篮球、喜欢足球和既喜欢篮球又喜欢足球的情况。先独立思考再四人小组讨论分享想法，最后整理出代表自己组的图表，注意分工合作并准备汇报。）

生：设计……

师：真的很响亮，谢谢你！要求让我们设计一个清晰的……

生：图或者表。

师：不错，下面请按照要求先独立思考，然后四人小组讨论，开始。

（学生画图表，老师巡视。）

师：时间到，下面进行汇报展示，每个小组派一位代表进行展示，哪个小组愿意第一个展示？

生1：我们小组！

师：那我们首先请第一小组，聆听是一种礼貌，也是一个良好的学习习惯，我期待我们的同学都能做到认真倾听。

生1：这是我们组的想法，前面3个放在了中间是既喜欢足球又喜欢篮球的，上面的5人是喜欢篮球的，下面的6人是喜欢足球的。（如图1所示）

图1　第一小组设计展示

师：这组同学把表格稍做改良，但就突显了喜欢篮球、喜欢足球、既喜欢篮球又喜欢足球这三个部分，非常清晰，达到了预期的要求。很不错，把掌声送给这个小组的同学。下面有请下一组。

生2：请看，这是我们组设计的图表，中间的部分是表示既喜欢篮球又喜欢足球的3人，左边的部分表示喜欢篮球的5人，右边的部分表示喜欢足球的6人，他们合起来一共有14人。（如图2所示）

图2　第二小组设计展示

师：太棒了，这组同样能够设计出清晰的表格，还能准确算出总人数。其他组还有想法吗？

生3：这是我们组设计的图，我们把它设计成一个球的模样来表示球的分类，左边的部分表示喜欢篮球的人数，中间的部分表示两样都喜欢的人数，右边部分表示喜欢足球的人数。（如图3所示）

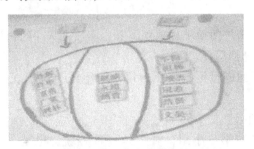

图3　第三小组设计展示

师：太了不起了，果然是一个有创造力的小组，还把球与分类有机地结合起来。老师建议把最有创造力的称号送给他们并送上热烈的掌声。还有要分享的吗？

生4：这是我们设计的图，我们先把他们分成两类，然后用一个圈把喜欢足球和篮球的人分别圈起来，然后把这两个圆向中间靠，中间的部分表示重复的部分，两边的部分分别表示喜欢足球和篮球的人数。（如图4所示）

图4 第四小组设计展示

师：这组的同学太有才了，懂得把他们圈起来表示一个整体，还把过程给大家呈现出来了。刚才的四个小组都发挥了自己的创造能力，设计出了简洁的图和表，老师建议把掌声送给这些优秀的小组和有创造力的自己。

（设计意图：《新课程标准》指出，学生学习应当是一个生动活泼、主动和富有个性的过程，学生应当有足够的时间和空间经历观察、实验、猜测、计算、推理、验证等活动过程。学生在经历创作图表表示重复现象的过程中，实现数学的"再创造"，体会集合的思想方法，培养学生的创新思维，建构数学模型。）

3. 观察图表，理解信息

师：刚才同学们的发现跟数学家的发现都非常接近。下面我们来重温同学们的设计过程。首先，我们把喜欢篮球的同学分为一类，并用一个圆把他们围起来，表示喜欢篮球的人；然后，我们再做一个圆围起喜欢足球的人。那这两个圆里有既喜欢篮球又喜欢足球的人，我们怎样才能清晰地表示出来呢？

生：我们可以把这两个圆向中间靠，让两个圆有部分的地方重合。在重合的地方把既喜欢篮球又喜欢足球的人放在一起就可以了。

师：那我们根据这个同学的方法试一试。（电脑演示）

师：果然是可以的。这个同学太厉害了，用掌声表扬这个同学。那下面我们来研究这个图每部分所表示的意义。首先看黄色的部分，它表示什么意思呢？

生：喜欢篮球的有8人。

生：喜欢篮球的有5人。

师：那究竟是8人还是5人呢？

生：8人，因为中间的3个都是喜欢篮球的，所以喜欢篮球的有8人。

师：分析得很到位，的确中间的3个也是喜欢篮球的，因此喜欢篮球的人数有8人。那绿色这一部分呢？

生：喜欢足球的有9人。

师：正确，那红色部分呢？

生：既喜欢篮球又喜欢足球的有3人。

师：正确，同学们真会发现信息。那橙色部分又表示什么意思呢？

生：喜欢篮球的有5人。

师：这部分与刚才黄色部分一样吗？

生：不一样。

师：那这部分是什么意思呢？谁能用准确的数学语言来表达？

生：只喜欢篮球的有5人。

师：这与黄色部分有什么不同？

生：黄色部分是喜欢篮球的人数，它包括了只喜欢篮球的人数和既喜欢篮球又喜欢足球的人数。

师：送你一个大拇指，真会提取信息。那这一部分表示？

生：只喜欢足球的有6人。

师：那喜欢篮球和足球的一共有多少人？请你根据黑板的图，用算式表示出来。

师：算完的同学，请把你的答案写到黑板，有不同意见的可以继续写。

师：下面我们一起来看看黑板上各条算式所表示的意义，首先请文涛。

生：我的算式是$5+6+3=14$，5是表示只喜欢篮球的人数，6是只喜欢足球的人数，3是既喜欢篮球又喜欢足球的人数，把三部分加起来就是总的人数。

师：非常清晰的算法，大家同意吗？

生：同意。

生：我的算式是$8+9-3=14$，$8+9$表示喜欢篮球和足球的总人数，因为有3个同学是重复了的，所以要减去3，答案等于14。

师：为什么要减去3？

生：因为这3个是重复的，重复的只能算一次。

生：还可以直接用$8+6$或者$9+5$，把重复的部分只算在其中一个部分。

师：分析得很到位。通过算式，看来同学们对于这幅图的理解已经非常透彻了。

4. 命名图表，体验成功

师：请根据图的特点，给这个图起一个贴切的名字。

生：鸡蛋图。

生：圆形归类图。

生：重复图。
师：名字都非常的贴切。
5. 比较图表，突显优势
师：请同学们比较我们设计出来的图与原始的表格，这个图有什么优点？
生：重复图更简单，更容易算出总人数。
（设计意图：数形结合，学生在直观理解维恩图各部分的意义的基础上，用算式表示喜欢两项运动的总人数自然水到渠成，同时学生大胆展示算式、自行命名图表，体验学习数学的成功感，加深学习数学的兴趣。）

（三）实践应用，发展提高

1. 完成数学书第110页的1、2题
2. 找一找生活中的重复现象

（设计意图：练习是对所学知识的巩固、应用、提升，3个练习体现练习的层次性、针对性和生活性，学生在自主解决问题的过程中学会用数学的眼光思考日常生活中的现象，发展学生综合运用数学知识的能力。）

（四）梳理知识，总结评价

师：本课中哪个地方给你留下了最深刻的印象？你认为自己的表现怎样？哪位同学的表现最值得你学习？

（设计意图：让学生在归纳数学知识的同时，享受学习知识的过程，学会评价自我，欣赏同伴。）

（五）快乐作业，学以致用

师：用下图记录生活中的现象，并写出你的发现。（如图5所示）

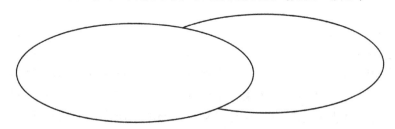

图5　用维恩图记录生活现象

（设计意图：作业的方式轻松有趣，让学生体会数学的用处，同时进一步感受知识与生活的密切联系。）

【教学反思】

数学广角作为渗透数学思想方法的载体，在拓宽学生的数学思想方法、提高学生的数学思维水平、激发学生学习数学的兴趣、培养学生的创新意识方面发挥重要的作用。然而，数学广角并不是课程标准规定的必学和必考内容，没有承载双基目标（基础知识和基本技能）的重任，因而没必要把教学的重点放在机械的公式和抽象的模型上，而应放在探索和建立模型的过程和体验数学思想方法的应用上。新的课程理念强调学生在学习的过程中要注重探索和经历知识的形成过程，反对机械的学习和无意义的被动接受，意在培养学生的创新精神；而数学广角在培养学生的过程性目标和创新性思维方面，无疑具有明显的优势。所以，数学广角的教学取向应倾向于：探索和经历知识的形成过程比结果本身更重要，体验数学思维方法比死记硬背和抽象模型更重要。

本课主要是借助学生熟悉的题材，渗透集合的有关思想，并利用直观图求出喜欢篮球和足球的总人数。学生经过一二年级的学习，已经有了集合思想和分类思想、方法作为基础，但集合思想相对系统、抽象，三年级学生的抽象思维能力还不够，只能通过生活中容易理解的题材来初步体会集合的思想。

基于对数学广角教学目标的定位、教学重点难点和学生实际情况的分析，我的教学实践基本能按设想的过程实行，我的课堂体现了下列的几个特点。

1. 充分根据学生实际进行教学设计

集合的思想是中学的知识，如何让小学三年级的学生体会这一抽象的数学思想是教师首先要解决的问题。根据新课程的基本理念："数学教学要紧密联系学生的生活环境，从学生的经验和已有知识出发，创设有助于学生自主学习、合作交流的情境。"情境是数学知识的载体，创设学生熟悉的情境有助于学生的学习。本课中，教师根据我校没有语文和数学小组的实际，创设了学生更为熟悉的喜欢篮球还是足球的调查，以及动物分类、购买文具三个情境，让学生在具体的情境中发现问题、解决问题、拓展问题，初步体会集合的思想，使抽象的数学知识转化为形象的数学直观。

2. 有效对话促课堂生成

对话是师生课堂上重要的活动，通过对话让学生发生思考、认知冲突、从而深入理解知识。课中我组织学生针对本课重要问题：喜欢篮球和足球的一共有多少人？怎样用图表简洁地表示出来？维恩图中每部分表示什么意思？引导学生进行对话，要求学生紧扣主题发表自己的见解，问题层层深入，在对话中学生通过"说做结合"，把问题予以解决。在展示环节，学生在台上展示自己的"数学作品"、交流数学思想，四人小组派代表汇报小组创作的直观图，到黑板讲解算式的意义、命名直观图、投影展示自己的答案等，学生的胆量和自信心得到锻炼。在不断地对话中，学生也会不断地生成问题，如：喜欢篮球和足球的一共有17人等。这些问题代表了部分同学的想法，他们把自己的学习疑惑通过问题来呈现，这些问题将成为课堂有效资源。我耐心地等待学生解决问题，尊重学生，尊重学生的课堂，应对预设与生成的关系，确保教学的主线不走样，不断推动课堂前进。

3. 突显严谨、简朴、活力的教学风格

每一节课都有每节课的精彩，每位老师也有每位老师的教学风格。课堂是教学风格的展现，在本课教学中我做到了严谨、简朴、活力，突显自身的教学风格。

（1）严谨——语言的严谨。

数学语言是有严格规范的，教师要培养学生用准确的数学语言清晰地表达。在教学维恩图各部分意义的时候，我用了下列的句式：

只喜欢篮球的有5人；

喜欢篮球的有8人；

既喜欢篮球又喜欢足球的有3人。

虽然每句只有一点区别，但每点表示的意义差异明显，通过图表更能展现不一样的地方。在课中我严格要求学生准确表达，在训练时帮他们修整每个句子，因此在后面的应用中，学生的表达完全正确。

（2）简朴——简洁地表示。

简洁地教简单地学，力求体现简朴的精神，是我的教学追求。本课中我抛出一个设计活动：设计一个图或者表，图表要清晰地反映出学生喜欢篮球、喜欢足球和既喜欢篮球又喜欢足球的情况。学生用自己喜欢的方式进行展现，只要图表比原来的更清晰更简洁，我都予以肯定。在简单的创作中，学生自然而然能体会到：原来我也可以"发明"数学的。数学不需要太深奥，越简单越好。

（3）活力——体验的课堂。

本课中，我注重在数学活动中构建数学模型。让学生在熟悉的情境中经历找一找、数一数、画一画、算一算、说一说、练一练，力求通过体验，实现数学的"再创造"，把课本的知识变成自己的知识，把静态的数学知识转化成动态的数学活动，把枯燥的数学学习转化为有趣的探究过程。

自主亲和　实学拓潜

广州市海珠区宝玉直实验小学　陈　婕（小学数学）

第一部分　导读语

我是陈婕，小学数学高级教师，就职于广州市海珠区宝玉直实验小学，曾获"广州市优秀教师""海珠区骨干教师"称号，是广州市名教师（曾少华）工作室成员，广州市中心教研组成员。先后荣获广州市小学数学教师（青年组）教学观摩展示活动评选二等奖，广州市海珠区小学第十届"明珠杯"课堂教学评比活动和第五届"海教杯"课堂教学评比活动一等奖，"一师一优课、一课一名师"活动部级优课，广州市小学数学教师解题比赛一等奖；十多篇论文、案例获得市级奖项并部分发表。主持海珠区教育科学"十二五"规划课题"小学数学综合练习命题研究"，参与编写《让作业好玩起来——小学数学探究性作业的实践》。

在岭南文化熏陶下成长的我，从小接受的教育是以学生为本位的主体教学、思考本位的自学自得和行动本位的体验学习。2001年毕业后，我坚持以岭南学派"心的主体性"为方向，除了重视自身专业发展的主体性外，更重视学生本位的主体教学，结合"自主、扎实、发展"的数学学科特点，在专业上不断琢磨，逐步形成了"自主亲和、实学拓潜"的"粤派教育教学风格"。

第二部分 名师成长档案

从小，我就生活在充满书香的中山大学里，浸润在岭南文化中。具有主体特色的"粤派教育"开"岭学"之先河，树"粤风"之模范，在此教育氛围下，我成长为一个会独立思考、扎实肯干、追求向上的人。在我的大家庭里，有好几位老师。我曾不止一次地看到在小学任教的姨妈，晚上披星戴月地备课；看到在中学任教的表姐，周末与学生相约图书馆；看到在大学任教的爸爸，寒暑两假都带着研究生做实验。这一切，在我看来都是有趣而神圣的，我从小就埋下了一颗梦想的种子，希望长大后也能当一名教师。幸运地，初中毕业时我从三千多名考生中脱颖而出，考上了五年一贯制的广州市师范学校，我享受了五年美好的师范时光，为圆梦迈进了一大步。2001 年毕业后，我开始了教学生涯，我充分发挥自身、学生和科组教师的主体性，逐步走近"当一名好教师"的理想。

一、初涉教坛遇挫折

毕业后，我进入老牌省一级小学广州市海珠区宝玉直小学工作。作为数学专业的优秀毕业生，连续多年拿一等奖学金的我，正准备在数学教师这一岗位上大展拳脚时，却在开学在即时接到通知，要我承担三年级的语文教学和班主任工作。我感到很无助，自己对数学教学可是充满信心的，但是对语文教学可是一点底气都没有，文学作品也没读过几部呢，但也只能服从学校的工作安排。就这样，茫然地，我开始了教学工作。

第一个月的工作，真可以用"狼狈不堪"来形容。一方面，语文教学还未上手，虽然学校配了师傅，但是比起读语文教育专业的同事而言，我既不懂教学的要求，也不懂教学的方法，所以每天晚上都在努力誊抄教学设计，疲于应付第二天的教学。另一方面，我接手的班级中有两个全校闻名的"天王"，天天捣蛋，班里的孩子也习惯了这种散漫的风气，初出茅庐的我有点怕他们，总想着上完课、班里不要出事就行了。

直到有一天，校长来找我谈话，提出我班的卫生情况不够好，借此提出要我加强班务的管理。这犹如当头一棒，把我茫然的心敲出了许多裂痕。是啊，只有把班级的管理搞好，把班风培养起来，学风才会端正，我每天努力备课的内容才能有效地实施啊。同时，级组长也语重心长地告诉我："学校把一个班交给你，是信任你！一定要多想办法，守好自己的课堂，把集体凝聚起来，把孩子培养好，才对得起教师这一份良心活啊！"听了后，我仔细观察同事们的管理方法，发现只有充分发挥孩子能动性的自主管理最为有效，我深受启发。

接下来，我花了近一年时间，主动去学习优秀班主任是怎样管理班级的。我利用周末把每个孩子的家都走遍了，与每一位家长都详谈过，用真心去换取家长的信任和孩子们的爱戴。我以队列操比赛为突破，用"今天我以宝玉直为荣，明天宝玉直以我为傲"这口号来激励孩子们，团结一致，努力做最好的自己。借少先队各项评比活动的契机，与孩子们一起设计班旗、班徽，周末还带着孩子们一起排练自编舞蹈……功夫不负有心人，孩子们的主体性充分被调动起来，我班逐步在各项评比中获得优胜，甚至一举夺得了艺术节全校第一的好成绩……一路走来，我班孩子由从未得过优胜奖，到经常得到学校的夸奖，"我能行"逐渐成为孩子心中的信念，大家都有了追求的目标，自主性大大提高，不管是纪律还是成绩均大幅提升。从模仿到创新，我班的精神面貌焕然一新。此后，我又陆续做了另外3个班的班主任，所带班级的班风和学风均获得同事们的一致赞赏。2003年"海珠区优秀少先队辅导员"和2005年"海珠区优秀德育工作者"的获奖，正是对我班主任工作最好的肯定。

与此同时，师傅隔周来听我一节常态课，给予我细致的指导意见，还让我随时进入她的课堂学习。慢慢地，我对语文教学有了感悟，逐步得心应手，还有了自己的创新。教学语言和课堂调控的能力都在稳步提升。逐渐的，我开始主动承担学校的接待课，指导学生撰写的作文发表了，自己撰写的论文和案例也获得了省、市、区的奖项。

在语文教师的岗位上，我一站就是四个年头。

二、峰回路转重琢磨

成长怎么会一帆风顺呢？正当我觉得步上了正轨，有信心胜任语文教学的时候，学校又安排我任教二年级3个班的数学兼负责班主任工作。班主任工作固然能轻松应对，但在数学教学上，我又重新回到了起跑线上。不服输的我，默默在心底鼓励自己："在喜爱的数学领域中，我一定能如鱼得水，在专业道路上走得更远！"

很幸运，学校十分重视青年教师的成长，从我教数学的第一年起就为我争取到去海珠区中心组学习的机会。中心组的研究追求扎实有效，切实为学生发展、为教师专业成长引路。我很珍惜学习机会，抱着认真学习、刻苦钻研的态度，从不随意缺席，对教研员布置的任务都能认真完成，立志要尽快提升自己的教育教学水平。更幸运的是，我校数学科是一个非常团结的集体，每一位教师都愿意无私地教导我。我的师傅何艳珊老师，更是对我抱着很大的期望，在指点我备课时总是精益求精，反复查看教学用书和各种资料，不厌其烦地帮我磨课，力求在每一个细节上都尽善尽美。在这样的氛围中工作和学习，我不敢有一丝的松懈，迎难而上，如一块原石般接受着多方的雕琢和打磨。我主动认真地自学新课标的精神和大量数学教学的案例和论文，积极参与市、区举办的教研活动；积极参与多节区级和校级公开课的试教与评课，主动反思、积累经验，然后运用到自己的日常教学中。历经市区中心组、学校科组和师傅的多方共同琢磨，我逐渐成长起来了。

从 2008 学年第一次执教全区公开课的心慌意乱，到 2016 学年执教海珠区第五届"海教杯"获奖教师课堂展示课的淡定从容，其间我共执教了市区公开课 6 节、大大小小的接待交流课 10 多节；有 3 个课例在教育部的"一师一优课、一课一名师"活动中分别被评为部级、省级和市级优课；在广州市小学数学教师（青年组）教学观摩展示活动评选中荣获二等奖；在海珠区小学第十届"明珠杯"课堂教学评比活动和第五届"海教杯"课堂教学评比活动中均获得数学科的一等奖。一次次试教修改，一次次执教后获得的好评，让我收获到全情投入到课堂中、与知识和学生融为一体的快感，体会到经历充分琢磨是自身专业快速成长的坚实基础。

2011 学年，宝玉直小学光大校区独立办学，更名为宝玉直实验小学，我开始担任数学科组长，不由觉得肩上的担子更重了。为了不辜负领导的信任，我立志要激发数学教师们专业发展的主体性，带领数学科成为"闪光科组"，不断琢磨着校本研修之路。我带领科组的老师制订专业成长五年规划，开展落到实处的主题式教研活动，开展得到师生、家长一致好评的"闪光数学活动月"系列数学特色活动，在帮扶新教师和指导赛课、接待课等工作上实实在在地做工作。在此期间，偶有不顺，我就反复琢磨，如何能把教研活动开展得更扎实有效，把数学特色活动办得更有声有色，让老师们和同学们更乐于参与到数学科的各项活动中。在不断探索中，我把数学科紧紧地团结在一起，每位教师都愿意为科组的发展不断践行。我们科组被评为 2009—2012 学年广州市数学学科"优秀实验基地（点）"和第三届广州市小学数学学科"先进学科教研组"，多位教师在市、区的比赛课和研讨课上亮相并取得佳绩。这让我收获了与同伴互助提升的乐趣，体会到在成长的路上共同琢磨，是团队的整体提升的重要途径。

三、辛勤耕耘终所获

我认为，上几节好课、带领科组取得一点成绩还不足以体现个人的专业水平，真正要在专业上成长起来，还必须要主动扎根到教研和科研中。为了做一个全面发展的数学教师，我一直在辛勤地耕耘着，在各方面收获着。

我多次承担了市、区的教研交流任务。在海珠区小学数学科组经验交流活动中，我进行了科组建设经验交流和评课展示；有 3 篇文章在广州市小学数学教研活动中进行交流。我很重视积累，把日常工作中遇到的问题进行反思总结，并根据自己的研究撰写了教学论文、案例和研究报告，共获得市、区奖项共 19 次。

我还把科研工作与教学工作结合起来，投身到科研的浪潮中。在学校课题的引领中，我作为主要参与成员，进行了大量的研究，并在结题成果集上发表 4 篇文章。同时，我负责的教师个人专项课题"小学数学综合练习命题研究"在海珠区教育科学"十二五"规划成功立项。此外，我还参与了1项市级名师专项课题和1项区级教师个人专项课题。在研究中，我撰写的部分文章在《广州师训》《广州教学研究》《小学科学》《学校品牌管理》《课程教育研究》和《新课程》发表了。

多方面的付出，促使我个人的专业水平全面开花，稳步提升。除了上述方面获得的成绩外，我还在广州市小学数学教师解题比赛中获奖8次；在海珠区小学数学说课、评课等基本功评比中均获奖；制作的微课和多媒体课件获省、市评比奖项5次。正所谓"天道酬勤"，正是孜孜不倦的追求，成就了我工作上的全方位成长，还被评为"广州市优秀教师"和"海珠区骨干教师"。

在过去17年的时间里，我一步一个脚印，不断琢磨、主动发展，形成了"自主亲和、实学拓潜"的个人教育风格。我相信，爱在温暖学生的同时，也使自己充满了力量。在今后的日子里，我必定继续用爱心作肥料，细心培育每一朵花朵！

第三部分　学科教育观

高度的抽象性、结论的准确性和应用的广泛性是数学学科的特点，在教学中要以知识为明线、方法为暗线、思维为主线来进行训练。为体现数学学科的特点，我的学科教育观为"自主、扎实、发展"。基于学科教育观，我以"让孩子在数学学习上走得更远"为教学主张，逐步形成了"自主亲和、实学拓潜"的教学风格。

▶ 我的教学风格解读

作为岭南文化的中心和发祥地，广州具有开放包容、自主创新等文化特点；作为一个土生土长的广州人，我遵循"自主、扎实、发展"的学科教育观。数学学科的学习讲求扎实，要让学生学得扎实，就要努力创造条件让学生在知识探究的过程中产生自己的思想、体验和理解，充分发挥"心的主体性"。而只有在亲和平等的师生关系中，学生才会投入到自主学习的状态中。把数学知识学扎实的同时，还要为学生适应未来发展进行拓潜，不断提升学生的数学学科素养。在不断探索改进的道路上，我逐步形成了独具特色的粤派教学风格——自主亲和、实学拓潜。

1. 自主亲和

要把岭南文化中的"心的主体性"充分落实到数学课堂中，就要把课堂还给学生，尊重学生的主体性和创造性，在学生的学习探索过程中，通过自主交流、小组讨论、合作学习等方式适时有效地给予引导和帮助，提高学习效率。只有在数学课堂中体现出教师和学生的自主性，才能保护数学学习的兴趣，培养自主学习的习惯，提高学习数学的能力，有效地使课堂"活"起来，"实"起来。在课堂教学中，坚持亲和教学，使用适当的激励性语言、肢体语言、眼神表情的示意等方式，使学生"亲其师而信其道"，主动参与、勇于探究、善于反思、乐于合作，从而生成新的感悟，促成知识的建构，提升教学的有效性。

如在五年级上册"三角形的面积"一课中，基于"求红领巾的面积是多少"的问题情境，我把红领巾抽象为一个等腰三角形后，让学生用以往学过的转化方法，先讨论怎样把这个等腰三角形转化成学过的图形，进而求面积。学生在上一节课学了用"剪移拼"的方法把平行四边形转化成面积相等的长方形，所以这时，学生仍然是用这个思路，把这个等腰三角形沿着高剪开，拼成一个长方形或平行四边形。接下来我提出："那任意一个三角形也可以这样沿高剪开后再转化成我们学过的图形吗？"通过学生的讨论发现，一个任意三角形沿着高剪开后无法拼成一个长方形或平行四边形，进而自主提出需要用两个三角形来尝试的猜想。然后我给学生分发学具，四人小组合作，从学具袋中选择两个三角形来转化成学过的图形。为了让学生在操作活动中增强只有"两个完全相同的三角形才能拼成一个平行四边形"的体验感受，我精心设计了学具。学具袋中，直角三角形、锐角三角形、钝角三角形各两个，按拼摆的结果分为两类。一类能够全部成功拼成平行四边形；另一类有的能拼成功，有的不能拼成功。在成功和失败的冲突认知中，加深对"两个完全相同的三角形才能拼成平行四边形"这一知识点的理解，也为三角形面积计算公式的推导埋下伏笔。这样的操作活动，并不是教师强加给学生的，而是由学生经历已有的经验不足以解决问题时，自主提出的，接下来的验证过程完全体现了学生学习的主体性，教师只需要在学生遇到困难时稍加点拨，引导想象，就能水到渠成地得到结论，体现了"自主亲和"的教学风格。

2. 实学拓潜

数学课堂要摒弃一切不必要的奢华与作秀，追求知识的本质特征，从而使课堂变得更为深刻，进而达到优质和高效。广州人务实求真，"粤派教育"的课堂也追求扎实高效，教师会创造性地使用教材，大胆地改进、补充和重组，积极地开发和利用课程资源，把有利于达成教学目标的各种课程资源都用来服务教学、服务学生。用数学的"张力"引导学生去追求更高的数学境界，培养学生的思维能力，是数学教学的重点之一；让学生从生活的角度去发现数学问题，并在解决数学问题的过程中，发展和培养学生的数学能力，感悟数学思想。我相信，当学生养成了良好的思维习惯，当学生的数学思维形成了更高层次的认知结构，学生的潜能就能被很好地激发出来，学生在数学学习的舞台上必将绽放异彩，取得成功。在激发学生潜能的同时，教师自身的专业水平也一定会不断迈上新台阶。

如在一年级下册"用规律解决问题"一课中，学生通过观察原来珠子的排列规律，找到要补上的两颗珠子，这是没有太大困难的。那这节课，除了单纯地运用前面学过的"找规律"来解决问题外，还带给学生什么呢？通过研读教材和思考，我把教学目标定位为引导学生自主探究，从不同的起点去找规律，虽然规律的表述不一定相同，但是找到"已经有什么，还要补什么"就能解决问题，开拓学生思维的灵活性，积累解决问题的经验。事实证明，在教师的引导下，学生的潜能是能充分被挖掘的。通过讨论，学生能找到从右边补两颗珠子，从左边补两颗珠子，左右各补两颗珠子这三种方法，还能逐步运用完整的数学语言来表达自己的推理过程。例如，右边补两颗珠子的推理过程：从左边开始找规律，找到的规律是2颗黄、1颗蓝为一组，依次重复出现，因为最后这组已经有1颗黄了，所以要补1颗黄珠子和1颗蓝珠子。虽然学生年纪还比较小，但是课堂表现十分精彩，推理思路的展示和推理过程的表述，让学生的数学思维大大提高，体现出"实学拓潜"的教学风格。

我的教学主张

叶圣陶先生曾说过："能不能把古来的传统变一变，让学生处于主动的地位呢？假如着重在培养学生自己动手改的能力，教师只给学生引导和指点，该怎么改让学生自己去考虑，去决定，学生不就处于主动地位了吗？养成了自己改的能力，这是终身受用的。"我十分认同这段话，教育是为了培养学生应具备的，能够适应终身发展和社会发展需要的必备品格和关键能力。"自主、扎实、发展"的学科教育观既符合当今教育的发展现状，又能体现数学的学科特点。我在数学课堂上秉持"自主亲和"的教育方式，鼓励学生主动去学习数学，以问题引领自主探究、同伴互助集思广益的方式，让学生学得有效且扎实，努力达成"实学拓潜"的教学效果。在自主学习的过程中，学生不断积累数学学习方法、逐步提高数学学习能力，为今后的数学学习及各方面的发展打好基础。

遵循"自主、扎实、发展"的学科教育观，我在教学上主张"让学生在数学学习上走得更远"。数学课堂更重要的是数学思想方法和学科素养的培养，开拓学生学习数学的潜能，才能让学生有在数学学习上走得更远的"资本"，这也是"粤派教育"中主张的创新意识。教师要把目光放远，不能只局限于教授课本的内容。在扎实打好基础的过程中，重视激发学生数学学习的浓厚兴趣、养成数学学习的良好习惯、提升数学学习的各种能力。我采用多种评价手段来激发学生的学习兴趣，与家长共同培养学生的学习习惯，在课堂上和形式多样的数学活动中培养学生的学习能力。我所任教的班级数学学习氛围浓厚，课间常常可以看到学有余力的学生拿数学拓展题来探讨做法，已经毕业的学生也常常跟我聊到中学数学的学习。良好的数学学习兴趣、习惯和能力是终身受用的，让学生能在数学学习上走得更远！

他人眼中的我

自陈老师从教以来，我见证了她从一名新教师成长为一名骨干教师。"把平凡的事情做经典，把课堂变得更精彩"是她事业追求的目标。她认真钻研教材，对新课程理念理解深刻，把握知识的内在结构和外在联系，注重知识的迁移与拓展。她有几方面优点，如教学设计能力较强，课堂调控手段有效，测试命题研究深入，科研能力稳步提升，用心培育人才等。她对教学孜孜不倦的钻研也带动了科组内教师形成了教研、科研氛围，形成了良好的共同成长的风气。她在专业成长的过程中形成了扎实且严谨、亲和有魅力的教学风格。

——广州市海珠区宝玉直实验小学教师、广州市优秀教师　何艳珊

在小学六年的学习生涯里，陈婕老师是给我留下最深刻印象的老师，和我们亦师亦友。她拥有干净利落的外表，犹如她对教育工作的态度。

课堂上，她总是善于用各种教学技巧提高我们的专注度，让我们积极主动地参与到每个知识点的学习与拓展中。她带领我们班多次上数学公开课，鼓励我们自主学习、灵活思考，让我们赢得听课老师的阵阵掌声。课后，陈老师还常常将知识点进行归纳总结，让我们更好地融会贯通。她除了为后进生加班补课外，还鼓励成绩好的同学拓展学习。陈老师的课堂让我们体会到自主学习的乐趣，数学的生命力在我们班集体里绚丽绽放。

——广州市海珠区宝玉直实验小学2017届学生　余正禾

印象中，陈婕老师总是笑容可掬，有问必答，彬彬有礼。她对工作认真负责，鼓励每位有潜质的学生，悉心辅导每位后进的学生，并以高标准的教学指标要求自己。六年来，孩子所在班集体的数学成绩保持在年级的前列，离不开陈老师对孩子们全心付出和对数学学科教学的热爱。

——广州市海珠区宝玉直实验小学2017届家长　张海燕

第四部分　育人故事

大家都笑了

曾听过这样的一句话："你的手中是正在成长的生命，每一个都如此不同，每一个都如此重要，他们全部对未来充满着憧憬和梦想，他们都依赖你的指导、塑造及培育，才能成为最好的个人和有用的公民。"是啊，现代教师的使命绝不仅是传授给学生知识与技能，更重要的是要做学生锤炼品格的引路人、做学生学习知识的引路人、做学生创新思维的引路人、做学生奉献祖国的引路人。锤炼品格作为第一点，显得尤为重要，教师需要及时更新教育观念，把握住良好的教育时机，

促进学生良好品格的自主形成。

　　课间十分钟，我正在和同学们愉快地交谈。忽然，罗同学哭丧着脸跑到我面前，伤心地说："老师，您让我主动和同学们玩，可是他们都不愿意和我玩。"说着说着，豆大的泪珠就从脸颊上滚落下来。虽然她平时比较喜欢独来独往，但也是一个性情开朗的人，到底怎么回事呢？我连忙问："谁不和你玩啊？为什么呢？"她噘起小嘴巴，委屈地告诉我："郑同学他们说我什么都不懂，不让我和他们一起做二十四点游戏！其实我会做的。"我正想解决这件事情，上课铃响了。我想，保持学习数学的兴趣，与同学好好相处也是一个关键啊，还是把问题及时解决吧。于是，接下来的数学课，我改变了原定的教学内容。

　　为了让学生自主地去解决问题，一上课，我就让同学们先讲讲自己和伙伴之间发生的一些难忘的事情，并且说说为什么这个故事给你留下了深刻的印象。同学们说得很起劲，他们都把自己愉快的经历说出来与大家分享了，可就是没人提出不高兴的事情。这时，我用期待的目光望着罗同学，鼓励她把刚才的事情大胆地说出来。罗同学开始还扭扭捏捏的，不愿意说。后来，坐在她旁边的同学都急切地盼望她快点把事情说出来。终于，在大家共同的鼓舞下，罗同学把她和小伙伴之间的故事断断续续地讲了出来。这时，和事情有关的同学立刻站起来，争辩道："不是这样的！是她在玩的时候总是不听我们的意见。我们教她该怎样做，她又不听，总是要我们按她的方法来玩，烦死了，我们才不理她的。"确实，罗同学是个任性的孩子，从小就多病，在家里被惯坏了，来到学校还是改不了她的坏毛病。同学们不喜欢和她玩也在情理之中。

　　针对这件事，怎样引导同学们友好相处呢？我马上想了个办法，我让同学们先说说遇到这样的情况我们该怎样做。课堂马上出现了不同的意见，有的同学说："她什么都不听我们的，我为什么要跟她玩啊？"也有的同学不同意这样的意见："大家都在学校里学习，老师总说我们要团结、互相帮助啊，怎么可以不理她呢？"看来，同学们已经自主地在辨析这个问题了。于是，我把不同意见的同学分成了两个大组，让他们先在小组里面说说自己的观点，并且想想用什么方法可以说服对方的同学。同时，我让罗同学自己在座位上，想想自己在玩二十四点游戏的时候有没有好好地和同学相处。时间一到，两个大组的同学就争辩开了。不同意和罗同学玩的同学都说她的性格不好，总是和同学有矛盾，也不喜欢听同学的意见……同意和她玩的同学反驳说，虽然不是每个同学的性格都很好，但是我们都是班里的一员，我们都要团结协作，我们只有互相帮助，才能使我们班取得进步……我把同学们的不同的意见都板书在黑板上，并请大家投票，看看哪种意见和做法好。在投票中，我看到罗同学微微低下了头，可能她开始主动反思自己的行为，并意识到自己的做法不对。而不同意和她玩的同学在听到了为了集体要团结同学，和同学友好相处之后，态度似乎也有所改变了，语气开始软了。到了最后，同学们主动认识到，大家在一起学习和游戏很快乐，可能有时也会闹别扭，但大家要互相谦让，友好相处，班集体才会团结一致，取得进步。

这时，我不失时机地进行教育："除了家里人以外，相处时间最长的就是同学。每个同学都是和小伙伴一起长大的，小伙伴是同学们生活中最重要的人之一。平时可能不觉得，一旦分开，就会觉得缺少了什么似的。希望同学们今后更加友好相处，小伙伴之间更加亲密。"罗同学听了，主动地站起来，说："我知道自己有不对，我以后一定改，和大家友好相处。"同学们听了，都情不自禁地为她鼓掌，我笑了，同学们笑了，她也笑了……

一节特别的数学课结束了，学生的表现令我感动！单纯的孩子们，都是等待老师去发掘和打磨的璞玉。随着社会的发展，教育也越来越重视学生的个人全面发展。学生在与人相处时，难免会因为个性的冲突引起矛盾，这就需要老师的适时指导，让他们从自己的世界出发，用自己的眼睛观察，用自己的心灵感受，用自己的方式研究。我庆幸没有硬性规定同学们一定要接受罗同学，与她玩耍。而是采用他们乐于和适于接受的生动活泼的方式，帮助他们自主地去解决现实生活中的问题，为他们今后品格的和谐发展与完善奠定基础。每当我看到同学们融洽相处的时候，我都会发出会心的微笑。

学生品格的形成，需要教师抓住时机、积极引导。巧妙地根据实际情况来调整教学，改变由教师单独评价学生的状态，鼓励学生本人、同学等参与评价，将评价变为多主体共同参与的活动，能起到更好的引导作用。让学生展开相互评价，你一言、他一语，甚至是争辩，畅所欲言加以教师的及时正面的引导，在自主评价中培养出良好的情感态度和价值观，塑造健全的人格。

附录　教学现场与反思

人教版三年级《数学》上册"四边形"教学案例

【教学内容】
人教版三年级《数学》上册第79—80页例1、例2及相关练习。

【教材简析】
本节课是在学生直观认识了长方形、正方形、平行四边形、三角形和圆等平面图形的基础上教学的。教材中，例1给出丰富的图形，让学生能够从中区分出四边形，发现并概括出四边形的特征；例2给出长方形和正方形各边的名称，让学生通过量、折、比等活动，发现并尝试归纳出长方形和正方形的特征。通过这部分内容的学习，学生进一步认识四边形、长方形和正方形的特点，为学习长方形和正方形的周长与面积的计算做准备，为进一步探索其他平面图形的特点奠定基础。

教材对长方形、正方形的认识分三次编排，一年级下册是直观认识长方形、正方形，能够辨认和区分即可；三年级上册则要求从边和角的角度认识长方形、正方形的特征；到四年级上册则要求从与平行四边形的关系角度进一步认识长方形、正方形。教材一方面注意挖掘几何知识之间的内在联系，另一方面提供了大量与空间观念密切相关的素材，并遵循儿童学习数学的规律，选择了活动化的呈现方式，目的是加强空间观念的培养。

【学情分析】

三年级学生的年龄特征，决定了他们对图形的识别活动，由以依据表象为主的直观辨认水平，逐步向以依据特征为主的初级概念判断水平发展，而"用语言概括、描述形体特征"正是这种发展的中介。一年级时，学生依据生活经验和直观感觉来认识长方形、正方形和平行四边形；随着学习经验的增加和空间观念的发展，学生现在能够根据已有的学习经验从边和角的特点出发来更进一步地认识四边形、长方形和正方形的特点。我们在课前进行了前测，让学生画出心目中的四边形。统计后发现，90%的学生能画出长方形、正方形、平行四边形、梯形等四边形，但是在这些图形之中，也有大约20%的学生会掺杂了个别边是弯的图形或不封闭图形。由此可见，学生对四边形及长方形、正方形的认识是有一定的知识基础的。我们的教学，基于学生的知识起点来设计，力求通过自主探究，层层深入，使学生对图形的认识水到渠成，对长方形和正方形的认识由表象到了实质，并积累数学活动经验。

【教学策略】

本课课前通过前测找到学生实际的知识起点，教师针对学生的实际情况精心设计了有效的数学活动。在量一量、折一折、比一比、说一说、画一画、猜一猜等相关的数学活动中，学生积累了丰富的数学活动经验，规范了数学语言的表达。在教学中使用准确、严谨而又不失亲切的教学语言充分调动学生的学习热情。使学生在活动中自主探索、发现并归纳四边形、长方形和正方形的特点。

【教学目标】

（1）会从"边""角"两个维度区分认识四边形、长方形、正方形的特点，并能够用规范的数学语言进行描述。

（2）经历"观察—猜想—验证"的研究过程，了解"量、折、比"等认识图形的方法，积累认识平面图形的基本活动经验。

（3）在探索四边形、长方形、正方形特点及它们之间关系的过程中体验成功的喜悦，发展空间观念，培养推理能力。

【教学重点】

认识四边形、长方形、正方形的特点，提炼认识平面图形的方法。

【教学难点】
自主探究得出长方形、正方形的特点。
【教学准备】
PPT 课件、练习纸、长方形、正方形、三角尺。
【教学过程】
(一) 复习引入
三角形有几条边几个角？四边形呢？（展示课题，板书：四边形）
（设计意图：学生在二年级学习"认识线段和角"一课时，已经知道三角形有 3 条边和 3 个角，利用旧知引入新知，唤起学生主动地从边和角这两个维度认识四边形。）
(二) 探究四边形特点
1. 图形分类辨析（如图 1 所示）

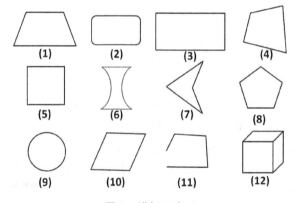

图 1 辨析四边形

（1）学生尝试独立辨认，在认为是四边形的图形下打√。

（2）集体辨析。

预设学生的情况有两种：一种认为①③④⑤⑦⑩是四边形；另一种认为⑦不是四边形，另外几个是四边形。按学生的情况把图形分成两类，⑦有争议放在中间。

（3）明晰四边形特点。

左边的图形大家都认为是四边形，那它们有什么共同的特点？根据学生发言小结：你们会抓住边和角两个方面来找图形的特点（板书：4 条边、4 个角），从边、角辨析图形⑦，齐数边和角的数量，确定放到四边形那边。

逐一辨析不是四边形的图形，强调 4 条直的边。（板书：直的）

2. 想象内化特点

闭眼想象一个四边形，边想边比画，并说说四边形的特点。

［设计意图：本环节利用课本例题和学生在前测中画的心目中的四边形为素材（其中 7 号图形是前测时学生画得较多的图形之一，所以也拿出来分析），通过观察、分类、辨析、想象，学生自主发现四边形的特点，体现了自主的教学风格。当学生对 7 号辨析不清时，教师并不急于告知答案，而是逐步引导学生扣住图形的特点来分辨，表现出亲和的教学风格。］

（三）探究长方形、正方形的特点

1. 探究长方形的特点

（1）观察猜想。

仔细观察长方形，猜一猜长方形的边有什么特点，角有什么特点。（根据学生回答相机板书：对边相等、4 个直角，并打上问号）

师：我们通过观察然后猜想到的这些特点对不对呢？请大家想办法验证一下。（板书：观察、猜想、验证）

（2）操作验证。

师：你打算用什么方法来验证？（预设学生提出：量、折……）

（操作验证，小组交流，教师巡视指导。）

师：汇报时请说一说你验证了什么，怎么验证。（汇报量、折、比的方法。）

预设 1：学生量出四边的长度，验证了长方形对边相等。教师出示其他同学测量的大小不同的长方形，验证得到不管长方形大小如何，都有对边相等的特点。

预设 2：对折验证"长方形对边相等"的特点。

预设 3：三角尺的直角与长方形的 4 个角比较，验证"长方形有 4 个直角"。

（3）小结：虽然长方形的大小不一样，但我们可以通过量、折、比的方法，验证长方形的特点是对边相等、4 个直角。（板书：量、折、比）

2. 探究正方形的特点

（1）观察猜想。

师：正方形是不是也有对边相等、4 个直角的特点呢？那为什么它要叫正方形呢？（板书学生的猜想：4 条边相等、4 个直角）

（2）操作验证正方形的特点。

（操作验证，小组交流。）

师：汇报时请说一说你验证了什么，怎么验证。（汇报折的方法，注意提醒学生横竖对折只能验证对边相等，还要进行对角对折来说明邻边相等，才能推出四边相等。）

（视频课件演示正方形验证方法。）

师：请同学们用"折"的方法验证四边相等。边折边跟同桌说说怎样验证的。

（3）比较长方形、正方形的异同。

师：正方形4条边相等，是不是也有对边相等的特点？

生确定后师小结：正方形既有长方形的特点，又有自己的独特之处。

（设计意图：给予学生充分的时间进行量一量、折一折、比一比、说一说等操作活动，让学生通过观察、操作、有条理地思考和推理、交流等活动，自主经历探索图形特点的过程，学得扎实到位，同时积累数学活动经验和思维经验，获得鲜明、生动和形象的认识，进而形成表象，发展空间观念。教师在整个探究过程中，充当引导者，通过及时评价鼓励学生深入思考和操作，体现了自主亲和、扎实的教学风格。）

3．新课小结

刚才我们对长方形、正方形进行了观察、猜想、验证，学习了它们的特点，我们以后也可以用同样的探究方法认识其他图形。

4．看书质疑

看书第79—80页，画重点句，认识长方形、正方形每条边的名称。（板书：长、宽、边）

（四）练习巩固

1．基础练习、精练实学

（1）填一填。口答，追问填写依据。（课本第81页第4题，如图2所示）

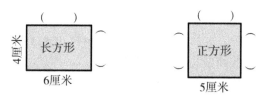

图2 "填一填"练习

师小结：根据长方形、正方形的特点可以快而准地知道长方形、正方形各边的长度。

（2）画一画。在下面的方格纸上画出一个长方形和一个正方形。（课本第80页"做一做"第一题）

先想想要怎么画，然后独立画图。汇报时追问学生怎样说明你画的图形就是长方形或正方形？

2．巩固练习、内化知识

感知长方形和正方形的联系。（借助课件，感知长方形和正方形内在联系。）

动态演示：长方形→正方形→长方形→正方形→长方形。

师追问：这是什么图形？为什么？请同学们用规范的数学语言描述特点。

师小结：看来长方形和正方形是有联系的，当长方形的长和宽相等时，这个长方形就是正方形。

（设计意图：借助格子图，通过长方形、正方形的变化转换，一方面能巩固图形特征，抓住图形的本质属性进行判断，用规范的数学语言描述其特点；另一方面能进一步深化、更好地掌握图形的概念，培养学生的空间观念，让学生进一步感知长方形和正方形之间的联系。这一环节的学习，通过多种形式的练习，体现了实学的教学风格。）

3. 综合练习、拓展提升

猜一猜：云朵后面藏着一个四边形，可能是什么形状？把可能的图形卡片举起来。

每个学生手上有这5个图形卡片（如图3所示）：

图3　图形卡片

（1）露出一个直角。

预设学生举起除平行四边形外的4个图形，并说出这4个图形都有一个直角，另外的平行四边形没有直角。

（2）露出两个直角。

预设学生举起长方形、正方形和直角梯形，并说出这3个图形都有两个直角。

（3）露出三个直角和两条长短不一的边。

预设学生举起长方形，并说出只有长方形有三个直角并且邻边长度不同。

师小结：根据给出的信息，我们还要结合长方形、正方形的边和角的特点来确定是什么图形。获得的信息越多，越容易确定是什么形状。

（设计意图：数学教学中的"猜测"不是毫无根据的瞎猜，而是基于思考的有根据的推理和判断。因此，这个综合练习设计成一个连续的活动，学生会主动根据"角"和"边"的特点，从两个维度来不断缩小四边形的范围，直到最终判定结果。让学生经历概念内涵不断增加、外延不断缩小的图形形成过程，并在每次判断时让学生充分地表达自己判断的理由，在培养学生空间观念的同时发展逻辑思维，规范学生的数学语言表达，充分体现了实学拓潜的教学风格。）

（五）总结延伸

师：通过学习你们有什么收获？

师总结：今天我们从边和角两个角度认识了四边形，以及四边形里面的两种特殊图形——长方形和正方形的特点。在今后的学习中我们要细心观察、大胆猜想、勇于验证，获取更丰富的知识。

（六）作业布置

完成课本第 80 页"做一做"的第 2 题。

（七）板书设计

【教学反思】

本节课的教学内容是人教版三年级《数学》上册第 79—80 页例 1、例 2，本节课的设计，体现了数学的学科特点，突显了教师的教育风格，表现在以下四方面。

1. 自主课堂，积累了活动经验

教师在课前进行了前测，让学生画出心目中的四边形。统计后发现，90% 的学生能画出长方形、正方形、平行四边形、梯形等四边形，但是在这些图形之中，也有大约 20% 的学生会掺杂了个别边是弯的图形或不封闭的图形。由此可见，学生对四边形及长方形、正方形的认识是有一定的知识基础的。我们的教学，基于学生的知识起点来设计，重视学生的主体性，让学生经历辨一辨、量一量、折一折、比一比等活动，自主探究、层层深入，使学生对图形的认识水到渠成，对长方形和正方形的认识由表象到了实质，并积累数学活动经验。

2. 亲和课堂，规范了数学表达

三年级学生的年龄特征，决定了他们对图形的识别水平，从以依据表象为主的直观辨认水平，逐步向以依据特征为主的初级概念判断水平发展，而"用语言概括，描述形体特征"正是这种发展的中介。因此，一年级时，学生依据生活经验和直观感觉来认识长方形、正方形和平行四边形，随着学习经验的增加和空间观念的发展，就要求三年级的学生能够根据已有的学习经验从边和角的特点出发来更进一步地认识四边形、长方形和正方形的特点，并能用规范的数学语言进行表达。这节课上，教师创设民主亲和的课堂氛围，重视对学生规范语言表达的训练，使学生在表达中发展空间观念。

3. 实学课堂，抓住了概念本质

这是一节几何概念课。图形与几何这个领域的内容具有丰富的实践背景，在现实世界中有着极其广泛的应用。让学生对图形分类、辨析，亲身经历图形认识的过程，逐步掌握图形的特征，是这节课的重点。因此，在教学中要抓住概念的内涵和外延，让学生在自主探究中逐步感知图形之间的联系与区别。对图形的认识最初是由直观观察开始的，观察是学生建立空间观念的基础。所以在这节课上，安排了一系列的观察、猜想、验证活动，从边和角两方面入手研究，为建立图形的表象打下坚实的基础，同时对四边形、长方形、正方形的特点有更深刻的体验，学生学得扎实有效。

4．拓潜课堂，落实了可持续发展

这节课的内容是认识四边形、长方形和正方形，后面还会认识平行四边形、梯形、三角形、圆、扇形等平面图形。认识图形要从"边"和"角"两个维度入手，在这节课上提出准确合理的学习方法，为后续的学习打下坚实基础，体现了数学学习方法的一脉相承。学生在感知长方形和正方形的联系和综合练习"猜一猜"等教学环节中，很好地把自主探究到的知识灵活运用起来；这节课除了培养学生空间观念和发展逻辑思维外，还为持续学习"正方形是特殊的长方形"及认识平行四边形、梯形等知识埋下伏笔，达到拓潜的效果，实现了学习的可持续发展。

总之，这节课在亲和的氛围下，基于学生的知识起点，通过自主探究，达到了实学和拓潜的效果，呈现了一节具有粤派教学特色的课堂。

严谨、扎实、活跃

广州市从化区流溪小学　欧阳桂锋（小学数学）

第一部分　导读语

我在 2000 年 6 月毕业于广州大学，同年 7 月被分配到从化区流溪小学任教。2010 年 6 月取得华南师范大学自考本科学历，获"中小学一级教师"职称。现任流溪小学教导处主任，被从化区教育局评为"2012 年度从化区优秀教师"，是广州市第二批中小学市级骨干教师，第七届从化区小学数学教学研究会理事，第二届从化区教育科研指导组成员。

我主持并结题市级、区级课题各 1 项，参与多项国家级、省级在研课题。参加论文比赛、案例评比、课例展示、技能比赛等活动共获得市级奖励 13 次、区级奖励 36 次；在《新课程研究（基础教育）》和《广州教学研究》发表多篇论文；在 2014 年度"一师一优课、一课一名师"活动中获得省级"优课"。

我中等身材，略有点胖，讲话语速有点快，与人为善。从教 19 年来，我坚持在教育教学的第一线，努力践行教学理念，兢兢业业，不断创新，有广东人特有的务实、淳朴和敢为人先的精神；紧跟教育改革的步伐，由此逐步形成了"严谨、扎实、活跃"的教学风格。教育同行评价我的课堂是"治学严谨，上课诙谐有趣，不耍花架子"；教学扎实有效，注重知识传授，着重学生能力培养；课堂生动活泼，与生亦师亦友，深受学生喜爱。

第二部分　名师成长档案

我成为一名教师的经历，可以用"歪打正着"来形容。我生在农村，家境一般，但父母非常重视儿女的学习，一直教育我只有认真读书，才有出头之日。当年高考，我因偏科英语而失利，正当我准备重读高三时，接到了广州市师范学校的入学通知。我做梦也没想到自己会当教师，但后来我了解到广州市师范学校以一个优秀教师的标准对在校学生进行全方位的专业知识和理论水平的培养，培育了一批又一批优秀的师范毕业生，这让我确立了做一个优秀教师的信念。然而，要想成长为一名名师，道路却是充满荆棘的。

一、初上讲台——踌躇满志

大学毕业分配工作时，我接到流溪小学的报到通知后的心情，至今历历在目。我既惊喜又担心，惊喜的是：流溪小学是一所省一级名校，坐落在美丽的流溪河畔，是周恩来总理在视察学校时提议改名的百年名校；在此任教的老师能力强，素质高；学生家长观念新，对教育重视；社会对学校赞誉高。让我担心的是：我初出茅庐，教育教学经验少，专业知识欠缺，能力不足。很长一段时间，我都诚惶诚恐。但我有从化山区人们敢闯、敢拼的精神，我认为只要认真备好课、上好课，主动听前辈们的课，虚心向他们请教，就一定能教好学生，成为一名优秀老师。可道路并非我所想的顺利，亦非我所愿的美好，而是充满挑战和荆棘。

初上讲台，我任教四年级两个班的数学。两班学生各有特点，反差较大：一个班是活跃好动，需要较强的课堂驾驭能力；一个班是文静内敛，需要较强的课堂调动能力。初出茅庐的我，口头表达能力欠佳，普通话不够标准，语速过快，课堂调控能力较差，学生课堂纪律较差，听课效率也不高。那时的我，感到非常的沮丧，课堂教学情绪难以自控，课堂上经常采用批评及惩罚的措施，有时声音大了，隔壁办公室的老师都听到了，说："欧阳老师又在批评学生了。"这样的教学措施，教学效果并不大，部分学生还是不认真听课，成绩有所退步，个别家长也有意见。

现在回想起来，学生成绩的不理想，除一些客观因素外，与我个人的教学能力、水平、经验有着重要的关系。但值得欣慰的是，学校及时给予了关爱与帮助。工作一年后，学校为了提高我的课堂调控能力，安排我负责一年级的数学教学兼班主任工作。这对我来说，是一个挑战，更是一个很好的锻炼机会。幸运的是，在一年级组的那一年，我得到了同级科老师的热情帮助和指引，为我以后的教育教学工作和个人成长打下了良好的基础。

二、幼苗初长——柳暗花明

当一名班主任，任教一年级数学，我感到压力很大。一年级班主任的工作，多是一些琐碎小事，孩子年龄小，很多行为又难以自控，叫我一个大男孩来任教，真是一筹莫展。学校行政人员很快就发现了我的思想顾虑，安排了我的拍档——教导处周婉玲主任开导和鼓励我：学校是因为工作分工需要安排我任教一年级兼班主任，年轻人做班主任既是挑战也是锻炼，拿出流溪人的闯劲、干劲，干好自己的工作，爱自己的学校，爱自己的学生，班主任工作就会做得得心应手。听完周主任的话，我醍醐灌顶，受到鼓舞，思想负担减轻了，对自己更有信心，教学路上终于顺利迈进一大步。

为了不辜负学校的厚望，我更加努力钻研教材，虚心地听取别人的意见，积极参加各类型的教研活动。为了能得到更多学习和锻炼的机会，我主动提出每学期上一节以上的校级研讨课，通过公开课的磨课过程，不断提高我的教学技能、技巧，提高我的课堂教学组织能力。任教班级的家长，也给予我很大的信任和支持，经常与我探讨孩子的教育方法，积极配合学校工作和班主任工作。班里的孩子也很"给力"，班干部工作能力强，逐渐成为我的得力助手。经过一段时间的努力，孩子们非常喜欢我这个班主任，我也树立了管理班级的威信，所带的班，逐渐成为一个班风良好、成绩优秀的班集体。

令我难忘的是任教二年级时，我代表学校上区级数学公开课，为了上好这一节课，整个科组的老师一起出谋划策，与我一起认真钻研教材，备教法，备学法，在磨课过程中力求精益求精，不断调整我的教学语言，不断优化教学过程。经过努力，公开课达到预期效果，区教研员李醒群老师给予好评，同行们对我的表现也给予了很高的评价，我备受鼓舞，深深感受到，努力付出得到的收获是最让人高兴的，这为我后续教学实践注入强大的动力。

三、茁壮成长——意气风发

机遇是人人都有的，但机会却是靠自己争取的。有了这次的成长经历，接下来我教学时更加有自信，执行力、课堂驾驭能力都有了很大的进步，班主任工作更加到位，管理细致高效，与家长们的沟通更有效果，深得同事、家长、学生的认可。

后来，我从一年级教到六年级，进行了一次"大循环教学"，教学经验逐渐丰富，教研水平也得到了提高，更勇于大胆创新。因为有了这次一至六年级的大循环教学，让我更加熟悉小学数学教材，在广州市首届小学数学青年教师解题比赛中，我获得广州市一等奖，是从化地区获得一等奖的两人之一。依稀记得，颁奖会上，教研员李醒群老师大力地表扬我取得的优异成绩。同时，凭着这一届六年级的优秀成绩和我的个人成绩，我顺利地通过了2007年的小学高级教师职称评审。

这次大循环教学后，我基本在高年级段任教，在2009—2011年，我担任级长职务。任职级长，需要上传下达信息，协调级组工作，与家委会联系开展活动、开级会……一系列的活动，让我累并茁壮成长着。记得2010年广州亚运会举办前夕，学校要求各年级开展一次亲子活动。当时，我任四年级级长，结合亚运会，我设计了"一起来，更精彩"的亲子活动。设计活动、研讨方案、动员家长、准备器材、征集奖品、组织活动……虽然忙得一塌糊涂，但因组织准备充分，大家倾力合作，亲子活动非常成功。孩子、家长、教师乐在一起的情景，现在还记忆犹新。几年的努力和锻炼，我的教育教学水平得到了很大的提升，2011年11月，学校提拔我任教导处副主任，2014年6月，任教导处主任。在管理岗位上任职，我学习和锻炼的机会更多，能力也提高得更快。

四、成果丰硕——春色满园

从教19年来，我先后被评为"广州市第二批中小学市级骨干教师""从化区优秀教师""从化区第二届小学数学优秀青年教师"，有幸成为"李醒群名师工作室"成员。我参加了为期一年的"李醒群名师工作室"学习，还参加了由广州大学教师培训学院组织的"广州市中小学骨干教师培训"，被广州市教育局认定为"广州市第二批中小学市级骨干教师"；2014学年参加"从化区中小学教育精英管理干部培训"，到杭州市长寿桥小学跟岗两周；2016学年参加华南师范大学举办的"基础教育学业水平质量监测与评价专有技术与方法"培训。一系列的培训学习，让我有机会走进名校，走近名师，感悟到名师的成长之路，为我个人专业发展添砖加瓦。

工作之余，我勤于钻研，勤于撰写心得体会，收获是满满的。2013年，我主持区级课题"开展'24点'活动提高学生运算能力的研究"并成功结题。2016年，我主持市级课题"实施阳光评价促进学校特色发展的研究"，并在2018年7月顺利结题，被评为市级优秀。学校省级在研课题"以围棋项目推进特色学校建设的研究"，我是主要成员。参与中央电化教育馆课题"小学阶段同步教材微课资源的设计与应用研究"，并顺利结题，课题评分排名第4。参与申报的"scratch与机器人融合在小学开展创客教育的应用研究"课题在中央电化教育馆立项，课题评分排名第3。撰写的论文《精心设计练习，提高教学效率》发表在《新课程研究（基础教育）》2012年第3期。2014年度"一师一优课、一课一名师"活动中，课例"小数乘法解决问题"被评选为省级优质课。论文《巧用"24点"提高学生计算能力》发表在《新课程》2018年第9期。

第三部分　学科教育观

▶ 我的教学风格解读 ◀

教育家黑格尔说："风格在这里一般指的是个别艺术家在表现方式和笔调曲折等方面完全现出他的人格的一些特点。"回顾 19 年的教学之路，我从初出茅庐的稚嫩与青涩，到现在的平和与成熟，我一直在尝试追求一种"严谨、扎实、活跃"的境界。这也是我在教学一线上践行的教学理念，经过了多年的锤炼、打磨、反思、追求，逐步凝练成我的课堂教学风格。

1. 严谨

严谨是严密谨慎、严密细致。严谨性是数学的基本特点之一。"态度决定一切，细节决定成败"，严谨是一种态度，反映了一种教学作风，即对一切事情都有认真、负责的态度。在课堂上，我追求学习不能马虎，一丝不苟、精益求精，于细微之处见精神，于细微之处见境界，于细微之处见水平。同样，在课堂上，我要求学生的每一条算式、每一种思维方法，都能用严谨的态度计算、验证，不心浮气躁，不好高骛远，才能学得牢固，取得好成绩。

例如，在二年级四则混合运算的计算教学中，我要求学生在计算中做到：一看，二想，三算，四查。一看：看清数字和运算符号；二想：想先算什么后算什么，确定运算顺序；三算：算出计算结果，没有运算的部分要写下来；四查：一步一回头，检查计算部分是否算正确。

2. 扎实

扎实是实在、踏实、实效。扎实的课堂教学，讲求实效，不走过场，不摆花架子，有明确的教学目标，有效的教学互动，广阔的教学视野，让课堂丰满高效。我追求教学课堂做到教学内容充实，课堂训练扎实，给学生创造一个民主和谐的发展空间，在扎实的课堂训练中获得知识和积极的情感体验，使课堂成为学生学习的"主阵地"。例如，在问题解决的教学中，我从"阅读与理解""分析与解答""回顾与反思"三方面扎实训练学生的解题能力。

3. 活跃

活跃是指教学流程环环相扣，教学气氛轻松愉快。在课堂教学中，我努力营造融洽和谐、轻松愉快的课堂气氛，关注学生的学习状态，课堂中师生之间、生生之间的交流、沟通是活跃的。在活跃的教学氛围里，学生感受数学知识的魅力，不断激发学生主动学习、主动探究的欲望，有利于学生主动参与和自主思考，调动学生的主动性、积极性和能动性，从而获得良好的教学效果。

例如，在"数学编码"一课的教学中，为调动学生学习的积极性，我课前和孩子玩了一个小游戏。

师：同学们，老师们第一次见面，都不认识，这么多老师听课，老师有点紧张，不如先玩玩游戏，轻松一下，好吗？

生：好。

师：请仔细听清楚游戏规则，老师说"1"，请男孩子站起来；说"2"，请女孩子站起来；说"3"，你们就按照节奏"*．*．***"拍拍手，听明白了吗？

生：明白。

师：（放慢速度）准备，来，开始，1、2、3。

（速度稍快）再来一次，1、2、3。

（有节奏结束）两次3。

▶ 我的教学主张

我注重在教学中引导孩子进行知识的探究，这一做法的理念源于体验式教学理论；源于《新课程标准》中的观点："学生学习应当是一个生动活泼的、主动的和富有个性的过程。认真听讲、积极思考、动手实践、自主探索、合作交流等，都是学习数学的重要方式。学生应当有足够的时间和空间经历观察、实验、猜测、计算、推理、验证等活动过程"；源于美国华盛顿儿童博物馆墙上一条醒目的格言："我听见了就忘记了，我看见了就记住了，我做了就理解了"。这些理论真真切切地告诉我：百闻不如一见，百见不如一做。因此，我主张让孩子亲历知识的探究过程，让孩子在数学学习过程中去听、去看、去实践，放手让他们在学习活动中亲历猜想、验证、感悟、探究、创新，从而获取数学新知识。

1. 激发探究动力源

我认为孩子的学习是一个生动活泼的、主动的和富有个性地获取知识的过程，只有创设活跃的教学情境，才能激发孩子的探索动力。在活跃的数学课堂里，有亲和的师生关系、有轻松的师生交流、有开放的学生思维状态、有灵动的课堂生成，这些都是有效的数学课堂教学必不可少的因素。

例如，在"数学编码"课例中，我和孩子玩了一个课前小游戏：老师说"1"，请男孩子站起来；说"2"，请女孩子站起来；说"3"，你们就按照节奏"*．*．***"拍拍手。数学游戏简单有趣，孩子体会了数字不但可以表示数量和顺序，也可以传递信息，为后续探究数字的编码做了铺垫。学生兴趣盎然，反应迅速，热情高涨，通过这个游戏，拉近了师生距离。

2. 明确探究方向感

我发现在学习数学的课堂中，制定出适合学生的具体而明确的数学学习目标，是提高课堂教学质量的前提和根本保证。有了明确的学习目标，教师的教和学生的学，才能达到有机的统一，才能发挥教师的主导作用和学生的主体作用。因此，我引导学生制定的学习目标,必须切合学生的知识基础。课堂上,我围绕教学目标和学习目标,设计有针对性的探究活动,做到讲中有练,练中有讲,讲一点,学一点,练一点,会一点。这样,我的课堂教学就可以紧追目标,步步上升,当堂学,当堂练,当堂目标当堂实现,减轻了学生的课外负担,提高了课堂教学质量。

3. 验证探究过程活

在平常的教学中,我把"严谨"放在首位。毕竟数学是一门严谨的科学,严谨性是数学学科的基本特征之一。严谨,不仅是学科特征,也是治学态度。我在课堂教学中,不仅注重引导孩子进行知识的探索,还注重培养孩子数学思维的严谨性;不仅要求孩子在学习、思维中要严谨,还要求自己开展的数学教学活动要严谨。

例如,在"数学编码"课例中,18位数的身份证号码,隐藏的编码规则和信息多,编制规范而严谨。我在教学中,花了较多时间,深入引导学生探究身份证各位数字所表达的信息,讨论出为什么会这样编码,带领学生亲身体会身份证编码的严谨之美。

4. 体验探究乐趣多

我清楚地知道数学教学的目的不仅是提高成绩,更重要的是激发学生学习的积极性。在教学过程中,教师应当采取恰当的教学方式,为学生的有效学习服务,使学生获得最佳的学习效果,体验探索乐趣。

因此,我们的数学课堂应当扎实有效,不走过场,不摆花架子,有明确的教学目标,把握知识要点。在有限的数学课堂时间里,留有足够的时间和空间给学生经历观察、实验、猜测、计算、推理、验证等活动过程。

▶ 他人眼中的我 ◀

在欧阳老师的数学课堂上,常常会看到"学优生"思维活跃,把自己独特的观点与大家分享;"潜能生"不把自己置身于班级之外,而是分小步前进,紧追不舍。欧阳老师充分调动学生的学习积极性,凸显学生的主体地位,形成了"严谨、扎实、活跃"的教学风格,让课堂成为学生学习的殿堂。

——流溪小学副校长 梁淑娴

欧阳老师承担数学教学多年,勤思善学,治学严谨,不耍花架子,上课诙谐有趣;教学扎实有效,不仅注重知识传授,更着重能力培养,学生学得扎实;课堂生动活泼,与生亦师亦友,深得学生喜欢。

——流溪小学教导处副主任 梁丹红

我女儿说，每次上数学课都特别有意思，因为欧阳老师讲课幽默、生动，课堂气氛活跃，同学们在不知不觉中就掌握了课堂知识。有时候，欧阳老师在课堂上通过数学游戏和小组竞赛，激发同学们的学习热情，让同学们对数学产生了浓厚的兴趣。而且同学们都很喜欢他，每次下课，同学们都不舍得他走，围着欧阳老师问这问那。

——贾思齐家长　刘金连

欧阳老师就像我们的父亲一样爱着我们、关心着我们。每当我们做错题时，他会很有耐心地告诉我们这道题错在哪里，应该如何去做。他的细心讲解，让我们每位同学都明白这道题目的做法，都能清楚地说出解题的思路。正是因为他的不厌其烦，让我们觉得数学不但不难，而且还很有趣。

——学生　池沛珊

欧阳老师教学认真负责、幽默风趣，他是我们的师长兼朋友。欧阳老师注重培养我们独立思考、勇于开拓的精神，会结合我们每个同学的水平因材施教，让我们在轻松愉快的氛围中快乐地学习，深得我们的喜爱。

——学生　尹方

第四部分　育人故事

你的幸福，是我最大的满足

从教 19 年，大多是平凡的日子，年复一年日复一日，都是重复着有规律的生活，没有特别的故事，没有值得载入史册的事情。但这些年里，也有许多令我欣慰的事情，多年的教育工作告诉我：学生每一点的进步，都是爱的教育的结晶，我们付出了，收获也是满满的！

爱在和风细雨中

在教学活动中，教师一个亲切的微笑，一句由衷的赞美，一个信任的眼神，轻轻地洒在学生心扉上，像滴滴春雨，"随风潜入夜，润物细无声"。这些看似细微的一举一动，都会鼓舞和激励他们很久，很久。

在我之前教的班里，有位子钺同学，因父母离婚，性格有些孤僻，缺乏自信。看着孩子那孤独的身影，忧郁的眼神，我心里充满一种莫名的伤感。"这是一个孩子呀！他人生的道路还很漫长，如果没有健康的心理，他怎么能健康地生活下去呀！未来的路该怎么走呀！我有责任帮助他渡过难关，一定让他重新找到自信，一定要让他感到生活与学习的快乐!"于是,在日常的上课、批改作业、运动时,我悄悄地给予了各方面的关怀。我发现,他的数学口算速度还可以,于是我把这作为突破口,"你的口算速度真快!""口算做得又对又快,很厉害!"鼓励的话语经常响在他的耳边。在作业本上、日记本上,我也留下了很多鼓励的评语。辛勤的付出终于得到了回报,他的脸上露出了笑容,课室里又活跃着他自信的身影。洒下和风细雨的爱心,希望之火又重新点燃。

爱在养成规范之中

我们对学生的爱,不是溺爱,是有规矩有要求的爱。没有限度的爱可能会结出事与愿违的苦果,爱应该与适度的鞭策教育结合起来,促使学生向好的方向发展,这是我们在教育教学中追求的真谛!

因为子钺同学父母不在身边,爷爷奶奶特别溺爱,所以他把家里的坏习惯带到学校来,上课不遵守纪律,课后不完成作业,天天让他交作业,他也不写,所有老师都被他气得头晕。我没有放弃,时刻找机会来帮助他改正这些缺点。有一天放学后,我的摩托车打不着火,前面刚好有个台阶,我只好用力地推着车上台阶。可台阶太高,我一时推不上去。这时,黄子钺同学看见了,连忙上来帮忙。这刚好是一个表扬他的机会,我不失时机地在班上表扬了他。这一表扬改变了他在同学们心目中的印象,也使他对自己有了信心。同时,我和子钺家长加强联系,统一教育方法和行动,激发他的学习上进心。慢慢地,他在学校活动中也表现得非常积极,也能按时完成作业了,虽然学习成绩没存在短时间内突飞猛进,但他不甘落后,一点一点地在进步。

爱在尊重宽容之中

俗话说,世界上没有完全相同的两片叶子,当然更没有完全相同的两个学生。教师要充分尊重学生人格,尊重学生个性,给学生自由发展的空间。我鼓励学生参加学校举办的一些比赛,师生在比赛前互相包容,共同努力,积极准备,取得了来之不易的成绩。不仅学生们在比赛中得到锻炼、取得进步,也让我从中得到了锻炼。师生共同努力的过程,让我回味无穷,甜入心扉。

记得某一个学期,学校开展了体操比赛,由于学生们刚学体操,动作还不整齐,为了争取好成绩,我和学生们一同商量,抽一些时间训练,以做好充分的准备。有一次,同学们在操场上练习了两节课都没有休息。大家手伸累了,脚也踢累了,而动作却越来越整齐。我问他们:"辛苦吗?"他们摇摇头,说:"不辛苦!"特别是子钺同学,回答的声音最响亮,累得满头大汗,还这样说,真让我心疼,不拿好成绩我对不起他们。

终于,我们班在比赛中取得了一等奖的好成绩,奖状就让子钺同学亲自贴在课室的墙上。望着大家同甘共苦赢来的奖状,他笑得很灿烂,我们都心花怒放,开心极了。是的,孩子们的幸福,是我最大的满足。

附录 教学现场与反思

三年级《数学》上册"数字编码"教学实录

【教材内容】

人教版三年级《数学》上册第77—78页。

【教材简析】

"数字编码"是人教版三年级《数学》上册的一个综合实践活动。在一年级上册"生活中的数"中已经出现了门牌号、车牌号等,让学生初步体会到数字编码在生活中的应用。本册教材再次选择"数字编码"的内容作为"综合与实践"的主题活动,让学生感受编码的广泛应用,探索编码的编制方法,体验应用编码的方法解决简单的实际问题的过程,以培养学生的应用意识、创新意识和实践能力。

这个综合实践活动主要分两个层次。第一个层次,用生活中的实例引入数字编码,如邮政编码、身份证号码等,让学生通过观察、比较、猜测来探索编码的规则和方法,进一步体会数字还可以用来编码,感受数字编码的简洁、规范、唯一等特性。第二个层次,尝试编码,给学校的每名学生编一个学号,通过自主探索、合作交流设计编码的过程,加深对编码特点和方法的理解,积累数学活动经验,提高学生解决实际问题的能力。

【教学目标】

(1)通过认识身份证号码、邮政编码等生活中常见的数字编码,体会数字编码的特点,初步探索数字编码的简单方法。

(2)通过自主探索、合作交流,经历设计编码的过程,初步学会用数字进行编码从而解决生活中的简单问题,培养学生的应用意识和实践能力。

(3)体会数字在表达、交流和传递信息中的作用,体会符号思想,激发学生学习数学的兴趣及运用数学解决实际问题的意识。

【教学重点】

通过了解编码的意义,学会用数字进行编码。

【教学难点】

了解身份证等号码的含义,体会数字编码的特点。

【教学准备】

(1)教师准备好PPT、学案。

(2)学生提前了解有关身份证号码的知识,了解自己的身份证号码和出生年月日;了解自己入学时间、学号和常见的编码知识;等等。

【教学过程】
(一) 激趣导入，引入新知
1. 课前游戏

师：同学们，老师们第一次见面，都不认识，这么多老师听课，老师有点紧张，不如先玩玩游戏，放松一下，好吗？

请仔细听清楚游戏规则，老师说"1"，请男孩子站起来；说"2"，请女孩子站起来；说"3"，你们就按照节奏"＊．＊．＊＊＊"拍拍手，听明白了吗？

（放慢速度）来，开始，1、2、3。

（速度稍快）再来一次，1、2、3。

（有节奏结束）两次3。

2. 引入课题

师：游戏做完了，在以前的学习中，数字"1、2、3"是表示数量、顺序。但是在刚才的游戏中，数字"1、2、3"还可以表达和传递信息，即今天，我们就研究用数字传递信息，即数字编码。（板书：数字编码）

(二) 合作探究，构建新知
1. 活动1：认识身份证号码

（1）区分个人的好方法：身份证号码。

师：同学们知道老师的名字吗？

生：欧阳桂锋。

师：那欧阳桂锋是谁呀？

生：你。

师：真的是老师吗？如果在"百度"网站上输入"欧阳桂锋"，搜索一下，一共可以找到500多条信息。老师就选择几条一起来看一下。（出示课件）

①欧阳桂锋的店铺：主营二手房、租房房产。（如图1所示）

【欧阳桂锋的店铺】二手房信息,租房信息 -乐居二手房
2018年7月25日 - 欧阳桂锋 服务区域：广州-白云区 主营小区：万科金域缇香 三水时代城 三水时代南湾 三水雅居乐花园 所属公司：谊居地产 | F谊居地产江夏分行 手机店...
https://fs.esf.leju.com/shop/3... - 百度快照

图1　搜索结果1

②强师工程：欧阳桂锋上了一节"24点"公开课。（如图2所示）

【强师工程】广州市基础教育系统新一轮"百千万人才培养工程"第...
2018年5月6日 - 数学四组李娜老师、欧阳桂锋老师上公开课，课后的说课、评课交流、专家指导、小组讨论。心理健康组夏颖新老师、肖颖珊老师上公开课，课后与熊焰教授和...
https://www.meipian.cn/1adxl8y... - 百度快照

图2　搜索结果2

师：这两条信息中，描述的都是老师吗，哪一条描述的是老师？

生：第二条。

师：大家真聪明，知道现在上课的欧阳桂锋不是卖楼的。在生活中，有这么多人名字相同，要想确定一个人的身份，怎么办？

生：身份证号码。

师：每一个公民都有一个身份证号码，而且是唯一的，独有的。现在我们就来研究这个身份证号码，怎样能够确认出每一个人身份的。

（2）小组学习探究：身份证号码的秘密。

师：欧阳桂锋是广东省广州市从化区人，在1979年1月1日出生，男性。老师的身份证号码是440122197901013613。结合老师的介绍，你能发现这身份证号码中隐藏了什么秘密吗？

（小组探究：你发现身份证有什么秘密）

①②③……

师：小组派出代表，说说你们的发现，并到黑板前"指认"秘密。

（3）根据学生的发现，整理身份证号码包含的信息。

44	01	22	1979	01	01	36	1	3
广东省	广州市	从化县	年	月	日	性别：单男双女		校验码
地址码			出生日期			顺序码		

根据学生的回答，老师整理明确身份证号码包含的信息。

①地址码：身份证前6位数是地址码。其中，第1—2位数字表示省，44是广东省；第3—4位数字表示市，01就是表示广州市；第5—6位数字表示区，22就是表示从化县（在1994年撤县设市之后办理的身份号码的地址码中的22改为84）。②出生日期：身份证第7—14位数是出生日期，年是四位数，月两位数，日是两位数。③顺序码：身份证第15—18位数是顺序码。同一个户口所在地，同一日期出生的人会有很多，为了区分，在办理身份证号码时就要按一定的顺序编号。身份证倒数第二位，是性别码，单数是男性，双数是女性。

师：看看你们的身份证号码，是单数的举手，都是男孩子。双数的举手，都是女孩子。

④校验码：身份证第18位数是校验码。身份证号码的最后一位是校验码，是为了保证每一个身份证号码是唯一的。它根据前17位数字按照统一的公式计算产生，计算结果是数字0—10，用罗马数字X代替10。

师：为什么不写10，而用X表示？（用10表示身份证号码就是19位了，超过国家规定，用X表示，既提高号码的有效利用率，又能很好地起到检验的作用。）

2. 共同探讨，总结编码的规则和特点

（1）同桌说说收集的身份证信息。

师：在课前，老师布置同学们收集身份证号码。和同桌说说，你收集的身份证号码中隐藏了哪些信息。

（指名汇报，板书：身份证。）

（2）对比几个身份证号码，探究身份证号码编码规则。

师：对比几个身份证号码前6位数，都是先编省，再编市，最后编区，从范围看，是按照"先大后小"的原则编码。

师：对比整个身份证号码，都是先编地区的信息，再编个人的信息，也就是按照"先共用后个人"的原则编码。

（3）数字编码的特点。

师：一个身份证号码就是用这几个简简单单的数字就可以反映出一个人这么多的信息，方便好用，所以数字编码有简洁的特点。中国有十几亿人口，每个人都有一个身份证号码，并且一个身份证号码表示唯一一个人，所以编码有唯一的特点。数字编码是统一标准，统一要求的，所以数字编码要规范。（板书：简洁、规范、唯一）

（4）数字编码安全教育。

师：在日常生活里，哪里要用到身份证号码？

师：身份证包含着许多个人信息，所以请一定要妥善保管，不能随意借给他人。

师：刚才老师的身份证号码有几个数字是改编的，大家不用替老师担心。

3．活动2：认识特殊数字编码

（1）发现生活中的数字编码。

师：其实生活中的编码还有很多很多。大家请看，老师的名片里有哪些数字编码？（如图3所示）

```
从化区流溪小学    欧阳桂锋    学号：107号
手机：13660679166    QQ：394335476
微信号：chouyang168
地址：街口街城南路6号3栋B梯502房
邮政编码：510925
```

图3　教师名片

（2）介绍邮政编码的含义。

师：刚才同学们说了一个编码——邮政编码，这是一个国家或地区的邮政代号。我国的邮政编码由6位数字组成，前两位数字表示省（自治区、直辖市），第三位数字表示邮区，第四位数字表示县（市），最后两位数字表示投递局

（所）。如：

<u>5 1</u>　　<u>0</u>　　<u>9</u>　　<u>2 5</u>
广东省　广州市邮区　从化区邮局　江埔投递所

师：邮政编码也是遵循先大后小、先共用后个人的原则来编码。有了邮政编码，就可以用机器根据邮政编码对信件进行分拣，大大提高了信件传递的速度。

（三）走向生活，巩固新知

1. 交流各种编码的含义，了解其他编码的含义

师：数字编码好处多，在生活中，你还见过哪些数字编码？

2. 欣赏各种数字编码

师：老师也带来了一些编码，咱们一起来看看。

（课件展示各种编码，如特殊电话号码、密码、门牌号、银行账号、车牌号、条形码、音乐歌曲等。）

3. 制作学生卡

（1）师：现在我们制作学生卡。我们学校有接近一千名学生，我们能不能给每位学生制作一个独一无二的学生卡，只要看到这个号码就能很快找到这个学生？

（2）小组讨论：①筛选出有用的信息；②给筛选出来的信息排序；③用排好序的信息设计学生卡。（把讨论结果写在练习册上。）

教师指名两人展示，提问：你更喜欢哪种学生卡，为什么？

教师引导学生思考、交流，集体讨论得出结果：年级（1位数字）、班别序号（1位数字）、班级学号（2位数字）、性别（1位数字）等。（规范要求再编码。）

（3）学生尝试给自己编号码。

教师收集编码后投影展示，提问：看到这个号码，你能找出他是谁吗？你能根据这个编码说出这个学生的哪些信息？

师小结：数字编码真是又方便又快捷。

（四）回顾总结，升华认知

今天大家表现太出色，老师打算送点礼物给你们，想知道是什么吗？请同学把这两句赠言读一读。

第一句赠言：19　19　23　24　16　17　18

第二句赠言：23　24　33　34　36　18　38

师：这是什么来的，怎么是一连串"没用"的数字。其实，这是老师模拟情报密码给同学们发的一封密码信。

师：老师出示译码表，你们能把这两句话破译出来吗？（见表1）

表1 译码对照

老师 11	们 12	上 13	要 14	去 15	用 16	处 17	大 18	小 19
爱 21	好 22	数 23	字 24	学 25	习 26	向 27	料 28	中 29
生 31	活 32	编 33	码 34	天 35	帮 36	神 37	家 38	在 39

（五）布置作业

师：同学们，生活中处处有数字的踪迹，它时刻地向我们提供各种信息，让我们感受到它的便捷。课后，请选择一种感兴趣的编码数字，去调查了解它的意义，好吗？

（六）板书

数字编码

原则：先大后小，先共用后个人

特点：简洁、规范、唯一

<u>440122</u>　　<u>19790101</u>　　<u>361</u>　　<u>3</u>
　地址码　　　　　出生日期　　　顺序码　校验码

【教学反思】

严谨真实的课堂，扎实有效的教学，是我孜孜以求的理想教学境界。在"数字编码"一课的教学中，我努力向这个理想境界靠近。

"数字编码"是人教版三年级《数学》上册的一节综合实践活动课。小学数学"综合与实践"是小学数学四个学习领域之一，它要求学生综合运用已有的知识和经验，通过自主探讨和合作交流，解决与生活经验密切联系的，具有一定挑战性和综合性的问题，以发展他们解决问题的能力。本节课，我主要做了以下几点尝试。

1. 课前收集资料，活用生活素材，激发学习兴趣

学习材料的吸引力是激发学生探索热情的重要因素。在"数字编码"活动课中，学习的内容都可以与学生的生活紧密联系起来。我从学生的生活经验出发，课前布置学生找一找生活中的数字编码，如收集身份证号码，让孩子们了解这些编码的意义，为上课提供丰富的素材。本节课中，我以身份证号码为主线，让学生体会数字编码的特点，初步探索数字编码的方法。通过合理地应用生活素材，让学生从中感受到学习数学的乐趣，激发学习的兴趣。

2. 课中合作探究，关注学习过程，解决学习难点

在综合实践课教学的组织实施中，要注意从单一课堂学习活动走向多维度社会化数学活动，要营造一个自主探究、合作交流的广阔空间，让更多的学生在开放式的活动过程中获得全面、充分的发展。本节课，我组织学生开展了"认识身份证号码"和"认识特殊数字编码"两个环节的合作探究活动，构建新知，进而突破难点——总结编码的规则和特点，提高课堂教学实效。同时，我力求体现数学与生活的紧密联系，加强学生对数字编码的理解与运用，在"数字编码"教学中渗透安全教育——不随意把身份证借给他人。

3. 课后运用知识，扩大学习空间，做到学以致用

书本知识源于生活实际，又应用于生活。加强数学各部分内容间的联系，发展学生的综合应用能力，是"综合与实践"学习活动的另一个重要目标。"综合与实践"活动可以使学生在实际生活中体验、发现并综合运用各种知识去解决问题，提高学生参与社会实践的能力，做到学以致用。课后，我布置学生选择一种感兴趣的数字编码，去调查和了解它的意义。这样的实践作业，扩大了学习的空间，使学生的参与程度更高，让这节课的知识自然地延伸到课外，收到更大的教学效益。

整节课，学生通过"观察""比较""猜测"来探索编码的规则和方法，体会数字还可以用来编码，感受数字编码的简洁、规范、唯一等特性。课堂中，我的教学严谨，学生自主探究有效，师生关系融洽，课堂气氛活跃，共同体会数学独特的知识魅力。

平实严谨 亲和灵动

广州市海珠区后乐园街小学　李秀琼（小学数学）

第一部分　导读语

我是一名中共党员，小学数学高级教师，现任广州市海珠区后乐园街小学教导处主任，广州市基础教育系统新一轮（第三批）"百千万人才培养工程"小学名教师培养对象，广州市名教师（洪虹）工作室成员。曾获"广州市优秀教师""海珠区优秀教师"称号，曾担任广州市特级教师协会"名师讲师团讲师"、海珠区数学教研中心组成员；撰写的十多篇论文、教学案例和教学设计屡获市、区级奖励并部分刊登发表。主持海珠区教育科学"十二五"规划课题"有效利用错题归因，提高教学实效的行动研究"的研究工作。

我是土生土长的广州人，从小在广州老城区长大，一直接受传统的岭南文化熏陶，吸收着岭南文化的精髓，潜移默化地感受着身边的岭南人、岭南事、岭南情。在23年的教育教学工作里，在不断接受"粤派教育"学习的同时，自己每天都在传播和演绎着"粤派教育"的精髓，并在多年的教育教学中，结合数学教学的学科特点，逐步形成自己的"粤派教育教学风格"——"平实严谨，亲和灵动"。

第二部分　名师成长档案

一、腾笼换鸟，立志扬气续梦行

1995年7月，我毕业于广州市师范学校普师班。由于家庭原因，我并没像其他大部分同学一样继续升专学习，而是18岁就参加工作，我在广州市海珠区鹤鸣五巷小学开始我的教学生涯。当时，学校安排我任教二年级一个班的语文，并担任该班的班主任。刚开始工作的第一个学期，我的语文教学质量和管班的能力还算是比较好，也受到校长领导们的赞扬。可好景不长，下学期时，班上3名调皮的男孩子开始捣蛋，无论我怎样与他们面谈，怎样苦口婆心地教育，去了多少次家访，仍然是毫无起色，每天的课堂都被他们搞得鸡犬不宁。我当时很沮丧，没想到第一年的工作会遇到如此难教的孩子，自己非常不开心。后来，实在没有办法了，学校领导就把他们分开到三个班里学习，暂时平息了混乱的课堂。由于担任班主任第一年就给学校搞了个"烂摊子"，于是校领导最后决定第二年让我转教二年级的数学，这样就可以不用担任班主任了，因为当时都是语文老师担任班主任的。

第一年的工作经历很不如意，甚至给了我很大的打击。我在师范读书的时候，可是班上公认的得力班干，三年里都担任团支书和班长，我还获得"优秀师范生"的称号。可能是多年担任班干部而锻炼出来的毅力和意志，我并不服输，我对自己说："我要重新站起来，我要做一名优秀的教师。"转教数学，我等于又是一张白纸。于是，我认真吸收和学习优秀数学教师的教学理念，观摩优秀数学教师的课例，用心记住课例中哪些是值得自己学习的，然后在自己的课堂上尝试"移植"。过了一段时间，终于迎来了主管数学学科的梁校长来随堂听我的数学课了，当时上的是"除法的认识（第二种分法）"，其实当时的课并没有太多自己的独特设计，大部分都是移植优秀课例来的。但梁校长对我精练生动的数学语言、活跃的课堂气氛等给予了高度的肯定。我觉得，我的人生开始有希望了，从语文老师转型为数学老师，终于是有点像样了。

二、凤凰涅槃，丰翼展翅渐露才

自从那一次受到梁校长的好评后，我更加积极认真地学习，学习领导们如何评课，学习老前辈们如何备课，经常向他们请教；主动承担校级公开课，每次的磨课都获得不同的收获；同时，任教班学生的学习成绩名列前茅。由于工作出色，我在1998年被评为"海珠区优秀教师"。

在1999学年，也就是我任教数学的第四年，我首次代表学校参加海珠区第七届"明珠杯"数学科教学大赛，在宝玉直学区数学科初赛中，我表现优秀，杀出重围（宝玉直学区学校的数学科实力很强），获得了决赛的资格。当时主管数学科的周校长带着全科组的力量，手把手地帮助我，每个环节的设计，每句导入过渡语，每页动画课件的制作，甚至是每一句话，每一个词都不断地推敲琢磨，周校长精湛的数学专业水平和严谨的钻研态度，深深地影响了我，也为我以后在数学专业上精益求精做出了榜样。后来，在全区的教学决赛中我获得了个人教学大赛的三等奖。在明珠杯比赛后，我的信心就更足了，学校和区教研员也给我了很多的展示平台，我先后承担了全区的研讨课"找规律"、宝玉直学区研讨课、同中一学区研讨课、送教到东部教学、兄弟学校间的异地教学、幼小衔接课和多次的全校研讨课等，每一次的课例研讨都使自己得到锻炼和成长，让我在磨课中积累经验，在课堂中不断形成自己平实严谨、灵动亲和的教学风格。2011年，由于个人表现优秀，我被评为"广州市优秀教师"。同年，还被选为广州市特级教师协会"名师讲师团讲师"。

三、并行不悖，重思定位再启航

2002学年，鹤鸣五巷小学提拔我担任学校教导处副主任，我开始学习学校行政管理层的各种技能与管理方法，让自己尽快适应学校的各种管理工作，在教学岗位与管理岗位上并行不悖。2005学年，我又调到海珠区后乐园街小学担任教导处副主任和教导处主任，繁重的行政工作，导致自己在专业化道路上出现一些停滞。在推荐教研中心组成员和各种教学比赛参赛人员时，觉得自己不应该与教师们一起去"抢"机会。因此，在好长一段时间里，自己并没有正确处理好既是一线教师又是管理者的双重身份，把自己给"搁置"了；缺少了难得的磨课和赛课锻炼，所以自己上公开课和优质课的经验是非常薄弱的。面对这种两线并存的局面，自己心里很纠结：究竟是走专业化道路还是走管理道路，一直举棋不定。

在一次偶然的培训学习中，一位优秀校长的一番话使我如梦初醒。那位校长说："作为学校管理者如果在专业化道路上找不到自己的定位，也就是说不是学科专业型的领导，那便不是一个称职的学校管理者。"这番话深深地触动了我，我开始反思自己，在专业化方面逐渐薄弱，那如何能建立自己的威信，如何能独当一面成为指导教研的管理者呢？于是，我重新思考，重新定位：我要在行政道路和专业道路上齐头并进，在引领教师成长的同时提升自己的数学教学能力，提高专业水平；我要在实践教学中，努力尝试，践行自己的数学教学梦想，向教师们展现自己，提高威信；我要多角度、多层次地提高学生的综合能力，提升学生的数学核心素养。

四、厚积薄发，揣梦奋进别样红

当我重新给自己定位之后，整个人茅塞顿开，我决心既要努力做一名优秀的数学教师，又要成为一名专业的管理者。

1. 示范引领，共同成长

在任教的几间学校里，包括2016学年到海珠区石溪劬劳小学挂职校长助理和2017学年在海珠区梅园西路小学挂职校长助理，我都努力秉着一个理念："大家好，才是真的好"，积极在校内开展教育教学的专题讲座，与老师们共同研讨，共同发展。我致力发挥帮带引领作用，一直努力提高每位老师的各方面的能力，关心帮助青年教师快速成长，与他们结对子互助。每个学期，我都主动承担校级公开课或异地教学。2017学年，我在白云区大冈小学进行"稍复杂的排列问题"的异地公开教学，通过开放的活动课堂和自主探究的学习方式，构建了一个灵动高效的数学课堂。我主管的数学科近年来多次接受区教研室数学科教学视导或全科教学视导，听课反馈优良率达100%；主管数学科以来，多次辅导数学科老师参与全区或学区的数学公开课。2014学年，辅导数学科高老师参加区第十一届的"明珠杯"比赛，其讲授的"两位数乘两位数"获得了区二等奖第一名的好成绩，为学校争得了荣誉；辅导后乐园街小学、梅园西路小学和石溪劬劳小学的新教师们，帮助他们尽快站稳讲台，教会他们如何研读教材、如何做科研等，科组数学老师均受益匪浅；组织青年教师们接受区教研员视导听课，屡获好评，青年教师们在专业发展上都有不同程度的进步。

2. 爱生如子，倾注全力

我爱我的学生，我用童心和爱心去灌溉每一位孩子；我爱我的数学课堂，看到孩子们兴致勃勃的样子，我特别满足。每一个学年，我都欣然接受学校分配的任务，经常是临危受命或者是连续任教全校闻名的"骨头班"，但我从不会消极对待，在我的观念里，没有一个可以放弃的孩子，我鼓励他们，我善于用爱去感染他们，用行动去激发孩子们学习数学的兴趣，通过各种方式去改变孩子们的学习状态，提高孩子们的学习成绩，提升孩子们的数学素养。每个学期我任教班的考试成绩都有较大的提高，均排在全级的前列，并超过区的中线水平。在2012学年全区五年级数学抽测中，孩子们的表现还获得了全区的公开表扬。经过我的不懈努力，在课堂上有了孩子们大声自信地表达思路，有了小组愉悦的合作交流，有了多种解题策略，有了精彩的动手操作演示，有了师生之间的欢声笑语……这些举措发挥了学生的主体地位，促进了学生的数学思考，使他们懂得用数学思维去思考生活问题，提高了学生的核心素养。

3. 科研促教，提炼促思

2016学年，我对科研的理解有了一个质的飞跃。我积极推进海珠区行政课题"有效利用错题归因，提高教学实效的行动研究"的申报，该课题在2016年9月成功立项，这也是学校第三个成功立项的教师个人专项课题。我希望能够利用小课题研究的机会，去提高个人的专业水平；平时就要善于发现教育教学上的小问题，反思、研究、提炼，从中获得教育教学的大启迪。2018学年，我积极参加广东省教育技术中心科研课题"基于云平台环境下小学高年级数学前置性学习的策略研究",作为课题组核心成员参与研究。

在上好课的同时,我勤于反思,精于提炼,我把上公开课的备课思考过程和课后专家同行的反馈意见,作为第一手材料记录下来,然后细细琢磨,加以整理,写成论文和教学反思。我积极参与市、区的论文、教学案例和教学设计比赛,希望通过比赛促进教学思考,提高教学质量。其中,《数学阅读之初体验》《构建问题,立足生本》《让教育在童心和爱心下润泽生色》《浅谈错题与数学阅读的有机结合》等多篇论文发表在教学杂志上,十多篇论文、教学案例和教学设计获市、区级一、二、三等奖。

专业成长之路艰辛困苦,有笑有哭,正如风雨之后才能见彩虹,只有经历过风雨洗礼的小草,才会有顽强的意志去迎接生命的另一个挑战。或许在未来的日子,我会遇到更多的挑战,会面临人生的更多交叉点,但我相信,只要我的脚步不停,只要我的教育初心不变,这些挑战将会让我编织出更美的教师梦!

第三部分 学科教育观

学习数学最本质的作用就是要"回归于生活""应用于生活",而规范性、严谨性更是数学学科最本质的特点。在教学中,我不断地思考,不断地实践,不断地修正,逐步形成了"平实严谨"和"亲和灵动"的教学风格。

▶ 我的教学风格解读 ◀

回顾多年的教学生涯,自己一直都在教师专业发展的道路上不断地锻炼与打磨,日积月累,逐渐形成了自己的教学风格。我认为,我的教学风格与我的性格非常相似,就是宽心开朗,平易近人。如陈献章先生所提倡的"宗自然,贵自得"思想那样,在日常教学中我更多的是追求朴实自然的数学课堂,以教师亲和的感染力带动学生进入一个灵动活跃的课堂,并充分彰显数学课上应有的严谨的特点。因此我的粤派教学风格可以总结为"平实严谨"和"亲和灵动",其内涵为:在平实自然的学习环境下,构建出严谨规范、灵动、师生和谐的优质数学课堂。

1. 平实严谨

严谨在词典中的解释就是严肃谨慎、严密周到。严谨是数学课堂的重要特性,包括在教学的目标设置、教学内容的组织、教学方法的使用、教学思想的渗透和数学语言的表达等方面做到科学严谨,课堂教学条理清晰,层层深入,环环相扣,结构严谨。因此,我的数学课堂是非常强调数学知识论证的严谨性,正所谓"知其然,知其所以然",课堂上没有太多花哨的形式,正如湛若水先生提出的"随处体认天理"说,提倡"随心,随意,随身";课堂上朴实无华,注重的是随学生的知识认知引出内需，根据学生的知识基础来进行探究，在学生的发现中归纳新知。总之，"一切回归于最平实自然、严谨规范的课堂"。

数学课堂就是要回归自然，体现严谨性。如在六年级下册"倒数的认识"一课的导入环节中，根据学生的知识基础，我以语文知识与数学学习之间的联系作为切入点，利用个别汉字的有趣构成规律来激发学生的好奇心，出示"吴—吞，杏—呆"等例子，自然而然引起学生对新课的学习兴趣，使他们联想到数学上的分数也有这样上下调换位置的数，让学生初步感知"倒"的意思，这样学生对马上接触到的"互为倒数"就比较容易理解了。这样的课堂引入自然平实，通俗易懂。接着，通过几组例子理解倒数的意义，让学生根据倒数的意义举例，通过学生的举例进一步理解"乘积是1的两个数是互为倒数"这句话。同时，让学生说说他们认为在"乘积是1的两个数互为倒数"这句话中哪几个词比较重要，然后根据学生的回答，再次理解"互为""乘积是1""两个数"几个词，对倒数的定义做深入的剖析。这样的概念教学，没有把概念呈现后就匆匆而过，而是对概念的关键词加以重点理解并举例验证。教师根据学生的认知水平而自然导入教学内容，体现了"平实严谨"的教学风格。

2. 亲和灵动

"海纳百川，有容乃大"一直是身处开放城市的广州人对外界的人与事的包容与接纳的气度，因此，我的教学风格自然而然也形成了"亲和"的风格，体现出包容与信任。亲和的词意是亲切和蔼，亲近和睦。富有亲和力的教师更受学生欢迎，俗话说"亲其师信其道"，我热爱每一位学生，我相信每一位学生都会有进步，在我的教育理念里，"没有一个学生是可以掉队的"。因此，在课堂上我更多地营造和谐平等的教育氛围，常常面带笑容，保持幽默风趣；我认同学生，信任学生，多鼓励少批评，努力做到爱生如爱子，亲和入细微。一直在广州海珠区工作和生活的我，看到的沿街建筑都是兼具岭南传统文化与外来文化"开拓创新"的结晶。正如我的课堂，就是以学生为本，强调学生的自主和创新，课堂上师生之间与生生之间的交流、沟通和交往的动态生成，以及思维碰撞的火花到处可见。我擅长利用自己丰富的肢体语言，善于捕捉学生在课堂上生成的闪光点，并给予学生充分的情感鼓励，让学生充分感受到学习的乐趣与成功。

如在五年级上册"植树问题"一课中，在出示例题后，我先让学生尝试用画示意图的方式表示1000米距离里每间隔5米种一棵树，画了一会，我面带笑容地问学生们："这时候，你们有什么想说？有什么感受？"学生表示："还没画完啊！"我又问："孩子们，还想画下去吗？如果再画下去，这节课可能就是在画树了。"孩子们听到我这样说，个个都笑开了。这个环节的设计就是让学生在实际操作中感受认知与实际操作的冲突，加上教师风趣亲和的语言，孩子们便产生了强烈的探究欲望。接着，在验证"两端都栽"的建模过程中，老师提出"你想用怎样的方法来验证呢"；老师适当点拨，孩子们充分发挥主动性，开拓思维，提出总长不变、间隔变，总长变、间隔变，总长变、间隔不变三种验证方法；然后就是小组合作探究的活动过程和精彩的汇报过程。课堂上学生们学习热情高涨，充满个性的验证过程的展示和结论思维的表述，都精彩纷呈，充分体现出我的"亲和灵动"的教学风格。

我的教学主张

岭南文化的代表人物陈献章先生主张学贵知疑、独立思考，提倡自由开放的学风，他提出的教学方法：先静坐，后读书；多自学，少灌输；勤思考，取精义；重疑问，求真知，等等，给了我很大的提示和指引。我认为，教学就是心中要有爱，根基要扎实，能力要提升。在多年的教学中，我始终带着自己领悟到的"粤派教育"的教学理念和想法走上每天的工作之路，坚持用亲和的态度去润泽孩子的心灵，用严谨的规范去建立平实的课堂，用灵动的方法去提升孩子的能力。我相信"润物细无声，随风潜入夜"，相信孩子终会在各自适合的领域里开花结果。

1. 以亲和的态度润泽孩子心灵

苏霍姆林斯基说过："我生活中什么是最重要的呢？我可以毫不犹豫地回答说：爱孩子。""爱"是教育的根，教育离不开爱，热爱学生是教育学生的基础和前提。教育首先是人学，不了解学生，不热爱学生，不关心每个学生的成长，就谈不上教育。是的，从教多年，我希望学生们从内心感受到老师对他们的爱，对他的信任和尊重，让他们体验到爱。怎样才能让学生体验到、感受到爱呢？我觉得是鼓励，是微笑，是尊重。我珍惜每一节课，每一天的作业，每一次的测验，每一学期的期末考试，每个孩子的点滴进步我都放在心上。因为那是孩子们的努力，是孩子们的成功的希望。在我的数学课堂上，经常是"小老师"做主角，我相信每个孩子都是出色的，每个同学都是做"老师"的料子，如新课例题、经典练习题或典型错题等，经常由"小老师"来讲解，他们说解法，说心得，说反思，下面的"学生们"担当评委角色，可提问，可设疑，可反驳……就是这样一个亲和的、民主的数学课堂，一个充满着教师的平等的爱的课堂，才让这个课堂生机勃勃，让这个课堂的"主角们"永远精彩无限！

2. 用严谨的规范建立平实课堂

俗话说，"无规矩不成方圆"，因此，我在教学中非常注重培养孩子们的规范意识，包括审题的要求、回答的完整、做题的格式、书写的规范等。从接手新班开始，我便从课堂教学中的每一个细节处向孩子们提出各方面的规范做法和要求，而且每天不厌其烦地反复强调，经常鼓励和表扬做得好的同学，树榜样，提建议，让孩子们逐步感受到，当自己各方面的学习规范形成后，其实学习态度已经逐步端正了，成绩自然而然也会提高了。

3. 用灵动的方法构建活跃课堂

墨守成规的教学不再是素质教育下应有的教学方式，我认为如果可以让孩子们感受到数学真好玩，学数学真有意思，学数学真有用，那这样的数学教学就成功了，学数学的价值就充分体现了。"数学小论坛""数学小讲师"等环节经常在我的数学课堂上出现，我让孩子成为课堂的主角，如由学生们讲解新课例题、经典题目、典型错题等，让学生们自主合作，分享交流，汇报修正。学生们从中学会了聆听，学会了思考，学会了表达，学会了设疑，学生们学习的积极性就会越来越浓烈；在课外，给学生布置个性化的作业也是我经常使用的方法，如预习学案、学生记错本、数学小日记、数学手抄报、数学小绘本等，这些个性化作业能充分展现学生们学科整合的综合能力，能体现学生们的个性化思维；除了布置个性化作业外，开展丰富多彩的学科活动必不可少，如数学小演讲、数学24点、七巧板、玩魔方、填数独、设计密铺图案、设计轴对称花纹、实地测量等活动，这些多感官参与的数学实践活动，把数学学习推向一个新的层面，逐步提升了学生的数学能力。

他人眼中的我

李主任是一个身材娇小却蕴含巨大能量的人，平常总看到她亲切的笑脸，无论对同事，对家长，对学生都一样。工作中，她认真敬业，常常看到她伏案工作的身影，却很少听见她抱怨的声音。她善于反思自己的工作，是我们学习的榜样。教学中，她倾注一腔热情，常常看到她对学生耐心的教导，却很少看到她批评学生，仿佛有魔力一般，总能把孩子们的数学成绩迅速提高。在生活中，她乐观向上，每次看到她都是活力满满；她甚至利用休息时间进修英语，学无止境的态度正是她的魅力所在。在教师专业发展的道路上，她更是我们的引领者：成为"百千万名教师"培养对象，参加校长培训班学习，到其他学校深度挂职，参与副高职称评审，带领老师开展课题研究，所有这些她都一一交上漂亮的答卷，成为老师们学习的好榜样！这就是充满正能量，干劲满满的李主任！

——广州市海珠区后乐园街小学　梁献珍老师

李秀琼老师是一位知名的优秀数学教师。本学期她来我校挂职，并承担六年级一个班的数学教学，我有幸与她成为同级任课教师，经过一段时间的接触，我深深感受到她是学生和我的良师益友。她以良好的师德形象和不断钻研探索的实际行动感召学生，做到为人师表、修德修才。她把课前精备、课上精讲、课后精练作为减轻学生负担，提高教学效果的有效途径。作为同事，我在敬佩李老师的同时，更加期待她在小学数学教学的领域有更出彩的发展！

——广州市海珠区梅园西路小学　梁玉莲老师

真想念我们的李老师啊！个子小小的，总是戴着一块腕表，经常见到她早晨在我们班的黑板上忙碌地写着。李老师上课的时候可是十分严格的，有一次因为时间关系，我在数学课上偷偷地写作文，被李老师发现了，李老师没有当面说我，但我能从她的眼神中看到了对我的失望。我们很喜欢上李老师的数学课，因为李老师上课可有趣啦！什么"鸡兔同笼""植树问题"，她总能讲一些故事把我们逗笑。我们爱您，李老师！希望李老师能快点回来看看我们。

——广州市海珠区石溪劬劳小学五年（3）班学生　吴彦婷

我们的数学老师——李老师，她最出色的地方就是她那优秀的教学方式。她总能把一些不容易理解的难点讲得非常的清晰，让我们听得非常明白。她十分有耐心，不厌其烦地给我们复习、讲解。老师还十分宽容，一路走来包容了我们许许多多的错误。老师就像我们的知心朋友，十分了解我们。最让我们难忘的，是老师批改作业时对我们十分负责，不仅保持了作业本的整洁，还把错误的原因写在了本子上，让我们认识到错误并且改正。老师还非常幽默风趣，让我们在笑声中记住每一个知识点，完美地做到"玩中学，学中玩"。李老师为了巩固我们的学习成效，让我们对每一个单元进行总结并制作数学小报，在班里面展示，让我们学会了"一分耕耘，一分收获"。

这样的数学老师怎么能让我不喜欢上她呢？我爱我的数学老师——李老师！

——广州市海珠区梅园西路小学六年（4）班学生　梁雅诗

第四部分　育人故事

老师，我进步了

苏联教育家苏霍姆林斯基说过："我生活中什么是最重要的呢？我可以毫不犹豫地回答说：爱孩子。"对！教育的源泉乃应为"师爱"。没有爱就没有教育，热爱学生是教育学生的基础和前提，教育首先是人学，不了解学生，不热爱儿童，不关心每个学生的成长，就谈不上教育。爱，并不是一种很高的艺术境界，贵在于表达，难在于坚持。

黄同学是六年（4班）的一个高大的男孩子，成绩处于下游，写的作业龙飞凤舞，但是这个孩子非常有礼貌，性格挺爽的。对于这个孩子，我打心底挺喜欢的，看到他的成绩浮浮沉沉，真想拉他一把，不能让他再跌下去了。于是，我总是带着微笑，带着说笑的语气，去鼓励他，哪怕是上课坐端正了，举手发言了，作业用了直尺，我都会大大表扬他。他每次受到我的表扬，都会像打了鸡血一样，斗志昂扬。

一次数学测验，黄同学只取得了 50 分。下课后，他沉默地走到我的面前，哽咽地说："李老师，对不起，我这次没有测好！"看到黄同学难过的表情，我低声温柔地说："孩子，不要紧，虽然这次你还是不及格，但是已经有进步了，继续努力，咱们的黄大哥是没那么容易垮掉的。"黄同学听了我这样说，马上开心起来，说："李老师，我知道了，你会看到黄大哥我更大的进步。"听到黄同学这句话，我也忍不住地笑了，说："好，李妹妹等着你的好消息，别欺骗我弱小的心灵啊！"我还特意发了一封表扬信给他，他开心得直蹦得老高老高，边走边喊："谢谢李老师，谢谢李老师！"我心里真的很欣慰，孩子就是孩子，永远都需要表扬和爱！

第二天，我远远地看到黄同学蹦蹦跳跳地跑过来，他很开心地对我说："李老师，你知道吗？我把你给我的表扬信贴在了墙上，我要天天看着这封表扬信啊！"黄同学长得比我还高，当时我看到的是这个男同学脸上欣喜的表情，听到的是一句发自孩子内心的话语啊，我从他的言行中深深地感受到他的高兴，他的自信，他的努力。后来，我坚持不断地鼓励黄同学，他也奋力直追，终于在毕业考试中，取得 85 分的好成绩，给小学毕业画上了一个完美的句号。

"热爱孩子是教师生活中最重要的东西"，作为一名教育者，懂得平等地爱，民主地爱，大大方方地爱，那教育效果就会事半功倍。

附录　教学现场与反思

人教版三年级《数学》下册"稍复杂的排列问题"教学案例

【教学内容】

人教版三年级《数学》下册第 101 页例 1："稍复杂的排列问题"。

【教材简析】

"稍复杂的排列问题"在二年级《数学》上册的"数学广角"探索非 0 的 3 个数字组合两位数的简单排列的学习基础上，难度稍有提升，不仅元素（排列的数字）多了 1 个，而且增加的是 0 这个特殊元素。教材通过生动有趣的活动，让学生对含 0 的 4 个数字进行有序、不重复不遗漏的排列，培养和发展学生全面思考问题的能力和习惯。"稍复杂的排列问题"整个探索活动都采取开放式课堂，由学生经历想一想、写一写、说一说、排一排等多种形式的思维过程，通过独立思考表达想法、动手实践体验思考、同伴互助分享思维、小组合作相互读懂等多种学习方式，促进学生的思考与交流，找出排列数，培养有序、全面的思考方法。

【学情分析】

此内容由于是在二年级《数学》上册的"数学广角""搭配（一）"的知识内

容基础上提升和延续的，学生可以利用已有的简单的排列知识经验和解决此类问题的方法技巧，进行自主探索以解决问题。在本活动中，学生不仅要考虑4个数字写出两位数的排列情况，还要考虑到"0"这个特殊要素不能"写在最高位上"，排列的方法可以是"交换法""排头法"和"排尾法"，学生要有一定的思维能力和较全面的分析问题的能力，具有一定实践的意义。

【教学目标】

（1）通过观察、实验等活动，找出稍复杂事物的排列数的方式。

（2）经历寻找稍复杂事物排列数的过程，发展有序、全面思考问题的能力。

（3）在解决实际问题的过程中，感受数学在生活中的广泛应用，增强学习数学的兴趣。

【教学重点】

能有序、不重复、不遗漏地找出稍复杂事物的排列数的方式。

【教学难点】

用有序、全面思考的方法解决生活实际问题。

【教学准备】

PPT课件、合作汇报单。

【教学过程】

（一）创设情境，复习铺垫

师：同学们，在二年级的时候，我们已经学习过简单的数字排列问题，下面我们来回顾一下。

师：（出示1、3两个数字）能写出多少个没有重复数字的两位数？

生：13和31。

师：（出示1、3、5三个数字）能写出多少个没有重复数字的两位数呢？

生1：13、31、15、51、35、53。

生2：（树状图：1分出3、5；3分出1、5；5分出1、3）

生3：（3、5配1；1、5配3；1、3配5）

师：你们分别用了什么排列的方法呢？在排列数字时，要注意些什么？

生1：我用的是先固定十位，再摆个位，是排头法。

生2：我用的是先固定个位，再摆十位，是排尾法。

生3：我是先拿两个数字来摆，然后再交换位置。

师小结：同学们，说得真好。每次拿两个数字，先摆出一个数，然后交换位置，这是交换位置法；先确定十位的数，然后按顺序确定个位的数，这是排头法；

先确定个位的数,然后按顺序确定十位的数,这是排尾法。

师:为什么你们在排列数字时能做到不重复、不遗漏啊?

生:因为我排列数字时按照顺序去摆。

师小结:在排列数字时,要做到不重复、不遗漏,就要学会有序思考。生活中有顺序地做事情,也能帮助我们提高效率的。(相机板书:交换位置法、排头法、排尾法,有序、不重复、不遗漏。)

师:今天这节课,我们继续来探讨"稍复杂的排列问题"。(揭示并板书课题。)

(设计意图:通过3个数字的三种排序方法,达到温故而知新的效果,为本课继续学习"稍复杂的排列问题"做铺垫。)

(二)开放活动,发散思维

1. 排列的活动体验

(1) 师出示5个数字:1、3、5、7、0。

师:选择其中4个数字来组成没有重复数字的两位数,如何排列所组成的两位数的个数是最多的呢?现在变成了4个数字,那排列的方法有没有不同呢?

(2) 同位合作,记录结果,师巡视指导。

合作提示:①请你们用自己喜欢的方式来记录排列结果。②简单说说你的排列方法是怎样的?

2. 总结对比,提炼方法

(1) 学生分组粘贴。选数情况可能有两种:4个数字中有选0的与不选0的。

小组1:13、15、17、31、35、37、51、53、57、71、73、75。

小组2:10、13、15、30、31、35、50、51、53。

…………

(2) 根据学生的三种排列方法的记录,生生互相评价。

师:他们的做法好在哪里?

生:能有序地进行排列,固定十位或固定个位。

(3) 结合课件,再次回顾三种排列方法。

师小结:无论是复习题的3个数字的排列,还是刚才探索的4个数字的排列问题,都运用了同样的排列方法,只要我们做到全面和有序思考问题,那就算是5个数字、6个数字,甚至是更多数字的排列,我们都可以做到不重复、不遗漏。

(4) 数据对比。

师:同样是用4个数字组成没有重复数字的两位数,为什么写出的个数不同,关键点在哪里,同学们有什么想法呢?

师:不选0的同学,当时你是怎样选择呢?你为什么不选0呢?

生1:因为0不能作为十位,题目要求是组成最多的两位数,所以不能选0。

师：选0的同学，现在你有什么想法？

生2：我明白了，当时没有考虑是要求组成最多的两位数，只是觉得选0也是可以的。

师小结：我们要全面考虑特殊情况，不能把0放在最高位上，只能把其余的4个数分别放十位来排列。因此，在解决问题时，全面思考也是关键，这同样是我们在学习工作中非常重要的能力。（板书：全面。）

（设计意图：通过创编例题，采用开放式的活动课堂，让学生自主选择4个数字来解决"如何排列组成的两位数的个数是最多的"问题，突出学生在选择数字时的思考，核心问题是"为什么不能选0呢？因为十位上不能是0"。从活动中自然而然地认识到要关注关键信息，明晰全面思考问题的重要性。）

（三）巩固反馈，运用新知

师：下面，我们就运用刚才所获得的经验方法来解决生活中的实际问题。

（1）用0、2、4、6可以组成多少个没有重复的两位数？

师：请同桌讨论后，共同完成。

（2）小猪佩奇一家四口参加亲子运动会，如果佩奇排在第一位，那爸爸、妈妈和乔治可以怎样排呢？有多少种方案呢？

师：这道题有什么限制呢？你有什么想法？请你用喜欢的方式简明地展示方案！

生同桌讨论，尝试完成，汇报交流、互相评价。

师投影出示多种展示的方式：数字、字母、符号等直观表示的方式。

师小结：这题因为是第一个数字不变的，其实可转化为3个数字排列成三位数的题目。在解决位置排列的实际问题时，我们可以借助数字、字母、符号等直观的形式，把信息直观化，同时也要考虑问题中的限制条件，做到全面思考、有序排列、灵活解决问题。

（3）现场拍照。邀请3位同学与李老师合影，李老师的位置不变，3位同学任意换位置，一共可以有多少种站法呢？

师：同学们，先考虑一下，这个拍照活动有什么要求呢？要注意些什么呢？

生：要注意李老师的位置是不变的，可以运用刚才学到的排列方法，有序排列。

师小结：经过活动，这个拍照情景同样可以转成今天学习的排列问题，用有序的方法进行排列，解决生活中的问题。

（设计意图：利用具体的生活实例进行综合练习，引导学生借助多种直观符号，整理信息，全面考虑题目中的限制条件，并灵活选用合适的排序方法，感受有序、全面、简洁以及分类讨论等的优点。）

（4）知识延伸。

师：回顾今天我们这节课的内容，无论是简单的还是复杂的排列问题，都是与什么有关呢？（板书：与顺序有关。）

师：（出示课件：小猪佩奇一家4口进行国际象棋比赛，如果每2个比赛一场，一共要比赛多少场呢？）每2个比赛一场，一共要比赛多少场？比赛场次与参赛选手的顺序有关吗？与什么有关呢？要怎样解决呢？这就是我们下节课要继续学习的内容。

（四）回顾活动，总结提升

师：回忆这节课，在稍复杂的排列问题中，我们都做了些什么，你有什么收获呢？

生1：学习了稍复杂的排列问题，要注意做到有序，全面思考，不重复，不遗漏。

生2：这节课我知道了0这个特殊数字，在组成两位数时不能放十位。

生3：生活中有很多事情可以运用到今天学习的排列方法。

师：这节课，同学们的收获非常多，希望同学们在今后的学习中能继续把学到的知识灵活运用，去解决生活中的实际问题。

（五）板书设计

稍复杂的排列问题（与顺序有关）

交换位置法	有序　全面思考	作品	作品
排头法	不重复　不遗漏		
排尾法			

【教学反思】

"稍复杂的排列问题"是人教版三年级《数学》下册第101页例1，这是在二年级《数学》上册的"数学广角"中探索非0的3个数字组合两位数的简单排列的学习基础上进行教学的。教材例题难度稍有提升，不仅元素（排列的数字）多了1个，而且增加的还是0这个特殊元素。教材通过生动有趣的摆数字活动，让学生利用已有的活动经验，自主探索、合作讨论如何用含0的4个数字进行有序、不重复、不遗漏地排列，培养和发展学生全面思考问题的能力和习惯。本节课的设计和教学，体现了数学学科特点，凸显了教师的教学风格，具体表现如下。

1. 直奔主题，课堂平实

平实的课堂就是要回归自然，不刻意，以学生已有的认知经验为基础来复习铺垫，导入新课。在复习导入环节中，先是复习1、3两个数字能写出多少个没有重复数字的两位数，再复习1、3、5能写出多少个没有重复数字的两位数。让学生回顾非0的3个数字组合两位数的排列方法和要求，用到交换位置法、排头法和排尾法，就可以做到排列时有序、不重复、不遗漏。在"1、3、5、7、0中选择其中

4个数字来组成没有重复数字的两位数,如何排列所组成的两位数的个数是最多的呢,能写出多少个没有重复数字的两位数"这样的新课探究活动时,学生自然而然会利用旧知来解答新知,为本节课的新知识探索起到了桥梁作用。

  2. 自主尝试,课堂灵动

  陈献章先生主张的课堂教学方法是:多自学,勤思考,重疑问。因此,在本节课的探究活动中,我重新编排了教材元素,采取全开放性的自主尝试课堂,没有限制孩子们的思维方式,让学生分小组尝试探究,整个课堂气氛就活跃灵动起来了。有的小组是选择4个数字包含0这个特殊元素,有的小组是选择4个数字中没有0这个特殊元素中。然后小组汇报结果时,教师提出"为什么同样是选择4个数字,有选择0的小组所组成的两位数的个数没有其他小组多"的问题,从而突出0这个特殊元素在组成两位数时不能写在十位上的知识点。这样的活动设计,不仅增添了课堂的趣味性,而且把主动权真正交给学生,让学生经历了探索的过程,思维的碰撞,充分及时关注知识的生成,学生在深入思考中自主得出结论,不但解决了学生的困惑,更让学生体会到了成功的快乐。

  3. 扶放适度,课堂亲和

  在教学中,我充分相信学生的能力,并积极成为学生学习的合作者、帮助者和促进者,整个教学中扶放适度。如在实际应用的拍照环节,一开始,参与的同学有点混乱,没有很好地运用到本节课的知识来解决问题,有遗漏的现象。后来我做出适当的引导点拨:"回顾一下刚才我们学习的4个数字的排列方法是怎样的,要注意些什么呢?"鼓励学生重新思考,再操作,充分发挥学生们的集体智慧,引导学生进行合作,在合作中交流、在合作中提高、在合作中解决困惑。最后,学生在轻松的氛围下终于把这个拍照的环节成功完成,最后师生开心地拍照留念。整个课堂中,师生互动、生生互动都显得如此自然,是一个灵动的、轻松和谐的课堂。

  综观"稍复杂的排列问题"整个探索活动,我采取了开放式活动的教学方式,让学生独立思考,动手实践,同伴互助,小组合作,促进了学生的思考与交流,培养他们有序、全面的思考方法。整节课都在教师亲和而富有感染力的语言渲染下,呈现出一个自然实在、灵动轻松的具有粤派教学特色的数学活动课堂。

  我国岭南教育家梁启超先生说过,"教员不是拿所得的结果教人,最要紧的是拿怎样得着结果的方法教人。"我作为一个身处岭南地域,传承岭南教育的人民教师,就是要把前人的教育思想发扬光大,并把自己在教育教学中逐步形成的粤派教学风格,尽可能发挥得淋漓尽致。

简约质朴　睿智温情

广州市从化区雅居乐小学　李　娜（小学数学）

第一部分　导读语

我叫李娜，小学数学一级教师，曾获得从化区优秀教师、从化区第二届小学数学青年十佳教师、从化区教育科研先进个人等称号。多年来，担任从化区小学数学中心组、区教育科研指导组成员。从教22年来，无论是作为一名乡村女教师还是城区的教师，始终秉着一颗真诚的心致力于小学数学教育。多次执教区级以上公开课，在区级以上教科研或学科教学研讨活动中做中心发言；论文、教学设计获100多次区级以上奖励，其中4篇在区级以上刊物发表。先后主持"交互式电子白板在小学中年段数学图形与几何教学的实践与研究""小学数学'综合与实践'活动教学策略的研究"2项区级课题，参与市、区级多项教育科研课题。2017年2月，经广州市教育局逐级评审、遴选，被确定为2017年广州市基础系统新一轮"百千万人才培养工程"第三批名教师培养对象。擅长以亲和的形象打造温情的课堂，主张简约自然、质朴睿智的小学数学课堂，追寻简约而有效的教学，让数学课堂回归本色，充满浓浓的"数学味"；在简约中走向深刻，在教学中感受知识的温度。

第二部分　名师成长档案

时光荏苒，白驹过隙！原来，自己竟已在教育这个行业里耕耘了 22 个年头。

"起始于辛劳，收结于平淡"是我们教育工作者人生现实的写照。平凡的岗位，也许没有令人羡慕的财富和权力，没有显赫一时的名声和荣誉，但孩子们那一双双清澈的眼睛、一张张纯真的笑脸、一声声稚嫩的童音，如冬日的暖阳，温暖着每一位教育者的心。也许正因为这个原因，老师们愿意一直守在教育这块清贫的土地上，不忘初心，用最真诚的心从事太阳底下最光辉的职业。

一、初遇，在酸甜苦辣中立志向

1994 年，我 16 岁，在县城读重点中学，正面临升高中或中专的选择。身为教师的父母给我报考了中等师范学校（简称中师），理由是我太瘦小，担心我在高中的成绩跟不上。另外，家里还有弟妹，家里负担重，父母希望我能早点出来工作（那时的中师是包分配的），给家里减轻负担。再者，在中师，可以通过保送的机会继续到大学深造。我同意了，但也许这辈子我与大学无缘了。

在广东第二师范学院的 3 年，我如一只饥渴的小蜜蜂，孜孜不倦地学习，希望能学到更多的本领，也希望能继续圆自己的大学梦。在三年级的第二学期，突然收到消息，我们可以通过考试的方式选择继续进修大专。我心里一喜，终于可以上大学了。可好景不长，如一声闷雷，给了我当头一棒。因为我不是广州市区户口（当时的从化还没有划归广州直接管辖），我没有资格报考大专，即使我当时的成绩是年级的前几名。

就这样，我又回到了从化，面临毕业的分配。然而，当我满怀欣喜地迎接梦寐以求的工作时，却得知自己被分配到从化神岗一所偏远的山区小学，当时的我，迷惘、失望的心情取代了满腔抱负。再看到简陋的校园时，想到自己在校优秀的成绩与表现，而比自己差的同学都留在了城里，情绪更是低落，思绪万千……

或许是上天的眷顾，校领导看到从城里分配来的我，特别器重，马上安排我担任五年级的语文老师兼班主任以及学校的大队辅导员的工作，镇里举行的各类比赛也是优先考虑让我去参加。而我，也算是争气，经常为学校赢得荣誉。我暂时放下心中的郁闷，认真地投入工作中。

二、磨砺，在成长中走向坚强

一次，区教研室来我校调研，恰巧到我班推门听课。我努力按学校发的那本教学设计去教。可是等评课时，教研员的一句"你的设计有考虑本班学生的实际吗"给我带来新的思考。是呀，我只是认为别人的设计是优秀的，却忽略了是否符合自己本班孩子的实际。

从那次后，我认真地上网观摩别人的优秀课例，学习名师的教学理念、处理教材的方法，阅读名家、名师的著作，模仿名家的教学方法，尝试"移植"名家的课堂。就这样，我一步一个脚印，慢慢地让自己成长。但身在山区农村学校的我，单靠自己这样的摸索毕竟是不系统的。不仅缺乏专家的直接指引，也缺乏比较系统的培训。平时的教学中，学校也极少安排学习机会，外出的学习更是几乎为零。因此，自己的进步虽有，但不大，而且比较局限。我再次体会到在一所不出名的乡村小学校教书，要提高自己的教学技能只能完全靠自己。因此，我报考了华南师范大学的自学考试，仅用3年多的时间，自考了大专以及本科。这为我打开了教学认知的一扇窗。

为了让自己成长得更快，我重新联系了在广州市区教书的同学，经常向他们请教他们在教学中的一些做法。除此以外，我主动地向学校申请参加各级的比赛。印象最深、对我打击最大的一次是在十年前的一次区级（赛前镇级选拔）的说课比赛。那时，我虽然在镇上小有名气，但在许多人眼里还是一个黄毛丫头罢了。因此，尽管那次我的表现很出色，评委们给我的分数也很高，当我以为自己可以代表镇去参加区的比赛时，学校的领导却告诉我落选了。原因是我只是一名小学校的老师，虽然得分高，但是另外一名分数比我低很多的选手是镇上中心小学的老师，评委认为她的能力一定比我强。就这样，即便我原来的排分可以拿到一等奖，最后却拿了个三等奖。我回到宿舍哭了好久好久，好长一段时间都沉浸在这一伤痛中。

偶然的一次机会，我得知广州市教育局和华人探究学会主办的"全球华人探究学习创新应用大会"将在广州举行。我觉得这是提升自己的一次好机会，就按文件上的要求认真撰写论文，想不到拿了名次，还被邀请到会学习。那时正是暑假，学校没有这方面的经费让我去学习。我想着反正在广州，离从化也不远，自费去学习也很方便。后来，证明我的想法是正确的。到会的中国和美国教育专家为我打开新的视野，他们渊博的知识、多元的教育理念让我认识到自己的不足，更让自己深深体会到教育是一门良心的职业，同时也是太阳底下最光辉的职业。我把更多的精力投入到教学中，同时，通过不断的学习提升自己。自此以后，我更勤快地阅读国内外名师的著作，观摩他们的课堂，参考各家的案例，不断地调整自己的教学方法。

三、积累，在升华中化蛹成蝶

2011年，从化新建了一所直属学校，需要从全区抽调优秀的教师前往教学。当我把厚厚的一叠获奖资料递到区教育局时，接待我的人说："看来成绩很不错嘛。"我多年的努力终于没有白费。最后，我以全区笔试第一名，综合第四名的成绩来到了起点很高的雅居乐小学。在这里，在学校领导的大力支持下，我得到了很多学习的机会，同时，我加入区的小学数学中心组以及区教育科研指导组，对自己提出了更高的要求。

新的学校，也为我打开另一片更为广阔的天空。我像一个不知疲倦的奔跑者，贪婪地吸取教育这一块大地的营养。同年的10月，接到区教研室的任务，让我校出一节区级关于估算教学的公开课。学校领导找到了我，问我愿意接受吗？我想也不想马上点头同意了。但当我第一次试教完后，才发现这是一节非同寻常的公开课。首先，估算是许多老师比较容易忽视的内容，他们在平时的教学中容易"走过场"。其次，估算并没有一节专门对应的新授课，三位数加减法的估算只是渗透在三位数加减法的笔算例题中。再次，关于估算的教学内容，由于是刚开始不久的研究课题，极少可以借鉴的课例。一句话，上好这样的一节练习课很难。而如今要向全区展示，必须要给全区的教师起到示范参考的作用。不然上砸了，自己的脸面是小问题，学校的声誉可是大问题。于是，我又重新把小学阶段有关估算教学的知识点重新整理了一遍，找出各年段的教学要求以及它们之间的联系。科组的老师也很"给力"，一遍又一遍和我一起讨论、试教、找出问题、修改教案。起初，他们还担心我是否会制作课件、会适应城区孩子的教学吗？后来，当看到我精美的课件、娴熟的教态，悬着的心也总算放下。我庆幸自己当年的坚持不懈，坚持自学大专、本科教程，坚持自学制作课件，学习电脑知识，坚持自己去阅读名家经典，学习名师名家的做法……学习让我成长。后来，这节课在全区获得与会老师的一致好评。

四、沉淀，不停止成长的脚步

初次的成功，更激发了我不断学习的决心。在2013年年底，我接受学校交给我的任务，开始接触教导处的工作，主抓学校的课题。这又给了我一次学习的好机会。在几年的工作中，我先后参与或主持了3项市级课题、多项区级课题的研究，用科研引领自己的成长。

"路漫漫其修远兮，吾将上下而求索"，我始终坚持学习。幸运的是，区教研室、科研中心，还有学校领导给了我许多学习的机会，如让我参加市、区骨干教师的培训，还多次亲自指导我的教学。2017年，我有幸参加了广州市基础系统"百千万人才培养工程"第三批名教师培训，这是我专业发展的又一次飞跃。在这系统、专业的培训中，在省内外的跟岗学习中，在与同伴的学习中，我结识了许多有能耐的老师，从他们身上，我看到了自己的不足。这是一场难得的学习盛宴，累并快乐着，也让我更清晰自己的定位所在与不足之处，如一位麦田的守望者，不忘初心，向着"名师"的方向努力着……

第三部分　学科教育观

▶ 我的教学风格解读 ◀

回顾自己从教22年走过的路，从初出茅庐的青涩与不知所措，到现在的平和与成熟，虽然还不明确自己的教学风格是怎样的，但我已经开始认真地回顾自己历年的课堂实录，反思自己的教学特色，梳理和提炼自己的教学风格。我的性格有着南方人的朴实，内敛而不张扬，最适合我的风格应该是理智型或平和自然型的教学风格，在轻松愉快的教学中引领学生走向知识的海洋。

那么，该如何定义我自己的教学风格？脑海中的词语一直在转，自然，幽默，温情……都有却又都不全是。记得一句广告词是这样说的：越是简单，越不简单。教学也大概如此吧？在我的教学中，总不经意地出现这样的画面：外在的简朴，内在的丰富。于是我把自己的教学风格愚笨地定义为：简约质朴，睿智温情。

课堂是学生学习的场所，理想的课堂应该是有温度的。"有温度的数学"并不是一味追求形式花哨、热闹的课堂。相反，它是剔除教学中一切不必要的形式与表象，删繁就简，追求简单而深刻的课堂，教师与学生在课堂中充分融合，在交流学习互动中，思维得到发展，能静下来去思考，去触摸数学的温度，慢慢靠近数学的本质。

简约，不同于简单，不是简单的压缩和简化，它是一种更深广的丰富，是寓丰富于简单之中。它是在教学中剔除一切不需要的喧嚣与华丽，在课堂上尽量排除一些徒有其表、华而不实的东西，把多维、深刻的教学内容以凝练、简单的形式呈现给学生，从而使课堂变得更为简洁、深刻。"简约"是我对课堂状态的最高追求。如果说课堂是一幅多彩的图画，简约课堂则更像是一轴中国写意水墨画。这种境界，我心向往，努力求之。例如，在教学"可能性"一课时，我准备了3个不同颜色的口袋，里面装了同一种颜色或不同颜色的球。我直接从摸球游戏引入，让学生猜一猜摸出的球的颜色。这样的设计，激发了学生学习的好奇心，同时为后面的"一定""不可能""可能"做铺垫，体现简约而不简单的教学内涵。

质朴，指的是质朴无华，不事雕琢，自然天成。它与简约是一脉相承的。质朴是一种朴实无华的氛围，没有教者的刻意渲染与矫揉造作，课堂上，呈现的是一种自然、和谐的状态。教学的朴素自然可以是多方面的，如教学的语言。在一次异地教学中，我要上"分数的初步认识"一课，课前我与学生进行了对话："同学们今天坐得可真端正。你们喜欢数学吗？"很简短的两句话却一下子拉近了师生之间的距离，让学生产生亲切感。然后我又给学生出了数学谜语：考试成绩（分数），再见了妈妈（分母），再见了儿子（分子），七上八下（7/8）。简单的四个谜语不但与本节课的知识紧密地联系起来，而且大大激发了学生的兴趣。

睿智，要求教师有广博的知识，机智驾驭课堂的能力，以及对知识的体系结构有通透的思考和掌握，力求在教学过程中做到精深致远，让知识易于被学生理解与接受，并转化为解决问题的能力。教师教学方法的运用、教学手段的选择、教学结构的安排，无一不体现教师精于教学的技巧，整个课堂的教学设计严谨合理，过渡自然，从问题的选择到讲授内容的设计、练习的编排，都能关注学生的心理特点和接受能力，体现出教师对学生的透彻了解，对教学方法的合理运用，对知识重点、难点的准确把握。这样的课堂教学是本人所实施和追求的一种境界。记得，在教学"掷一掷"时，在总结发现2至12这11个数字出现的规律时，一个学生回答说他发现算式的数量像金字塔，我及时捕捉了这一信息，让学生自由发言，最终发现11个数字出现的可能性与它们组成的算式多少有关。充分尊重学生科学的想法，需要的是教师的智慧与灵敏，对教材的理解与掌握，更是对孩子的关注与肯定。

温情，可以是教师亲和、亲切的面容，也可以是课堂师生间的一种互动，更可以是课堂上充满关爱与包容的设计。温情以互相尊重为基础，以理解包容学生为前提，以欣赏鼓励学生为动力，把课堂还给学生。"分数的初步认识"是一节种子课。正如上面提到的例子，我以自然亲切的语言引入，让学生乐于接受老师，积极营造和谐愉悦的学习氛围。在学习1/2这个分数时，一个孩子用画阴影的方式"创造"了1/2，我没有马上否定他，而是让他充分说出自己的想法，并以他的名字命名解法，孩子很高兴，全班同学也更有热情地投入学习中。

▶ 我的教学主张 ◀

教学主张是名师成长的第一核心因素。所谓教学主张，一定是教育思想、教学理念的具体化，是个性化的教育思想和教学理念。教学主张也是名师思想感情深刻与否的重要标志，是"这一名师"而非"这一批名师"的重要区别。（成尚荣语）

课堂是教师展现个人教学风格的唯一途径。随着课程改革的逐步深入，当我们以更加理性的态度审视课堂教学时，发现许多活力无限、丰富多彩的课堂无法回避繁杂、低效的尴尬。如何让我们的数学课堂回归理性，回归本真，这也是我一直追求的课堂境界。

1. 数学课堂应该是简约有效的

莎士比亚有句名言："简约是智慧的灵魂。"笔者认为，在我们数学教学中，就是要删繁就简，返璞归真。简约的数学课堂应该"简洁、求真、务实"。首先，要求教师在把握整套教材的基础上，理解每个知识点，掌握每个课时的重点难点，让教学的内容简单易懂，但又能挖掘它的内涵，理解知识的本质。其次，要求老师在对教学目标的制定上要精准，要把握"双基"目标（指基础知识和基础技能），将其余目标渗透于"双基"目标的落实过程中。再次，对于教学手段的选择也不能一味追求热闹，应该选择适合学生的学习方法，有时可能是动手操作，也有可能是讨论，但一定是适合学生的，不能为了操作而操作。当然，课堂的简约还应体现在教师语言的精炼，没有多余的废话。一节课短短40分钟，时间有限，能够做的事情也是有限的。在有限的时间里，把主要活动做好做到位，就能够让学生学得深刻、学得扎实。

例如，以人教版五年级下册"找次品"为例，这是一节综合与实践活动课，也是一节关于解决问题的策略研究课。按照例题，本课例1是从3瓶中找到次品，而我却让孩子们先在2个乒乓球中找次品，初步感受用天平找次品的原理，这样就降低了教学起点，孩子很容易从2个中找到次品，那么后面的从8个、9个中找次品就容易多了。这样的设计，建立在尽量减少学生挫败感的基础上，增加他们的成功体验，使本课更容易进行，体现了教师对教学的深刻理解，让学生学得轻松。

2. 数学课堂应该是充盈着智慧的

教学是一门艺术，一堂成功的数学课，教师应灵活地选择多种手段与教学方法激发学生的学习兴趣，营造轻松和谐民主的气氛，充分发挥学生的主体作用，让学生积极参与教学过程。教师是知识的传导者。俗话说：教师给学生一杯水，教师要有一桶水。教师只有自身有过硬的本领，广博的知识，机智的反应，才能更好地驾驭课堂，更好地把教学内容重新进行整合与设计，使之更符合学生的学习特点，提高学习的效果。

如人教版五年级上册"掷一掷"，教材原来的安排是把"要得到两数之和"的11个数分为"5、6、7、8、9"以及"2、3、4、10、11、12"两组，通过师生的示范游戏，发起"为啥总归是老师赢"的疑问。但是，教师在这里对教材进行了重组和整合，设计了"掷一个骰子和掷两个骰子得到的点数一样吗""这些点数出现的可能性相同吗"等问题，引导学生探讨事件发生的可能性大小，在实验、统计活动中体会随机现象的统计规律性，即掷出的两个数的和可能是2、3、4、5……12中的任一个数，但发生的可能性大小是不同的。为了更好地达到本节课的教学目的，教师设计了两个研究任务，一是在课始，让学生以同桌为单位，同时掷两个骰子，初步推测可能有哪些结果。接着，以4人小组为单位，探究算式有哪些，并思考其中的规律。最后，通过设置抽奖活动，凡是买满500元的顾客，都可以参加掷骰子抽奖的活动，激发学生探究的兴趣，同时在具体的情景与操作活动中，发现这个抽奖活动隐含的规律，明白了同时掷两个骰子，得到点数之和为2、3、4……11、12共11种，两个骰子点数之和在5、6、7、8、9居多的道理。这样的设计，更符合学生学情特点。在课中也出现了许多精彩的画面，如有学生回答他发现了算式呈"金字塔"，两边数字的算式少，中间的数字出现的算式比较多。

如此的课堂，需要教师的教学智慧与机智，也更易于学生接受与喜欢。

3. 数学课堂应该是温情的

好的课堂应该是有温度的，它不仅是简单的师生传授知识的过程，它是师生有效地互动、生生有效地参与的状态。在课堂中，教师应该通过选择合适的教学素材、恰当的教学方法、亲切的态度与语言、多元机智的评价让孩子在温暖、愉悦的氛围中参与学习。再以"找次品"为例，教师结合综合实践活动课的特点，在教学的设计上化繁为简，用"海底捞针"的情景引入，感受找次品的必要性。然后通过在2个物品中找出次品这种比较简单的模式，加深到从3个、4个中找次品；并且在从8个中找次品的过程中渗入优化思想，让孩子们寻找优化策略；接下来让学生再用9、10进行验证，加深了学生的体验。整个教学过程注重让学生经历探索知识的过程，使他们知道这些知识是如何被发现的，结论是如何获得的。在此过程中知识层层推进，步步加深，孩子的推理能力慢慢地达到一定的高度，思维也被打开了，解答过程不至于感到困难。教师适时的引导，温和的语言，都充分尊重了学生的情绪，使学生在愉悦的气氛中，感受学习数学的乐趣。

"靡不有初，鲜克有终。"我愿意做那个一直坚持的人，为了达到理想的教育教学境界，我将不懈追求！

 他人眼中的我

李老师是一个虚心向学、追求进步、热心助人的好老师。她的课自然，亲切，充满智慧，学生都很喜欢上她的课。作为区小学数学中心组的一员，她积极配合小学数学教研室的安排，做好区示范课、专题讲座、小学数学教学设计与命题等工作，并能到区域薄弱学校科组进行指导，做好示范引领工作。李老师是一个积极、认真、负责的老师。

——广州市从化区小学数学教研室　侯美霞教研员

李老师做事认真负责、严谨有序，工作能力强。重视教育理论学习，教学能力不断提高；注重实践与反思，在教科研各方面都取得较好成绩。被聘为从化区首届与第二届教育科学研究指导组成员，能发挥榜样引领作用，指导学校教师积极参与课题研究，学校有多位老师成功立项区级以上课题，其中，5人立项市级课题。多次在区级以上教科研或学科教学研讨活动中做中心发言，受到与会人员一致好评。

——广州市从化区教育科研中心　方华英主任

李老师是一位充满人文关怀和灵气的老师。作为教导处主任，她除了认真做好自己的常规教学和管理工作外，还积极参加培训学习，积极参与教学教研。作为学校主抓课题的负责人,她积极引领学校老师参与课题研究。在她的调动下,学校形成浓郁的科研氛围,学校多次被评为区教育科研先进单位以及科研基地,促进雅小科研迈上了一个新的台阶。

——广州市从化区雅居乐小学　林洁副校长

李老师是个做事极其认真负责的人,与她同事七年,感受最深的是,她本身作为教导处主任,工作已经很忙,但她没有因为工作忙而落下一节课。她的课自然、朴实,注重对孩子思维的训练和思想方法的渗透,可以说是一位智慧型的老师。

——广州市从化区雅居乐小学数学教师　郭绮丽

李老师的课思维严谨,还经常会给我们带来惊喜,觉得很难明白的题目,她一讲,我们就惊讶了,原来可以这样想呀!所以她的课,我们都很喜欢。

——广州市从化区雅居乐小学六年(5)班学生　陆彬

李老师是个和蔼可亲的老师,我们都喜欢她的课,可以学到很多知识,懂得很多做人的道理,大家很喜欢她。

——广州市从化区雅居乐小学六年(4)班学生　谢少瑜

第四部分　育人故事

用心聆听花开的声音

按:这是一位女教师记录的在平时的教学工作中的一件很普通的事,但从这件事我们不难看出,教师这个普通而又不平凡的工作,处处散发教师崇高的职业道德。教师一直用自己不露痕迹的爱心呵护着学生的稚嫩心灵,用无比的耐心与温情聆听花开的声音。

这是个寒冷的雨夜,我和往常一样坐在灯下。

"铃……"这么晚了,会是谁呢?"老师,还记得我吗?我是华勇,我现在在北京做水果代理的生意。"电话那头传来华勇有点兴奋的声音。"真的?恭喜你了。"我由衷地高兴。那边没有了声音,过了良久,又说了一句:"老师,谢谢您!"刹那间,我的心被这轻如耳语般的感激打动了,那一幕幕又出现在我眼前。

那是一个懒洋洋的中午,难得的一个午休的机会,我正准备上床休息。门外却响起了急切的敲门声:"老师,华勇带头在课室里玩火,用火机烧上午发的试卷。"我一听，无名火起，感觉好像有一股火从嗓眼里蹿上来，快要爆炸了。

我气冲冲地走向教室，见华勇正和几个同学拿着已着火的试卷到处吓同学，其中有两个还是班干部。"哇，好精彩的焰火表演呀！"此时，华勇他们正玩得兴起，根本没有留意到我已在教室。如果说我的出现令他们惊讶，那么我的"表扬"更令他们不知所措。与华勇一起玩火的同学像受惊的小鸟，连手中已着火的试卷也忘记扔下。我走过去，轻轻地拍了拍他们的肩膀，"若无其事"地说："你们的技术都不错，只是用错了地方。"听我这么一说，他们的脸更红了，头埋得更低了。我抓住时机对同学们说："其实每个人都有犯错的时候，但犯错后只要能给自己一个改过的机会，他仍然是老师和同学们心中的好学生、好同学。"少顷，其中一个小组长艺成怯生生地说："老师……是，是我不对。"我不看他，压住火气问："你还知道不对？那你说，哪里不对？"艺成低着头，一脸愧色地把事情的经过陈述了一遍，并对所犯的"罪行"供认不讳，一副痛改前非的样子。"那你打算怎么做？""我愿意向大家认错。"说着向全班同学鞠了个躬。接着，另外几个同学都表达了自己的歉意。唯有华勇，把头抬得高高的，一副不以为然的样子。我知道这是他自尊心在作怪的缘故。我看透了他的心思，故意回避他的眼神，"华勇，刚才老师忘了带东西来课室了，你能帮老师到办公室拿吗？"

"知道老师为什么叫你来办公室吗？"我一边走一边压住火气问道。

"知道。"

"能说说吗？"

"我在课室玩火。"

"没有了？"我追问道。

"有，只有我一人没有承认错误。"他有点不好意思地回答。

"那你认为你自己做对了吗？"

"老师，你总是偏向亮鹏他们，他们犯错了，你也是说两句而已。我上课举手你看都不看我一眼。"我惊讶了。一直以来，我都很固执地认为自己是个很公平的老师，想不到……我呆住了，也陷入了深深的沉思中。看来，这并不是一次很成功的谈话。

我用手势让华勇离开办公室。其他同学都认错了，只是他……接下来该怎样处理这件事呢？

当时我的心很痛！说实话，华勇在班上并不是一个十分顽皮的学生，成绩属于中等，平时表现也不差，也会按时交作业，上课举手回答问题之类的。今天出现这样的事……看来，我要检讨一下这段时间的工作了。

对，先找班干部了解情况。原来，华勇在四年级时是班上的纪律委员，深得老师的"宠爱"，但轮到我教他时，他"官职"被撤，情感上出现了偏差，为了引起我的注意，就出现了上述的一幕。总算找到他的症结所在了，我长长地舒了一口气。接下来，应该找华勇再好好地谈谈了。

"华勇，听说你在四年级时老师和同学都很喜欢你，是吗？"

他点点头，并不作声。

"老师和你爸通电话时，他也说你在家很乖，还常常照顾妹妹，辅导她做作业，也会帮妈妈做家务，是个好孩子。"

他抬头看了看我，露出惊讶的神色。我知道，我的谈话开始起效了。

"一个真正的好孩子，其实不但要在家一个样，在校也该是一个样。"

"老师，我错了。我不该这样惹你生气，更不该煽动其他同学在课室捣乱。"

"你认识到自己的错误，说明你是一个勇于认错的好孩子。但是，这还不够。你想做回受他人欢迎的孩子吗？"

"想。"

"这样吧，以后每天的口算出题你来负责，能做好吗？"

"能。"

自此以后，我让他负责班里每天的口算练习。有时，他出的题目很有特色，我就在班里表扬他，鼓励其他同学像他一样，在学习上要勇于创新。有时，班里一些事情，我也有意无意地让他参与管理。有时，他又出现爱出风头的坏毛病，我就和全班同学一起与他分析原因，让他下决心在一个期限里改正。有时，他也会产生一些厌烦情绪，此时，我就跟他说：要有耐心，慢慢来。后来，他在学校举行的计算比赛中取得一等奖的好成绩。

当然，要让孩子取得更大的进步，家长的配合是不可少的。我经常通过电话、家访等方式，和华勇的家长一起探讨教育孩子的方式，一起监督孩子的进步与失误。在短短的一个学期，华勇有了很大的转变，学习成绩也一跃成为班里的前五名。中秋节，我留在校没有回家，他知道后，叫来了班里的同学带来了月饼和水果与我一起共度。当操场上亮起了一盏盏的灯笼时，我的眼睛湿润了，难道这不是爱的回报吗？

放下话筒，我心潮起伏，感慨万千：是的，教育容不得我们半点的虚情假意，面对学生，我们不能太急于求成，也不能简单粗暴、马马虎虎地对待一个人，处理一件事。这就是作为一名平凡的教师的基本准则。教育是一门艺术，需要我们不断转换角度精雕细琢！

附录　教学现场与反思

人教版《数学》五年级下册"找次品"教学实录

【教学内容】

人教版《数学》五年级下册第八单元"找次品"第 111 页例 1、第 112 页例 2。

【教材简析】

"找次品"是人教版《数学》五年级下册第八单元"数学广角"的内容。现实生活生产中的"次品"有许多种不同的情况，有的是外观与合格品不同，有的是所用材料不符合标准。这节课要找的次品是外观与合格品完全相同，只是质量有所差异，且事先已经知道次品比合格品轻（或重）；另外，在所有待测物品中只有唯一的一个次品。

"找次品"的教学，旨在通过"找次品"渗透优化思想，让学生充分感受到数学与日常生活的密切联系。优化是一种重要的数学思维方法，运用它可有效地分析和解决问题。

本节课以"找次品"这一操作活动为载体，让学生通过观察、猜测、试验等方式感受解决问题的策略的多样性。在此基础上，通过归纳、推理的方法让学生体会运用优化策略解决问题的有效性，感受数学的魅力，培养学生观察、分析、推理以及解决问题的能力。

【学情分析】

学生已经不是第一次接触解决问题的策略研究，此前学习过的"沏茶""田忌赛马""打电话"等都属于这一范畴，在这几节课的学习中，对简单的优化思想方法、通过画图的方式发现事物隐含的规律等都有所渗透，学生已经具有一定的逻辑推理能力和综合运用所学知识解决问题的能力。另外，本节课中涉及的"可能""一定""可能性的大小"等知识点学生在此之前都已学过。

本节课中，学生的探究活动要用到天平，在以往学习等式的性质时，学生对天平的结构、用法，以及平衡与不平衡所反映的信息都已经有了很好的掌握。新课程改革实施以来，小组合作交流、自主探究的学习方式已为广大学生所接受，成为学生比较喜爱的学习方式，学生已具备一定的合作能力，在小组学习中学生能够较好地分工、合作、交流，较好地完成探究任务。

【教学目标】

（1）通过观察、猜测、实验、推理等活动，体会解决这类问题多样的策略及运用优化的方法解决问题的有效性。

(2) 感受到数学在日常生活中的广泛应用，尝试用数学的方法来解决实际生活中的简单问题。

(3) 初步培养应用意识和解决实际问题的能力，提高合作意识和探究兴趣。

【教学重点和难点】

借助实物操作、画图等活动，理解并解决简单的"找次品"问题，在此基础上归纳出解决这类问题的最优分组策略，经历由多样化到优化的思维过程，寻找被测物品数量与保证找到次品至少需要称的次数之间的关系。

【教学准备】

多媒体课件；正方体学具若干个、学生自备若干个大小一样的物品。

【教学过程】

(一) 情境导入，感受新知

（观看美国航天飞机失事的录像。1986年1月28日，美国第二架航天飞机"挑战者"号在飞行时发生爆炸，价值12亿美元的航天飞机化作碎片坠入大西洋，造成世界航天史上最大的悲剧。据调查，这次灾难的主要原因是一个不合格的橡皮圈零件。）

师：你们从中得到了什么信息？

生：美国航天飞机失事。

生：飞机由许多零件组成，不合格零件的危害很大。

师：合格的物品称为正品，不合格的物品称为次品，在生活中往往次品与正品相差甚微，有些从外表根本无法辨别。有什么办法把次品找出来呢？今天我们就来研究解决这类问题——"找次品"。

（板书课题——"找次品"）

(二) 初步建模，感受新知

1. 尝试猜测

师：（出示2瓶口香糖，讨论找出其中1瓶次品的方法。）大家仔细观察2瓶口香糖的瓶子外观有什么特点？其中有一瓶少了3颗，你们有什么办法把少的那瓶找出来吗？

生：打开瓶盖，数一数。

生：用手掂一掂，看哪瓶轻的就是少的那一瓶。

生：用天平称较容易。

2. 感受天平教具的用途与用法

师：这是一台天平，谁来说说天平的使用方法和特点。

师：那如何运用天平找出那瓶少了3颗的口香糖？

生：利用砝码称出重量，再比较。

师小结：像这样数量比较少，物品比较轻的物品可以用天平称的方法。

3. 尝试了多瓶口香糖找次品方法

师：如果数量比较多，还能用砝码称出重量的方法吗？

生：不用，比较麻烦。

生：可以利用天平原理，把砝码去掉，在天平两边放同样件数的物品，通过平衡还是不平衡找到次品。

师：到底要称多少次呢？这里面是否存在一定的规律，这节课我们就一起来探究这个问题。

师小结：可以利用天秤原理找，根据它的不平衡找出次品。

（三）化繁为简，组织探究

1. 课件出示题目

有 81 瓶口香糖，其中有一瓶比其他的稍轻，假如用天平来称（同时出示天平图），至少要称几次，才能保证找出次品？

2. 化繁为简，引导从简单开始研究

（1）引出化繁为简。

师：哪个同学愿意把题目念一念？其他同学认真思考题目有什么要求。

师：对于从 81 瓶口香糖中找次品的问题，比较复杂，那怎样开始我们的研究呢？

生：可以选择小的数目。

师：面对比较复杂的问题，我们通常怎么做。

生：从简单的开始研究。

师：对，化繁为简是解决问题的一种好方法。

3. 在操作中感知推理思路

（1）讨论从 3 瓶口香糖找次品。

①课件出示题目，同桌讨论。

有 3 瓶口香糖，其中有一瓶比其他的稍轻，如果只能用没有砝码的天平来称（同时出示天平图），至少要称几次，才能保证找出次品？

②汇报交流：学生演示。

生：天平的左右两边各放 1 瓶，天平不平衡，次品在上升一边。

师：天平一定不平衡吗？有没有其他情况？

生：也有可能出现平衡的情况。因为次品在外面。

师：可以不考虑平衡的情况吗？

生：不行，因为题目要求我们要"至少""保证"。

师：说得可真好。也就是说，不管是哪一种情况，几次就可以找到次品了呀？

众生：1 次。

师小结：利用天平原理，我们从平衡和不平衡两个角度分析，1 次就保证找到次品了,表扬给我们带来这样思考的那位同学。

(2) 用示意图表达推理过程。

再次演示操作过程,让学生根据演示过程叙述,引导学生用示意图表达。

师:上面的推理过程,可以用简单的示意图表示。

师:谁愿意配合老师,像刚才那位同学一样给我们演示一下怎样1次就能找到次品了呢?

师:从刚才的演示可以看出,无论是平衡还是不平衡,他都是把(边板书边讲解)3瓶分成"1,1,1"来称。这样的记录看得懂吗。(如图1所示)

图1 3瓶中找次品

生:看得懂。前两个相同的"1"表示天平的左右各放1瓶,第三个数字"1"表示外面放一瓶。

师:说得真好,接下来的研究中,大家可以用这样的示意图来表示推理过程。

4. 讨论4瓶口香糖找次品的问题

(1) 课件出示问题:4瓶可以怎样找呢?

有4瓶口香糖,其中1瓶是次品,质量稍轻。假如用没有砝码的天平称至少要称多少次才能保证找到次品?

师:如果是4瓶呢,需要称几次?请同学们以小组为单位,按照以下要求完成。

(课件出示如下小组活动要求。①摆一摆:分成了几份?②想一想:"至少""保证"?③说一说:几次?)

(2) 小组讨论,完成记录表。(见表1)

表1 "找次品"实验记录

瓶数	图示	分法	至少要称的次数

（3）汇报交流（投影）。

师：谁来说一说至少几次保证能找到？

生：天平的左右两边各放2瓶，天平不平衡，次品在上升的那边，这2瓶再称一次，就能找到次品。

生：也可以在天平的左右两边各放1瓶，天平可能平衡，也可能不平衡。如果不平衡，1次就能找到次品；但要考虑运气不好的情况，如果平衡，次品在外面2瓶里，需要再称1次。

师："平衡""不平衡""可能"，用词非常准确！

师：4瓶的称法只有这两种吗？

生：只有这两种。

（四）深入探究，寻找策略

1. 讨论8瓶口香糖找次品的问题

（1）课件出示题目。

8瓶口香糖有中1瓶是质量稍轻的次品。假如用没有砝码的天平称至少要称多少次才能保证找到次品？

（小组活动要求如下。①摆一摆：天平左右两边可以怎样放？有几种分法？②议一议：怎样称次数最少？）

①小组讨论，归纳分法、规律。

②汇报交流。

③对比，发现规律。

师：比较这四种分法，称的次数最少是哪一种？

生：第二种"3，3，2"称的次数最少。

师：为什么这种分法称的次数会最少？

（学生陷入思考。）

师：认真观察表格，比较第一次称完后的数据，从中你明白了什么。

生：第一种分成2份，第一次称完，排除1份，还剩4瓶；后三种分成3份，都可以排除2，只剩1份，其中第二种剩下3瓶最少，所以次数最少。

生：我来补充，剩下的越少，次品的范围就越小，就越容易找到次品。

师：都学会了用道理说话，了不起。现在把注意力集中在后三种，第一次称完，剩下的是3份中的哪一份？

生：最多的那份。

师：为什么？

生：因为我们要从运气不好的角度考虑。

师：观察得真仔细！最优的"3，3，2"中，最多的那份是"3"，另外的几种分法中最多的那份都大于"3"，所以第二种是最优的，对吧。

(学生点头同意。)

师：大家继续认真观察对比，最优的"3，3，2"中的每一份有什么特点？

生：天平上的两份与外面的那份只差1，很接近；而后面两种分法，其中两份较少，另外1份必然较大。

师："3，3，2"的每份很接近，这时剩下的大约只有多少？

生：大约只剩三分之一。

师：剩下的最少，所以"3，3，2"这种分法称的次数最少，是最优方法。请大家总结一下从8瓶中找次品的最优方法是什么？

学生讨论后得出：分成3份，每份尽量接近（板书）。

（五）再次举例，完善规律

改编题目：（展示课件）这儿有9个零件，其中有一个零件比其他的稍重，如果只能用天平来测量，至少要称多少次才能保证找出来呢？

师：可以试着画示意图表示推理过程。

（学生独立思考，记录推理过程，再同桌交流。）

生（边汇报边板书推演）：我将9瓶平均分成3份，称一次可以排除其中2份，剩下3瓶只需再称1次，所以一共要称2次，表示为："3，3，3"→"1，1，1"。

师：你真厉害，用到前面的结论和记录方法，这样表示简单明了。

生：如果是"4，4，1"，称完一次可能还剩4瓶，比上面的3瓶多。

师：比较第一次称完剩下的瓶数，真巧妙！

生：如果分成"2，2，5"，运气不好的话称完一次还剩5瓶，更多。

师：比一比，从9瓶中找次品的最优方法是什么？为什么？

生：平均分成3份，因为这样分第一次称完后剩下的瓶数最少。

师：道理明白得很透彻呀。

师：综合8瓶和9瓶两种情况，你觉得找次品的最优方法是什么？

（停顿，学生默默思考。）

生：平均分成3份，或者每份尽量接近。

师：其实，这两种说法是相通的，就是分成3份，尽量平均分。

（板书：分成3份，尽量等分。）

（六）应用结论，验证规律

出示课件：有81瓶口香糖，其中有1瓶比其他的稍轻，假如用天平来称（同时出示天平图），至少要称几次，才能保证找出次品？

（1）学生独立完成，并小组讨论。

在全班反馈的基础上得出如下推理过程：

81（27，27，27）→27（9，9，9）→9（3，3，3）→3（1，1，1），一共是

4次。

师小结：原来只要4次，神奇吧！一开始好多同学的猜测应该比4次多吧，看来，掌握规律真的很重要，这就是数学的魅力。

（七）回顾整理，反思提升

师：今天这节课你们有什么收获？还有什么问题吗？

师：我们为什么要探究找次品？

师：我们所探究出的找次品的方法其实和以前所探究的"烙饼问题""田忌赛马"问题等一样，就是一个最优化的方法。生活中解决问题的方法很多，如果你发现了解决问题的最佳策略，那么，解决问题时一定能够事半功倍。

【教学反思】

《全日制义务教育数学课程标准》指出："有效的数学学习活动不能单纯地依赖模仿和记忆，动手实践、自主探索与合作交流是学生学习数学的重要方式。"这节课的设计着力让学生通过参与有效的实际操作、观察比较来概括出"找次品"的最佳方案。把学生的学习定位在自主建构知识的基础上，建立了"猜想—验证—反思—运用"的教学模式。让学生体验解决问题策略的多样性及运用最优化的方法解决问题的有效性。培养学生的自主学习能力和创造性解决问题的能力。

1. 整合教材，选用简单的教材资源

对教材进行整合，更好地为课堂服务。这是一节在杭州市文三街小学的异地教学课例。按照例题，本课例1是从3瓶中找到次品，而我却让孩子大胆猜测，从81瓶中找次品，培养学生学习化繁为简的思想，渗透找次品的优化策略。同时，这样的设计，也体现了我的简约、睿智的教学主张。通过整合教材，我选用了符合学生年龄特点的画图方法，使学习内容更容易让孩子理解与接受。

2. 化繁为易，架设简约的课堂结构

教师整节课通过让学生研究从3瓶、4瓶、8瓶、9瓶中找次品的问题，体现了课堂的简约。看似简单实在是不简单。在观察、猜测、实验、推理、汇报交流等活动中，教师充分利用学生的生成，引导学生掌握、优化找次品的方法，体现了教师教学的机智与扎实的课堂教学基本功，体现了简约、温情、睿智的教学风格。

3. 拓展思维，选择简朴的教学手段

当学生通过例2发现把待测物品平均分成3份称的方法最好后，以此为基础让学生进行推测：这种方法在待测物品的数字更大的时候是否也成立呢？引发学生进行进一步的验证、归纳、推理等数学思考活动，逐步脱离具体的实物操作，采用文字分析方式进行较为抽象的分析，实现从特殊到一般、从具体到抽象的过渡。本节重点是，能平均分成3份的，怎样找出次品。总结出规律后，学生进行了相应的练习。课上增加了课后"不能平均分"中一部分内容，学生充分练习后已经能很熟练地运用最优方法解决问题、发现规律。这样的教学，学生是喜欢的，从具体的操作到脱离具体的实物操作，采取示意图和文字分析的方法，学生的思维得到进一步的训练与启发。这样充满智慧与趣味的课堂，是学生易于接受且易投入其中的。

朴实 严谨 有效

广州市白云区大冈小学 林妙容（小学数学）

第一部分 导读语

我是林妙容，小学数学高级教师，就职于广州市白云区大冈小学，曾获"白云区优秀教育工作者""白云区优秀教师""白云区教育系统教学标兵""白云区政府嘉奖""广州市优秀教师"等称号，是广州市白云区石井片小学新教师培训团队导师，广州市基础教育系统新一轮"百千万人才培养工程"第三批名师培养对象。曾在白云区小学数学

六年级教研活动中做数学主题发言，执教区、片区公开课，多次在片、片区内兄弟学校做教学经验分享；主持区级课题"'数学广角'教学中渗透数学思想方法的实践研究"，现已结题，此课题获第二届白云区教育科研小型课题成果奖二等奖；多篇小学数学课外作业设计、错例分析、论文、教研活动文稿获区、片奖并部分发表。

我是土生土长的白云区人，1991年至今一直在白云区的乡镇（街）小学任教。

我是广州农村人，父母都是勤劳简朴的农民。无论风雨无论烈日，他们挥汗如雨的背影让我记忆犹新，它时刻提醒着我，要勤劳，勤劳可以锻炼出智慧、毅力和信心。所以，我的人生追求是踏踏实实做人，认认真真教好学生；教学理念是生活中处处有数学，处处存在着数学思想，做渗透数学思想的有心人。因此，我逐步形成了"朴实、严谨、有效"的"粤派教育教学风格"。

第二部分　名师成长档案

鲁迅先生说：其实地上本没有路，走的人多了，也便成了路。我想说：每个人都有不同的人生之路，自己认定的那条，坚持下来，一定会越来越宽广。回想过往，虽然不是那么顺畅那么平坦，甚至洒满了汗和泪，但它却给我带来了无比的满足与希望，我将沿着这一串串深深的脚印奋力前行。

一、乡镇教学的前几年——当上学校少先队大队辅导员

我是一个来自农村的孩子，20世纪初农村的孩子报考学校只有两条较好的出路，护士学校或师范学校。由于怕打针，看到血就晕，同时也为了不再过那种面朝黄土背朝天的生活，填报中考志愿时，我就毫不犹豫地填上了"中等师范"。当时，懵懂的我没有更多想法，只知道考上中师后，读完三年就能有份稳定的工作。3年后，我如愿以偿成为一名小学教师，毕业后分配到大岗小学，那一刻，我非常高兴。大岗小学是一所在乡镇中心的小学，地理位置不错，我心想，工作环境也一定不错吧，在那安心工作，到周末才回家。可现实并非想象中的美好。学校规模不大，当时只有6个教学班，十来个教师，很多教师都上了年纪，在祠堂里办公，教室是平房，下雨时有些教室还漏雨。校长跟我说："学校没教师宿舍，如果要住校，只能安排在操场最边一个角落的杂物房，上个洗手间也要跑老远。"为难，学校离家有段距离，当时还没公交车到家，基本靠自行车，唯一的田基小路，两边也布满了坟墓。这样的环境，我也只能硬着头皮接受。这三尺讲台给我的人生带来了无限欢乐，当然也带来了不少的挫折苦恼……

在工作的第二年，我有过不当教师的念头。原来的少先队大队辅导员到香港定居，在毫无心理准备下，我从教语文转教数学并兼任学校的少先队大队辅导员。一接手就要组队参加镇的少先队鼓号仪仗队大检阅，听到这个消息，我感觉天都要塌下来了，千头万绪无从下手，非常迷惘。学校并没有这方面的培训，当时根本没有互联网可以查阅资料。对于毕业不久、个性文静、腼腆的我来说，如何组建一支将近100人的庞大队伍，号子如何吹，鼓怎样打……回到家后我大哭了一场。正当我一筹莫展时，我的好邻居，也是一位小学教师，她鼓励我，开解我，让我打消了辞职的念头。她还给我介绍了另一位当辅导员的教师，让我能够去"取经"。教学中需要的每一板块，每个细节都自己先去实地学习、观察，再回来教学生，最后我出色地完成了此次艰巨的任务。如今回想，那时头顶烈日，独自一人在操场指挥着仪仗队员训练，鼓声、号声、踏步声仍声声在耳，像烙印般在我记忆中永存，一如彩虹般绚烂多彩，酸甜苦辣却尽在其中。虽然又苦又累，但我是幸运的，正因为有这些优秀教师的帮助和鼓励，才使我一路坚持下来，把

"成为一名好教师"当作毕生追求的梦想。

二、撤镇设街的那些年——当上学校数学科组长

1. 立足课堂，磨炼自我

到了结婚生子的阶段，我由学校大队辅导员工作转为跨级教二、三年级的数学。接下来的几年，我专注于数学教学工作。给人一杯水，自己要有一桶水，如果只是满足于已拥有一桶水是远远不够的，应与时俱进，不断更新。2001年10月至2004年12月，我完成了华南师范大学教育管理的本科学习。2001年6月，《基础教育课程改革纲要》的颁布拉开了我国新一轮基础教育课程改革的序幕，石井教育指导中心趁着这股改革的春风举办了一场青年教师的技能比赛。学校没人报名，校长又把这个任务交给了我。很多老师都怕上公开课，因为上一次公开课几乎要"脱一层皮"。老实说，我也怕，但必须承认的是，公开课是青年教师成长的最快途径，因为每一次公开课都是一次蜕变。我带着之前的困惑不断地探究摸索，如何让我的数学课堂走得更远，让我的学生学习数学的兴趣更为持久，习得的知识更有深度。后来，白云区教研员钟老师来听课，给我提出了中肯的建议和明确的努力方向。她指出我的课堂特点是质朴严谨，也不乏趣味活泼，但停留在课本，缺乏发散与连贯，缺乏整合，深度不够。她指导我设计课堂时要注意知识的延伸。学生的学习习惯和品德的培养。钟老师一语中的，解开了我多年的困惑。

经过努力，我在这次比赛中获小学数学优质课二等奖。2005年，我参加石井街举办的"推进新课程改革，优化课堂教学竞赛"并成功进入决赛，被推荐为白云区课程改革优质课展示课，高兴的同时，我的压力更大了。2006年，我在明德小学向全区数学老师展示了一节"能被3整除的数的特征"。这时，我已不甘于学习和模仿别人的教学模式了，自己总会在学习和模仿别人的同时，开始把这几年来自己教学过程中的经验融入创新。这节课受到听课者的高度好评，初尝成功的喜悦，我的干劲也越来越大。不管哪一届哪个级，我所任教的班级在历次镇（片区）、区、市级统一抽测中，总是名列前茅。2010学年，我所教班级教学成绩超片区平均分20多分，因此成了我校乃至片区的教育"品牌"，我也成了同事们、同行们心中的"偶像"，老校长还给了我"大冈小学的放心肉"的称号，这更成了我奋发向上的一股动力。有人问："这位'常胜将军'的秘诀是什么呢？"答案是钻研、探索，就算再熟悉的教材，也要精心备课；同时，要研究、了解学生，反复琢磨教法，认真编写教案；课堂上，努力使讲解清晰化、条理化、准确化、情感化、生动化，做到线索清晰，层次分明，言简意赅，深入浅出；灵活运用教学方法，尽量让他们多想、多说、多做，重视学生的"自主探究，合作交流，动手实践"；正确评价学生，多关注学困生。渐渐地，我发现自己真的爱上了教师这一职业，觉得自己的选择是正确的。我一直秉承"不管做什么事，既然做了，就一定

把它做好"的理念，我是这么说，也是这么做的。

2. 科组长工作，引领、辐射

加强优势辐射是名教师的职责，带出优秀教师团队也是优秀教师专业获得更大发展的证明。2009年9月，由于教学工作成绩优秀，我当上了数学科组长。"一枝独秀不是春，百花齐放春满园。"作为数学学科的带头人，我积极参加各种教研活动，带头上好示范课、研讨课；积极组织教师开展课题研究。我在做好自己本职工作的同时，注意对青年教师的指导，为了能让青年教师尽快成为片区、学校教学骨干，我承担了培训青年教师的任务，在与片内兄弟学校环滘小学进行数学科组"结对子"活动时，我积极帮助青年教师成长，把自己多年来积累的教育教学经验毫无保留地传授给他们，使他们的教育教学和教研能力迅速提高，后来都成了片区、学校的青年骨干教师。如我校的吴晓燕、周焯初等青年老师，所任教的班级的成绩，都名列同年级前茅。其中，吴晓燕老师参加白云区第一届数学教师技能大赛获三等奖，连续几年参加广州市中小学教师数学解题比赛，屡获二、三等奖；江雪芬老师参加石井片区青年教师比赛获二等奖；环滘小学韩冬英老师参加石井片区第一届数学教师技能大赛获三等奖；吴锦洲老师执教"分数的基本性质""圆的认识"获得好评；他们撰写的论文参加区、片区评比也多次获二、三等奖。

三、当上学校教导处副主任和被选为小学名教师培养对象

近几年，工作岗位也发生了变化，我担任了教导处副主任一职。俗话说，"教导工作像个筐，什么东西往里装"。的确，教导处的工作任务很多，事情琐碎繁杂，而我一直尽自己最大的努力恪尽职守，勤勤恳恳，踏踏实实地做好每一项工作。2017年4月，我有幸被选为广州市第三批"百千万人才培养工作"培养对象。所有的这些汇聚成一股强大的推动力，促使我的专业水平又上了一个台阶。广州市的"百千万人才培养工程"，是我二十多年教学生涯中第一次高级别、高水平的培训，促使我更加努力地学习与研究，使我得到更多优质的学习资源和更好的指导。一路的成长，离不开自己的刻苦努力，更离不开优秀的学习伙伴，还有教学功底深厚的简树恩校长，知识渊博的李样明教授、费伦猛老师、闫德明教授的培养。他们是我教学生涯最好的指引人。即便年过不惑，但学习、进步和成长是自己一辈子的事情，形成自己独特的教学风格是我对教学永远的追求。

专业成长伴随着艰辛和困苦，犹如蚌育珍珠，蛹变成蝶。我于2005年受白云区人民政府嘉奖；2011年获"白云区优秀教师"称号，同年被评为白云区教育系统教学标兵；2013年获"广州市优秀教师"称号。2013年，我在片区小学数学科的教研活动中进行了经验介绍；同年，在白云区小学数学六年级教研活动中做"空间与图形的复习与整理"的主题发言；2014学年第二学期受邀到片区内兄弟学

校大朗小学进行经验分享；2014年主持白云区立项的小型课题"'数学广角'教学中渗透数学思想方法的实践研究"，现已结题，该课题获得第二届白云区教育科研小型课题成果奖二等奖。撰写的论文《让数学课堂成为"思想"生长的土壤》发表在《数理化学习》杂志上，多篇小学数学作业设计、小学数学错例分析文稿获区、片区奖励。

这就是我成长路上的点点滴滴，没有惊天动地，更没有什么法宝秘籍，始终坚持踏踏实实地走，勤勤恳恳地干。今后，我将更加努力学习，积极研修，使自己在教育教学专业发展的道路上羽翼更加丰满！同时也真诚地感激大家能为我的个人成长提供指导与帮助。

第三部分　学科教育观

我的教学风格解读

以前，我从未思考过自己有什么教学风格，总认为能谈到"风格"二字的都是那些名师和特级教师，这个词是他们的专用词，是我遥不可及的。可细想之下，又觉得不尽然。"世界上没有两片完全相同的树叶"，人有百种，性格思想也是不尽相同。我总有属于我自己的特质吧？我的性格比较沉静，内敛不活跃，而且教的学科还是比较理性的数学学科，总结了一下，觉得自己的教学风格可以归纳为朴实、严谨、有效。

朴实，就是朴素，不奢侈，不华丽。朴实的教学实施，要求教学目标简明，教学内容简约，教学形式简练，教学过程简化，简简单单教，本本分分为学生，扎扎实实求发展。伟大的教育家陶行知说过："凡做一事，要用最简单、最省力、最省钱、最省时的法子去做，去收获最大的效果。"我也很认同这观点，提倡简单教数学。花架子很多，如果最终目标都不能做到，也只是徒劳无功。如教学"三角形边的关系"一课，我创设这样的情景：王师傅要钉一个三角形木架，已经钉好了两根木条，长度都是3米，现在要从7米、8米、5米这三根木条中再选一根，你觉得选哪根合适？于是学生跃跃欲试，动手体验的积极性一下子被调动起来了。这个教学情景看似简单，但有效突出情景与知识之间的本质联系，极大地促进了学生的参与意识，激励了学生去"做数学"的热情。

严谨，是数学这一门学科重要的特点，作为一名数学教师，在教学过程中要时时刻刻注意教学的严谨。教学的严谨是指课堂教学中所表现出来的科学性、逻辑性和条理性。包括教学内容、教学思路脉络分明，条理清晰；在教学语言表达上精炼准确；教学时深入浅出，条理清楚，层层剖析，环环相扣，结构严谨。数学的教学，最重要的不是数学知识的教学，而是数学思维、数学思想方法的教学。

数学思想贯穿整个数学体系的始终。所以，从小就给学生渗透一些数学思想是非常重要而且必要的。如在教学"面积和面积单位"时，在让学生感知面积大小时，通过学生铺树叶铺硬币铺正方形的操作活动，比较图形面积的大小，使用的图形由不规则的树叶到规则的圆形，再到规则的正方形；使用的方法经历了由近似的比大小到准确地比出大小的过程；学生在解决问题的过程中需要思考"铺什么形状的图形才能不重叠也没有空？"思考这样的问题时，学生能够深入地感悟到由近似到精确的数学思想，培养学生数学思维的严密性。

有效，是指师生间、生生间有着平等的互动，清晰的争论，把概念和规律的教学落到实处。课堂教学更加注重实效、实用，更关注学生的发展。

如在教学"小数的意义"一课时，我先从整数入手，探讨整数间的关系，由此过渡到整数与小数，最后延伸至小数与小数的关系。教学思维清晰，逐层推进，一步一步带领学生理解小数的意义。在这节课上，以简洁的思维方法，解决复杂的数学问题。

又如教学"三角形的分类"中，可提出这样的问题："你能给这些三角形按边的长短或角的大小分类吗？""话不在多，到位就行"数学老师的教学语言应该简练深刻。这样的提问既明确，又问在关键处，有利于学生对三角形进行分类，从而推动教学进程，又不会引起学生思维的混乱。

我的从教之路经历了最初所追求的繁花似锦，喧嚣绚烂，从活动多于思考，形式大于内容，感性超越理性，华丽胜过朴实的教学误区中走出来，以朴素的学习材料，深刻的生活内涵，简约的过程设计，有效的学习活动，展示了数学课堂的理性回归。虽然已经明确自己的教学风格，但在"朴实、严谨、有效"这条教学路上，我才刚刚迈步，还有很多认识上的局限和具体实施上的不足。只有不断学习，不断改进、反思和提炼自己，不断突破自己，教学风格才能逐渐形成。今后我将在不断反思中进一步完善自己的教学风格，使之更具有自己个性，跟上时代的步伐。

▶ 我的教学主张

数学课程标准在总体目标中明确提出："学生能够获得适应未来社会生活和进一步发展所必需的重要数学知识以及基本的数学思想方法和必要的应用技能。"这一总体目标贯穿于小学和初中，这充分说明了数学思想方法的重要性。面对新课程背景，面对新的教学观，如何在数学课堂教学中渗透数学思想方法？个人看法是有以下几点。

第一，要认识加强数学思想渗透的重要性，并在具体的教学中有的放矢地进行渗透，做渗透数学思想的有心人。

第二，要明确小学数学教学中常用的数学思想方法，包括数形结合思想、一一对应思想、方程与函数思想、建模思想、分类讨论思想、化归思想、转化思想、统计思想等。

第三，结合教学实践，以应用数形结合思想为例。

大家都知道，解决问题在小学数学教学中占有非常重要的地位，当然也是教学中最难点之一。如果在教学中没有有效地解决这个难点的策略，就会使解决问题的教学陷入困境。在教学解决问题的诸多策略中，数形结合思想是非常有效的方法。通过以"形"助"数"或以"数"解"形"，使复杂问题简单化，抽象问题具体化，从而达到优化解题途径目的的方法。

（1）以数解形，化复杂问题为简单。

以数解形，借助数的简练性来阐明形的属性，是以数为手段，形为目的。有些图形，直接观察看不出什么规律，这时如果给图形赋值，如边长、角度等，通过赋值寻找到表达问题的数量关系式，这样就可使几何问题代数化，以数解形，用代数的方法使问题得以解决。

如人教版《数学》六年级上册"数学广角"的一道练习题（如图1），如果不给这个图形赋予边长，通过数数量来得出答案的话，将会花很多时间，也找不出解题的思路。这时，我们给整个大正方形以及第二圈标上边长，就会发现最外圈边长比第二圈多2，小正方形的个数＝大正方形的小正方形个数－里面的小正方形个数，而每个大正方形的小正方形个数等于边长^2。因此，通过标边长得出第一个图形最外圈的小正方形个数为 $3^2-1^2=8$ 个，第3个图形最外圈的小正方形个数＝ $7^2-5^2=24$ 个，如果大正方形的最外圈边长是 15^2，则最外圈的小正方形个数＝15^2-13^2。本题虽是小正方形的个数问题，但我们运用了数形结合的方法，以数解形，就能化复杂为简单了。

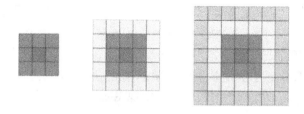

图1 每个图中最外围各有多少个小正方形

（2）以形助数，化抽象问题为具体。

以形助数，借助直观图形阐述数的抽象性，以形为手段，数为目的。有的问题数量关系复杂，问题描述抽象，没有具体的量，学生难以理解和掌握。像分数解决问题，这方面的问题表现就非常突出。在教学中，就要让学生能够根据数量的特征，构造出相应的几何图形或线段图等，才能使原本抽象复杂的问题变得形象、简单。

人教版三年级上册"分数的简单应用"一道解决问题是这样的：小东、小明、小红都买了同样的饮料，小东喝了所买饮料的2/5，小明喝了所买饮料的3/5，小红喝了所买饮料的2/7。三人谁喝的饮料最多？谁喝的饮料最少？要判断三人谁喝的饮料最多，谁喝的饮料最少，就要比较2/5、3/5、2/7的大小。教学该题时，如果不用画图来表示，无从下手，学生甚至读不懂题意。这时，借助图形突破难点非常重要。

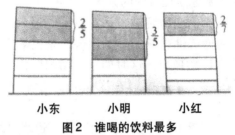

图2　谁喝的饮料最多

从图中可以看出：3/5与2/5相比较，每一份的量相同，3份多于2份，所以3/5＞2/5；2/5与2/7相比较，份数相同，但每一份的量不同，分母是5的每一份的量比分母是7的每一份的量大，所以2/5＞2/7，即3/5＞2/5＞2/7。正确答案是小明喝的饮料最多，小红喝的饮料最少。

在上述案例中，用数形结合的方法，可把繁难的问题转化成几何直观图来表示。这样处理，诱导学生发现简洁解法，使复杂数学问题简单化；一方面使学生体会到数学的奇妙性和趣味性，另一方面也让他们感受到数形结合的直观性和便捷性。

总之，数形结合思想在数学教学中无时不在、无处不在。我们只有把培养学生的数学思想作为一项重要的教学目标时，才能真正走近教材内容，去挖掘教材内容中所隐藏的数学思想。做教学有心人，有意渗透，有意点拨，把数学思想、方法的教学落在实处，才能使学生的数学思维能力得到切实有效地发展，有效地促进学生的数学学习，让学生的数学学习实现飞跃。

他人眼中的我

林妙容对教育事业忠诚、热爱，她始终坚定"一切为了孩子，让孩子体验数学学习快乐"的信念，不忘初心，在数学教学之路上时时处处为学生着想，努力要求自己成为一名学生喜爱、家长尊重、同事信任、领导放心的好教师。林老师是大岗小学公认的数学名师，只要是她的学生，数学学习就是快乐的、成功的。

林老师是一位"专家型"数学教师，在个人专业发展路上坚持不懈地学习与实践。作为数学学科带头人，她致力于改变小学生的数学学习方式，根据教材内容及学生的实际，敢于创新设计数学活动，坚持开展数学课堂教学实践活动，不断改进教学方法和模式，让学生在有效的数学活动中主动探究，获取数学知识。林老师在"公式的推导与运用"这一数学内容的教学上形成了她的教学风格与特色。只要是林老师上的数学课，绝对是"放心肉"。林老师是一位热情的专家教师，她对青年教师的培养总是倾囊相授。我们都爱称她为"林教授"。

林老师是一位"学者型"教师，在科研学习与工作中，她有一种坚韧的品质，不管前行的路上有多少风雨，她都能调节好自己的情绪与步伐，扎实前行。记得她刚做课题研究时，对课题研究要做什么，怎样做，一片茫然，但她认定了要做课题，她就不放弃。她阅读大量课题研究资料，主动争取机会参加各级各类的课题开题报告会，请教同行有课题经验的老师，不断吸取经验，最终成功申报个人数学区级小课题并顺利结题。

林老师是大岗小学一位亮眼的教学精英。

——广州市白云区大岗小学原副校长、广州市骨干教师、广州市中小学综合实践活动教师优质课大赛暨第五届教学技能竞赛"十佳教师"　李结明

我的数学老师姓林，她是一位年轻的优秀教师。四十上下，长得眉清目秀的，高高的鼻梁，看似学问很深又斯斯文文的样子。她不仅对工作兢兢业业，而且对工作尽职尽责，一丝一毫都不马虎。是一位好老师！我很喜欢她。

林老师的"兴趣爱好"是批改同学们的作业。林老师改作业的速度快得让人"无语"！她的手握着红笔，"唰唰唰"，改完一本又一本，很少有过间断，就如同一匹奔腾不息的骏马一样不知疲倦。快归快，林老师也细心得惊人，那些不容易被发现的错误，也能被她的"火眼金睛"看出来。想要练就这一套本领，可不是一朝一夕就能练成的，是需要日积月累才行的啊！

在这个时候，我们毕业了，我好想对您说："林老师，每一次的考试都让我刻骨铭心，我会永远记得每一次的考试，它们使我学会了细心，学会了活学活用，学会了端正态度……您为我们付出太多了，感谢您，再次感谢您，其实我们都很喜欢你，一个细心"严格"的你！

——广州市白云区大岗小学六年（2）班学生　李紫圣

您教我们已将近三年，您对我们恩重如山，您那知识渊博的面貌，已经在我心中刻下……

您苦口婆心地教我们，有人却在下面窃窃私语；您认认真真地教导我们数学的公式怎么转化，教我们应用题该怎么做，但有人却不写，在下面传纸条；您仔仔细细地跟我们课堂内容，让我们懂得运用，有人却在下面"挖金子"；您不知疲

倦，帮我们改好每一本作业，有人知道有错题了，却视而不见。在我心中，您是一位非常好又有责任心的老师。

虽然您对我要求很严，但我知道，您是为我好。您为什么这样？是因为您想让我改掉坏毛病、考上理想的初中啊！有些日子，我不认真听课，结果导致成绩不理想，测验卷发下来，您让我到您的面前，一字一句地教我怎么理解。我当时心中，已暗暗下定决心，要好好学习！

——广州市白云区大岗小学六年（1）班学生　陈少研

林老师的教学方法很好，在教学中她经常教我们思考问题时将复杂问题简单化或画图理解，让我们学得很有趣，容易懂。我越来越喜欢上数学课了。

——广州市白云区大岗小学六年（1）班学生　罗欣瑜

第四部分　育人故事

优生品质教育不容忽视

岁月如流水，一去不复返。有许多事情都已淡忘，但有些事，像树根一样深深地扎在了我的心上———优生品质教育。

那是发生在多年前语文课上的事。五年（1）班班长气喘喘地说："老……师……老……师……语文老师要你马上到教室去。"我边走边想，莫非班里发生什么大事？还是学生想摸摸我这个新班主任的底细？一进教室，学生就七嘴八舌地说个不停。原来，范同学在发作业本的时候，发现一张纸条夹在里面，写了庸俗的话语。语文老师用了一节课时间进行调查，也通过听写生字来对照字迹还是没人承认。我一边了解事情的缘由一边环视一周，陈同学映入我的眼帘，我想，怎么会是他呢？他——陈同学，学习勤奋刻苦，成绩优异，担任中队长，有很强的组织管理能力和团队精神，不仅是同学的好伙伴，也是老师的好帮手。但事情总要有个水落石出。我站在教坛前一言不发，不到5分钟，教室里鸦雀无声。我说："是谁写的？放学后可以到老师那里去承认错误。老师不公开是谁干的。敢于承认错误还是好孩子。黄同学、李同学、黄同学、何同学（四大"天王"）、陈同学到老师办公室来，其他同学放学。"我想我必须用心理战术逐个排查，最后一个才轮到陈同学。我看着他的眼睛语重心长地说："你有事情隐瞒我，如果你诚恳地承认自己的错误，这件事我就不再追究，你依然是老师心中的好孩子。"话语刚落，他就承认了。我也履行我的承诺，替他保密。

一个月后，一件更棘手的事又发生了。我正上下午第一节数学课，黄同学突然举手说："老师，我100元丢了。"丢钱了，还是在教室丢的，这可不是什么好事。但是首先要弄清楚事情的真相。我对这名学生说："好好找找，是不是不小心掉在哪里了？""都找过了，没有！""什么时候丢的？""中午吃饭时还在。""你怎么现在才告诉老师？"我想，这钱很可能在午休时间就被"转走"了，给查找带来了困难。我环视了教室一圈，看到学生们的眼神都很紧张。是谁拿了这100元钱呢？一定要找到！我心里暗暗地说。若查不出来，不好对黄同学家长交代，以后班里发生的事会更多，我这个班主任就很难当下去。"同学们，谁看到他的100元？"几分钟过去了，没有人回答……很显然，想要在询问中发现答案，还是什么也没有发现……我没有纠缠下去。第二天，我把黄同学的好朋友都找来，希望能从他们的口中有所发现，但是，经过一系列的调查几乎都找不到线索。我很着急，应该怎么办呢？于是，又找来陈同学，问道："你午休时去哪？跟谁在一起？""老师，你不是怀疑我吧，这次真的不是我干的。"这时，我发现事情终于有了突破口，他说的跟同学反映的有些不符，说话也支支吾吾。"上次事件老师原谅了你，老师也守诺言，那……你该怎样做？"最后他终于承认了，说："我趁午休时间把钱藏到沙池里。"当天晚上，我接到了陈同学家长的电话，事情竟然发生了大转变。陈家长说："老师，我相信我儿子，钱绝对不是他偷的。"她不是"纵子行凶"吗？我究竟有没有冤枉他呢？要继续查下去？还是放弃？这令我很矛盾。不过在难题面前我并没有屈服，第二天，我又继续进行有关的调查。经过又一天的努力，"凶手"最终水落石出。"凶手"正是陈同学。这让我感到很失望。但是我对每个学生都不能放弃，于是又找他来与他耐心地交谈，用心地教导，他也向我承诺以后不再犯这样的错误。

吸取了这两件事的教训，陈同学痛改前非，这让他的母亲深深感动，后来她亲自来到学校，找到我说："老师，是我们家长错了。我们太相信儿子了。我一直以儿子的学习成绩为荣，对儿子缺少沟通和教导。老师，我家小孩让你费了不少心。谢谢老师。"家长的心里话，对我来说是最大的动力，它驱使我更加努力地教导好每一个学生，使他们更加健康快乐地成长。

思想道德素质是一个人最为需要的品质。但是，很多教师总是习惯性地把学习成绩作为判断优生的唯一标准，锻炼的机会、感情的天平，往往朝他们倾斜得更多一些，对他们往往只要求学习好，他们的一些"小毛小病"，多半视而不见。其实这是不公平的，也是很危险的。成绩好固然重要，但如果忽视了道德品质的塑造，势必会导致优生人格缺陷，甚至扭曲，危险将会更大。在这里我要疾呼：请从品德上更加严格地要求我们的优生。

附录 教学现场与反思

"数学广角——搭配1"课堂实录

【教学内容】

人教版二年级《数学》上册第97页例1及第98页"做一做",练习二十四第1题。

【教材分析】

本节课的教学内容主要是渗透排列组合的数学思想,为便于学生理解,把重要的数学思想方法通过学生日常生活最简单的事例呈现出来,使学生对排列的有序性有一个初步的了解,并能依据一定规律来处理排列问题,做到不重不漏,为以后学习其他有关的数学知识奠定良好的基础。

【学情分析】

在日常生活中,有很多问题都需要用排列的知识来解决,如数字组成数、照相时的位置安排等。学生已经有了一定的生活经验,有时也可能运用到排列知识解决问题,但对于小学二年级的学生来说,"排列"的数学思想只需感知,而不需教给他们"排列"的有关概念术语。因此,在教学过程中,我依据学生的年龄特征和心理特点,注意安排生动有趣的活动,让学生通过这些活动来自主尝试学习解决问题,让学生经历简单的排列规律的探索过程,让学生在活动中探究新知,发现规律,逐步培养有顺序地、全面地思考解决问题的意识。

【教学目标】

(1) 通过观察、猜测、操作等活动,找出最简单的事物的排列规律。

(2) 使学生经历探索简单事物排列规律的过程,初步培养学生有顺序地、全面地思考问题的意识。

(3) 在自主尝试学习过程中,感受数学与生活的紧密联系,在数学活动中养成与他人合作的良好习惯。

【教学重点】

经历探索简单事物排列的过程,渗透"排列"的数学思想。

【教学难点】

初步理解简单事物的排列规律。

【教学准备】

数字卡片、课件。

【教学过程】

（一）创设情境，提出问题，构建知识坡度

师：小朋友，今天让我们进入有趣的数学广角乐园。（板书：数学广角）我们的好朋友乐乐（贴黑板）来了，我们来玩一个排数游戏，好不好？

生：好！

师：数字1和数字2能组成几个两位数？

生：12或21。（贴黑板）

师：有可能是1或2吗？

生：不可能。

师：为什么？

生：题中要求是两位数，1或2是一位数。

（设计意图：教材中直接呈现了给出3个数，能组成多少个两位数，对于部分学生还是有难度的。因此，我先出示1和2两个数，引导学生思考，让学生体会排列是有顺序的，也为后面三个数的排列提供了活动经验和思维方向。）

（二）小组合作，自主探究

1. 尝试学习

师：数字3（贴黑板）说我也想参加排数游戏，（课件出示：用1、2和3组成两位数，每个两位数的十位数和个位数不能一样，能组成几个两位数？）你们先猜猜可能是几？

生：12、23、32……

师：这么回答很乱，容易遗漏和重复。怎么把组成的两位数的情况不重不漏地全部找出来呢？请你们小组合作，用数字卡片摆一摆。利用手中的三张数字卡片，同桌两人合作，一人摆数，一人把数写在练习纸上，最后数出一共摆了几个两位数。（课件出示）

2. 展示交流

师：汇报一下，你们找到了几个数。

（汇报交流结果并介绍方法。）

反馈：

（1）漏写的。

（2）多写的。

（3）比较凌乱的写法。

（4）12、21、13、31、23、32，共6个。

师：你觉得他们写得怎么样？（生：有规律。）——两个数字交换一下。

（5）12、13、21、23、31、32，共6个。（固定十位数）

师：你觉得他们写得怎么样？（生：有规律。）——从小到大，1、2、3轮流放在十位上。

（6）21、31、12、32、13、23，共6个。（固定个位数）

师：你觉得他们写得怎么样？（生：有规律。）——一小一大，1、2、3轮流放在个位上。

教师组织逐个分析：这是哪位小朋友写的，你们同桌两人能说说自己的想法吗。

（有规律的写法可以请学生多说几遍："谁听懂了他们的想法？你再来说一说？实在说不清的可以请学生上讲台摆一摆。表扬回答精彩的学生。）

师：老师发现我们的小朋友真有办法，排数的时候能按一定的规律来排，这样不会遗漏也不会重复了。

（全班同学交流，注意突破：在组成两位数时有数字重复或者遗漏这一难点）

师：看了这么多方法，你觉得哪种写法好一些，为什么？（生：有规律的。）假如用1、2、3、4来组成几个不同的两位数，你觉得采用哪种方法来写能写得又快又好？

师小结：这些办法很有规律，他们的好处是很有顺序，不会重复，不会遗漏。

（板书：有顺序、不重复、不遗漏）

3．主动参与，感知组合

师：乐乐的好朋友，明明、君君也来了，他们三个人一起拍照留念。（课件出示：乐乐、明明、君君合影留念，三个人排成一排，有几种排法？）

学生汇报，汇报交流结果，师表扬快的同学。

师：小朋友，他们三个人拍完照就互相握手分别了，两个人握1次手，3人一共握几次手？

生：（分小组表演握手。）

师：3人共握几次手？

生：3次。

4．区分排列和组合

师：数字1、2、3是3个数，小朋友握手也是3个人，为什么1、2、3能摆出6个数，而握手只能握3次呢？

（设计意图：通过对比，教师点拨提升，让学生进一步系统地、全面地掌握知识，既突出了重点，又突破了难点，再次激发学生学习数学的兴趣。）

（三）灵活运用，解决问题

（1）完成第98页做一做第2题。（怎样付钱？）

（2）用0、2和3可以组成哪几个两位数？

（3）课外作业：学校举行乒乓球比赛，每两个人进行一场比赛，4个人一共要比赛几场？（要求：不遗漏，不重复）

（设计意图：以活动的形式培养学生的实践意识和应用意识。通过不同内容的活动练习，不但激发了学生的学习兴趣，而且巩固了学生所学的知识。特别是课外作业的布置，让学生明白考虑问题要全面，这需要灵活地学以致用，为以后的学习打下良好的基础。）

（四）归纳总结，拓展延伸

师：今天你们在"数学广角"一课中学到了什么，有什么收获？我们在日常生活中也要学会有顺序地、全面地思考问题，你们能到做吗？只要你们细心观察，就能发现更多有趣的数学问题，掌握了这些知识，我们就可以把生活装点得更加美丽！

（五）板书设计

数学广角　　搭配（一）

十位	个位		十位	个位		十位	个位
1	2		1	2		2	1
2	1		1	3		3	1
1	3		2	1		1	2
3	1		2	3		3	2
3	2		3	1		1	3
2	3		3	2		2	3

　交换位置　　　　　固定十位　　　　　固定个位

不重复、不遗漏

【教学反思】

《义务教育数学课程标准》中提出："在解决问题的过程中，使学生能进行简单的、有条理的思考。"基于我校学生合作意识不强，胆子也小，思考问题不够全面，有序性不强的实际，在教学活动中让学生充分体会数学知识存在于生活中，数学无处不在，同时向学生渗透有序地、全面地思考问题的思想。

1. 创设平实的生活情境，激发学生学习兴趣

这节课始终以生活情境贯穿整个教学过程。首先，由"两个数的排数游戏"这个情境引入，唤起学生已有的知识，过渡到引导学生用三个数字探索排列组合的规律。其次，为了巩固这节课的重点，又创设了两个问题："拍照"和"握手"。用学生经常接触的生活问题作为教学内容的载体，使学生充分体会到数学知识存在于生活中，数学无处不在，产生对数学的亲切感，赋予课堂真正的生命力。在教学中，让学生运用所学知识去解决生活中的实际问题，使学生在实践数学的过程中及时掌握所学知识，感悟到数学学习的价值所在，从而增强学好数学的信心，学会用数学的眼光去看周围的事物，想身边的事情，拓展数学学习的领域。

2. 以学生为主体，注重学生自主探究

"自主、合作、探究"是新课程改革特别提倡的学习方式，《义务教育数学课程标准》强调：教学要给学生留有足够的实践活动空间，让每个学生都有参与活动的机会。本节课通过学生观察、猜测、比较、自主合作探究等活动，引导学生按照我提出的学习方法和步骤自主学习、合作探究。特别在教学例题时，在让学生思考用1、2、3三张数字卡片能排列出几个不同的两位数时，我先引导学生理解题意，让学生思考解决问题的办法，先让学生猜一猜有几种排法，再通过动手操作（摆一摆、想一想、写一写、说一说）来验证。我安排学生自主学习，边想边摆数学卡片，在巡视的过程中，发现不少学生写数顺序较为凌乱，接着安排了3～4人进行小组合作操作、交流、验证，让各小组安排一位学生在数位表格上书写出不同的两位数。在此环节，我有意搜集3种不同的方案，并给它们编上号：①12、21、13、31、23、32，②12、13、21、23、31、32，③21、31、12、32、13、23；结果学生只出现了第一种有规律的排列（即"交换位置"），同时还写了几组没有规律的排列。我让小组代表介绍自己的方法，说说你最欣赏哪种方法；当学生说出"有规律"三个字时，我接着孩子们的话小结了"是啊，这样交换两个数字位置的方法排列，就是有规律地去思考问题，就可以做到不遗漏、不重复。"这么一句话就突破了难点。接着老师适时引导，再让小组合作动手摆一摆，一下子学生便发现和归纳出"先固定十位""先固定个位"等不同的规律，这样孩子们就能体验到不同的排列规律，找到了不同的排列方法，从而明白了只有按照规律有顺序地排列，才能实现既不遗漏又不重复，突出了本课的重点，达到了预定的教学效果。

3. 教学思维清晰严谨，逐层推进

（1）活动设计符合学生的认知规律，由浅入深，由易到难，具有层次性。本节课我尽量设计些让学生体验数学价值的内容，这些教学内容具有层次性和思考性，如"两两配"到"三二配"。通过几个例题和操作实践，加强学生的动手能力，让学生自己探究实践，对具体的方法进行总结；根据学生的活动，挑出能够快速完成的几个，总结方法，让学生来了解方法的重要性。在练习题的设计上，形式多样，有排数字、合影留念、握手等。教学环节联系生活，抓住学生的心理特点，实际进行模拟演练，让学生倍感兴趣，而且在练习上也拓宽思维，让学生根据自己喜欢的方式进行编号排序。整堂课对学生提出的方法只要是按一定规律的，都给予充分的肯定，给学生以人文关怀，着力培养学生的多角度思维。

（2）在教学中，我重点放在1、2、3三个数字组成6个不同的两位数，让学生自主探索，掌握有序排列、巧妙组合的方法；再通过拍照的游戏，拓展学生对同样都是"3个"为什么组合出现的结果却不一样的思考。教学中，让学生发现其中的道理，从而解决了这节课的难点，明白了在排列组合中必须做到有序、不重复、不遗漏的正确方法。通过不同层次的练习，巩固所学知识，同时让学生认识到数学知识与实际生活的密切联系，让学生学会用数学知识解决生活中的问题。

4. 数形结合，用符合化的呈现形式凸显有序、全面的思考方法

"排数—拍照—握手"都呈现了多种解决问题的方法和策略，体现了数形结合、符合化、分类讨论、有序等数学思想。这些内容都比较抽象。如让学生两人小组排数就体现了分类讨论和有序的思想，握手体现了数形结合思想，拍照则体现了符合化思想等，这些活动过程一一展示了思维过程和思考结果。一方面，帮助学生学会用更简洁的方式表达思考过程和解决问题的结果，体会并进而理解抽象的数学方法。另一方面，在学生活动中体会有序、全面思考的分类讨论方法，进而培养学生有序、全面思考问题的能力。例如，例1选一个数字写在十位上，先写1再写3、5；十位上写1后，个位上可以依次写2、5，体现从最小的数字有序思考的方法。有效地引导学生的思维由具体逐步过渡到抽象，抓住学生的认知起点，为学生提供了充分探索与交流的空间，注重培养学生用数学眼光去观察问题和有序思考问题的能力。

这节课让我感到遗憾的有以下几点。

（1）在让学生小组合作摆数时，留给学生的时间太少了，这个环节要放手让学生充分地操作，小组合作不能只是走过场。

（2）在做拍照的练习时，我有意培养学生用不同的记录方法。如用文字记录：乐乐、明明、君君；数字记录：12、13、23；字母记录：AB、AC、BC。大多数学生只懂得用文字记录，而学生没有用数字和字母记录的经验，在这个教学环节需要老师的引导，所以花费的时间稍微长了。如果只用文字记录法，教学会比较顺利，同时也会节省些时间，但无法渗透符合思想。

（3）数学实践活动中，虽然学生意识到了要按规律有顺序地来排，但部分学生在没有得到提示之前，不知道要按怎样的规律来排，如何促使更多的学生懂得按照怎样的规律来排是我的困惑。

吹尽狂沙始见金

广州市黄埔区东区小学　肖剑平（小学数学）

第一部分　导读语

我叫肖剑平，任教于黄埔区东区小学，中小学数学高级教师。从教以来，一直在教学一线辛勤耕耘，历经湘粤两地，从"辣不怕"的湘妹子，变成爱上粤菜的新广州人。在广州务实包容的文化影响下，我从一个风风火火的辣妹子修炼成了一个沉稳内敛的老教师。教学中，我渐渐从浮躁走向理性，形成了自己"求实尚活、简约严谨"的教学风格。教育同行这样评价我的课堂：朴实自然而又生动活泼，注意细节，不耍花架子，不仅注重知识传授，更着重能力培养，学生学得扎实。

自工作以来，我曾获"常宁市优秀教师""广州市优秀班主任"、萝岗与黄埔两区"优秀教师"、萝岗区"数学骨干教师"等称号；主持的教育规划课题"运用现代教育技术优化小学数学教学的研究"获湖南省优秀课题，主持的德育课题"运用朱子文化创建德育特色学校的研究"获广州市教育局优秀课题；参加课堂教学比赛，曾获湖南省二等奖、衡阳市一等奖，两次获萝岗区一等奖；所写论文或教学设计等，多次获省、市、区一、二等奖；参加广州市小学数学教师解题比赛，曾获广州市一等奖。

时间是一首诗，我的每一个课题研究、每一次比赛、每一次成功获奖和无数次品尝失败，都倾注了我的满腔热情、浸透了我的汗水，见证了我的努力与成长。

曾记得一个教育名家说过：教育是事业，事业的成功在于奉献；教育是科学，科学的探索在于求真；教育是艺术，艺术的生命在于创新。从教以来，本人在教人求真、教人创新的路上一直不断探索。

第二部分　名师成长档案

我热爱教师这个职业，一直喜欢臧克家写给斯霞的一首诗："一个和孩子常年在一起的人，她的心灵永远活泼像清泉；一个热情培育幼苗的人，她会欣赏到它生长的风烟；一个忘我劳动的人，她的形象在别人的记忆中活鲜；一个用心温暖别人的人，她自己的心也必然感到温暖。"臧克家先生的诗句正是我从教多载心声的写照。成长的历程是艰辛的，艰辛过后收获的却是喜悦和甜蜜。我自1995年参加教育教学工作以来，历经两次调动，从农村到城市，从小县城到大广州，每一次工作调动对我的专业成长都是一次飞跃。随着工作环境的改变，工作要求的提高，我在不断地改变与适应中也随之成长起来。

一、觉醒：从懵懂无知到主动发展

我算是出生于书香世家，祖上出了很多秀才，爷爷饱读诗书，父亲是教师。受家庭环境影响，我从小就敬佩有知识有文化的人，看到爷爷和父亲因用自己的文化知识为乡邻们排忧解难而受人尊重很是自豪。当年成绩优异的自己没能如愿上高中考大学，而是在家人的安排下读了师范，虽然很是遗憾了一阵，但也算接受下来。

1995年，我从湖南省第三师范学校中师毕业，即将走向教师岗位时，当教师的父亲告诫我：每一个孩子都是一粒种子，要把自己的热情和爱化作一缕阳光，不断提高自己人格的魅力，丰盈自己生命的底色，为孩子们的成长提供甘甜的雨露和肥沃的土壤，使每一粒种子都能充满勃勃的生机。我就这样带着父亲的嘱咐来到一所乡镇中心小学，教书育人的职业生涯从此打开。

初涉教坛，完全不知所措，不会管控课堂、不懂教学方法，更是抓不到重难点，一堂课下来，满头大汗却毫无效果，再加上乡镇小学，基础设施非常落后，教学条件很差，工作生活都十分不便，同事又都是农村人，忙完了学校还要忙农活，没有人能给自己提出专业上的指点和帮助。工作的第一个学期，我完全处在一个迷惘的状态，面对破败的校舍，面对乱哄哄的课堂，无数次想扔下粉笔教鞭一走了之。可学校领导不断给我打气，让我做少先队总辅导员，让我负责学校的宣传窗和鼓号队等与学生相关的工作。在这些工作中我的自信渐渐地树立起来，和孩子们的关系也越来越好，可教学还是一样的生涩，教不得法。参加工作的第二个学期，我还在迷惘彷徨中，就被学校"推着"参加了镇里的说课比赛和教师基本功比赛。因为表现好，接着又被推荐参加县里举行的中小学青年教师基本功大赛，从三笔字到简笔画到即兴演讲全面展示，也许是运气好，居然得了县一等奖。

这些奖项，使我在学校成了小名人，从那以后我也有了更多的培训学习机会，更多参加赛课的机会，也斩获了不少的荣誉。成功总是催人奋进，我改变了以往被动的心态。我在这些活动中不断磨炼自己，提升自己。同时更加明白了自己的差距，专业上有了主动发展的意识，我努力地向同行们学习，同时阅读教育教学专著和杂志。参加工作最初的这四年，我业务水平和执教能力都得到了很大的提升，从一个一无所知不知天高地厚的小女生逐渐成长为一个学校放心、家长信赖、学生喜欢的老师。

那段日子，我全身心沉浸在班级管理和教育教学中，满脑子都是这样的画面：谁在认真听讲，谁在左顾右盼，谁和谁在窃窃私语，谁与谁又在大声喧哗……走着路也在思考：分数的意义怎样设计教学学生更容易理解、怎样通过教具演示和画图让学生明白行程问题中的相遇问题和追及问题……那段青春岁月，陪伴着孩子的成长，成了让人感动的时光。看着他们活泼可爱的笑脸，听着他们单纯而有趣的问题，觉得一切都是那么美好。教学上也渐渐悟出了一点门道，教学成绩慢慢上来。但初出茅庐，加上年轻气盛，更多的是对优秀者的模仿，课堂上追求热热闹闹，标新立异，没有深入钻研过教育教学规律，没有自己独立的思想，更谈不上有稳定的风格。

二、奋起：从刻意模仿到独立思考

1999年，我从乡镇小学进入县城城区小学任教，身边有了特级教师、有了县骨干教师。"蓬生麻中，不扶而直"，因为跟这些教学高手们在一起工作，潜移默化中，我学到了许多教学技巧，思想观念也进一步转化。2002年，学校安排我到长沙参加全国性的新课改骨干老师培训，这是我专业发展的一个重要的转折点。在这里，我有幸聆听了北京师范大学张梅玲教授和其他教授的讲座，思想上得到了洗礼，理念上得到了更新，还听了北京数学特级教师华应龙老师和语文特级教师王文丽老师的课，我深深地折服于他们丰富的学识、巧妙的教学方法、优雅的教学风格；还有他们对学生的启发引导，那么的自然，就把学生的思维引向了更深更远处；还有各省送来的优质课，都让我见识了不一样的课堂。这次培训学习让我大开眼界，让我知道了课改已经风起云涌，让我知道了数学课原来可以那样上，数学课原来可以有那样的深广度，那样有趣味……

这次培训让我找到了努力的方向，我希望自己也能有那样理性的思维、那样广阔的教学视野，想让我的课堂也能有那样的勃勃生机。我又想到父亲的那句话：为孩子们成长提供甘甜的雨露和肥沃的土壤。从长沙回来，我如饥似渴地学习，买回了电脑研究课件制作。到网上查阅资料、看优质教学视频。同时，为提高自己，我参加了学历提高学习。完成了专科的学习后，然后又开始本科的脱产学习。通过学习，不断丰富自己的知识；通过学习，也发现自己的不足。一次次学习、一次次锻炼，我在不断地成长发展、不断地提升完善。

因为是重点小学，又恰逢新课改，我所任教的学校承担了县教育局许多教研任务，同时也是全县教师各种赛课和培训学习的承办单位。因为年轻肯干，很多任务就压到了我的肩上，我将它看作是学习和锻炼的机会。一是代表学校到县里参加赛课，代表县到市里赛课；二是为教育局师训股举办的教师培训上示范课。每一次赛课和示范课，都是一次辛苦的过程，但每一次过程，都是一次宝贵的经历，都是一次成长。从教学设计、多媒体的运用到课堂组织、教学语言等，我都悉心准备，力求准确把握。2005年，我被县教育局推送参加衡阳市课堂教学比赛，荣获一等奖，随后又参加湖南省课堂教学比赛，获得二等奖。那几年，给全县同行上示范课多达十余节。每上一节公开课，我觉得自己在能力得到提升的同时，自信和勇气也在提升。

在上好课的同时，我勤于反思。我把上比赛课、公开课的备课思考过程和课后专家同行的反馈意见，作为第一手材料记录下来，然后细细琢磨，加以整理，写成论文和反思。1999—2006年，我在县城工作的几年间，有数篇论文和教学设计获省市县各级各类奖项。

我还积极参加教学研究。作为学校数学科组长，我主持的湖南省教育规划课题"运用现代教育技术优化小学数学教学的研究"获优秀课题。

通过这几年的历练，我的专业发展一步步从懵懂走向成熟。在不断的历练中，我的课堂也逐渐从模仿走上具有自己的独立风格，从刻意制造热闹的课堂气氛到从学生学习需要出发设计合理的情境。

三、沉淀：从追求热闹到理性总结

2007年，我来到广州，进入萝岗区东区小学任教。广州是全国经济文化双发达的城市，是国家一线城市。广州之所以发展得如此之好之快，与广州人的敢为人先、真抓实干、开放包容分不开。在广州工作生活，让我见识到广州人生活上的朴实与包容，工作上的务实与严谨。在这样的文化氛围影响下，在专业发展上，本人逐渐走向冷静，观念进一步改变，不再把点子新、课堂活当成追求的最高目标。

我工作的学校处在城乡接合部，学校因为城市的扩张，办学规模不断扩大，师资严重不足，所以每年都有来自全国各地的骨干老师进来，同时带进来各种新的理念和方法。而萝岗区作为一个经济强区，教育却是一个弱区，所以区教育局以优势补弱势，大力支持教师培训，采用"请进来送出去"的方式，邀请省市甚至全国的专家来区里举办讲座或示范教学，又把老师送出去学习。我就是在这样一种情况下，进一步打开了教育视野，得以见识最先进的教育理念，学习最好的教学方法。

2008年，萝岗区教科研中心在全区中小学推行布卢姆的"目标教学法"。目标教学法是一种以教学目标为核心和主线实施课堂教学的方法，教师以教学目标为导向，在整个教学过程中围绕教学目标展开一系列教学活动，并以此来激发学生的学习兴趣与积极性，激励学生为实现教学目标而努力学习。运用目标教学法，学生可以充分发挥他们的想象力和创新能力来完成教学目标规定的学习任务。而且在较短的时间内使学生享受到自己学习成功的喜悦感和成就感，激发学生学习兴趣，促使学生更加努力地学习。这是一种操作性很强的教学模式，熟练地运用它，使我的课堂变得更简约，导向性更强，学生活动设计更有效。因采用该教学模式进行课堂教学，效果良好，本人在2008年的萝岗区"目标教学"课堂教学比赛中获得区一等奖。

2010年，萝岗区又在目标教学模式的基础上，进一步提出了提高课堂教学实效性的教学改革，这是目标教学改革的进一步深入，本人作为萝岗区小学数学骨干教师，站在了改革的前沿，成了最早一批的实践者。课堂教学的落脚点和生命线就是教有实效，学有实效。这是我形成自己教学风格的关键时期，在思考和实践中，我逐步形成了自己"求实尚活、简约严谨"的教学风格。2010年，我参加萝岗区课堂教学实效性教学比武，再获一等奖。

2012年，萝岗区教科研中心的全国十二五规划课题"'六要素'教学方式区域应用推广研究"在全区中小学所有学科中铺开。"六要素"教学方式是由"知识、能力、情意、主动、互动、能动"六个要素构成的教学思维方式和教学行为方式的有机体，是教师在科学的教学理念的指导下提高学生主动性、互动性和创造性的发展过程，也是一种追求课堂教学实效的教学方式。本人有幸参与课题研究，并在课题成果展示会上，作为小学数学教师代表上"千以内数的认识"公开课，获得了一致好评，教学案例被收录入研究成果集，并在区教研室陈莉老师的指导点评下，获得了广东省教学设计评比二等奖。

现在萝岗区已并入了黄埔区，本人已在这块热土上工作了十二个年头，代表学校参加数次区赛课，并承担多节公开课、教研课、观摩课，教学风格进一步成熟。在这期间，我主持了广州市教育局德育课题"运用朱子文化创建德育特色学校的研究"，并获广州市优秀课题；同时，我参与了两个区级课题"小学数学课堂练习教学有效性的研究"和"在课堂教学中促进学生自主学习的研究"的研究。

在不断的学习和磨炼中，我认识到真正的好课首先是扎实的课，能落实教学目标的课，让学生有思考的时间和空间，不是教师的表演课，不是教师的独角戏，更不是"满堂灌"，是学生在教师的引导下主动成长的课；其次是实中求活，从学生的实际出发，从数学的本质出发，让学生在学到知识的同时，激发学生的内驱力，让学生爱学习会学习，培养学生自主学习的能力和解决问题的能力，使课堂有实效。我深深知道，作为教师，如果没有丰厚的教育理论作为职业铺垫和教育行为支撑，单凭经验积累去施教，只是重复劳动，而这种重复劳动的方法会随着时间的推移而落伍。要提高工作的科学性、自觉性，避免盲目性，教师就必须掌握基本的教育理论，按照教育规律和青少年的心理成长规律，调整控制自己的教育行为。

第三部分　学科教育观

▶ 我的教学风格解读 ◀

我认为一堂课，应当有其学科特点。数学课当然要有数学味，数学味体现在简约和严谨上，体现在数学思想方法的渗透和学生数学思维的培养上；同时数学课堂应是一个学生喜欢的课堂，要把有意义的数学课堂变得有趣。所以我追求朴实而灵活、简约且严谨的数学课堂。"求实尚活、简约严谨"就是我的教学风格。

1. 真实自然、学有实效

求实，是从教学实际出发，追求朴实的教学过程、真实的思维流露、扎实的教学效果，使学生学有所得。真实、扎实是课堂的生命力所在。叶澜教授说，一堂好课要努力做到"五实"：扎实、充实、丰实、平实和真实。所以，每节课前我认真深入钻研教材，确定明确的教学目标，把握好重难点；认真研究学生，找到学生的学习起点。在教学"1000 以数的认识"时，激发兴趣引入后，我给学生制订以下学习目标：①会数一千以内的数；②能准确读出一千以内的数；③能正确写出 1000 以内的数。在这个目标的引领下，我带领学生一步步达成目标，并完成自我评价。在学习数数时，我设置了以下题目：①从 236 数到 243；②从 198 起，数到 206；③从 985 数到 1000。这三道题，循序渐进，从一次进位到两次进位再到三次进位，一步步突破难点，收获最好的教学效果。

课堂除了教学扎实，还要善于利用课堂生成的资源。在用歌诀教学大于小于号的认识课上，备课时我准备了一首歌谣"大于号，小于号，开口对着大数笑。要问小数在哪里？顺着尖角便找到。"但学生在讨论中自己就编出了"张开大嘴吃大数，尖尖屁股朝小数"，那我就利用课堂生成，顺其自然，这就是真实的课堂。

2. 气氛活跃、思维灵动

尚活，是在真实、朴实、扎实的基础上力求让学生的思维动起来，使课堂充满活力。在我看来，不好的课基本上都是沉闷枯燥的，而好课各有各的精彩，但一个共同的特点就是都是活泼的，不管何种层次的学生都能参与课堂，思维都能动起来。就如我喜欢用歌诀进行教学激发学生学习一样，也是追求"生动活泼"。为达到这个目的，我适时调整更新自己的教育行为，力求提高自己的教学艺术和驾驭教材能力，以及与学生合作学习的能力，使自己的课堂做到"五活"：引入"活"，带着兴趣、带着问题；形式"活"，方法多样化，手段现代化；气氛"活"，师生和谐，情意共鸣沟通，信息反馈畅通；探索"活"，思维有深广度，见解有创新度；结尾"活"，留着激情，留着悬念。我在教学三年级"数学广角——集合"时，就力求做到以上"五活"。用"猜猜有几个人"的脑筋急转弯引入，激发学生思考的兴趣，课堂当中又设计推动集合圈变成交集的小游戏，在学生注意力涣散时及时牵引学生，在游戏中明理，结尾又结合例题设计了延伸题"估计三年（3）班可能有多少同学参加比赛。讨论：根据学校要求，每班要选拔9人参加跳绳，8人参加踢毽子比赛，你觉得三年（3）班可能会选拔多少人"，留有余味。

3. 简洁明快、条理清晰

数学本身就具有独特的简约美，数学课堂也应该简洁，我认为真正优秀的数学教师是能够把复杂的数学变得简单的。教学中从开始设计到实施，我都力求简洁生动。首先，教学目标简明，以最接近的起点带领他们走向最远的终点；其次，艺术地处理教材，在教学内容上力求简约，以精、少、活的"主问题"拉动最丰富的学习信息，激活学生的思维；再次，教学方法简便，以最轻松的方式让学生获得最有分量的收获；最后，在教学环节上力求简化而又层层深入、在教学语言上追求简洁精当。

我在教学"'把整数运算定律推广到小数'练习"一课时，因为有整数运算定律的学习基础，因此我这样设计凑整练习引入。

①连线凑整。

$$
\begin{array}{ll}
9.582 & 3.6 \\
4.8 & 5.2 \\
6.4 & 0.418
\end{array}
$$

练习后引导学生小结：避免盲目凑整，在凑整时要看看凑整的两个数的小数部分是不是位数相同，还要看看他们的最后一位是不是正好凑成整十。只有当最后一位凑成了整十的才可以。

②凑整游戏。

师报生说：7.8可以和哪个数凑整？除了2.2还有其他的数吗？最小的是几？

生报生说：请一个同学报一个小数，并说说想让大家凑成几？

就这样直接进入正题。题目是精心设计的，方便训练学生的数感。凑整游戏融趣味性于学生的思考当中，很好地达成了教学效果。

4. 严谨细致、体现本质

数学是一门严谨的科学，数学的教学，我认为最重要的不是数学知识的教学，而是传递理性精神，培养数学思维、数学思想方法。我觉得从小就给学生渗透一些数学思想是非常必要而且非常重要的，而其中重要的一环就是学生数学思维严谨性的培养。而教师为人师表，更应从自己做起，对一切问题都不能马虎对待。首先，我在教学上确保知识传授的正确性；其次，力求教学要求的规范性；再次，教学语言严谨，经得起推敲，不犯逻辑性错误。

如我在教学"倍"时，很多学生会直接说：6是2倍，我就会特别纠正为"6是3的2倍"；还有教学"因数"时，我在课堂上的语言一定会非常清晰地说出"谁是谁的因数"，给学生做良好的示范。在教学"'把整数运算定律推广到小数'练习"等计算课时，要求学生养成严谨的计算习惯：一要审清题，二要选算法，三要认真算，四要细检查。

我的教学主张

1. 关注小学生的身心特点，让数学学习变得生动有趣

因为年龄小，心智发展不成熟，小学生注意力的目的性还很弱，只能够注意自己感兴趣的对象。虽然随着学习活动的进行和年级的升高，注意力能够很快地得到发展，在课堂上可以根据学习活动和教师的要求将注意力指向学习对象，注意力的持久稳定性和范围都不断地发展。但一般来说，小学生的注意力水平仍然是有限的，需要教师通过专门的努力引起并给予指导。

而且，数学相比其他学科来说比较枯燥，需要记忆的概念法则等陈述性知识生硬乏味，需要掌握的技能技巧等程序性知识繁复单调。因此要想办法让数学课既有意义又有意思。巧用歌诀教学是我一直坚持研究和实践的一种教学方法，我认为歌诀既简洁又有趣，吟唱中那动人的旋律，轻快的节奏，优美的情感，能给学生以美的享受和情感熏陶，从而产生积极的情感共鸣。把枯燥的数学规律和方法编成简练顺口的数学歌谣，在数学教学中不仅能很好地调动学生学习的积极性，还能让学生更快更好地掌握基本知识，培养学生有序的思维习惯，熟练的解题技能技巧，让学生学得扎实而又灵活、轻松而又愉快，使教学目标能优质高效地达成。

如我的在教学二年级"角的初步认识"时，把结语也设计成一首口诀："小小角，真简单，一个顶点两条边；画角时，要牢记，先画顶点再画边。"对角的各部分名称及画角的方法、步骤进行了简洁直观的概括，使学生接收到的知识、方法清晰而明了。

还有在教学生认识"＞、＜"（大于号，小于号）时，因为小学一年级孩子的符号感不强，对"大于号和小于号"的认识和运用经常出错，为此，我引导他们

发现这两个符号的特点。孩子很快就在老师的引导下发现，无论大于号还是小于号，开口总是朝向大的数，尖角总是朝着小的数，他们自己编了一首歌诀："张开大嘴吃大数，尖尖屁股朝小数"，全班一边唱一边大笑。虽然不是严格的数学语言，但是特别有童趣，这个知识在笑声中就深深地留在了孩子们的脑海里了。这样，知识来源于学生自己的发现和总结，语言又幽默，学生的记忆非常的深刻。

多年的教学中，我一直喜欢编写歌诀以促进教学。编写口诀的原则是：有序、有韵，朗朗上口；形象、生动，有趣味；概括、简洁，突出关键。然后用丰富的肢体语言和鲜明的节奏进行演绎、诵读，让学生乐于接受；并让学生在充分理解的基础上进行唱诵。

2. 体现数学学科本质，渗透数学思想方法

日本著名数学教育家米山国藏指出："作为知识的数学出校门不到两年可能就忘了，唯有深深铭记在头脑中的是数学的精神和数学的思想、研究方法、着眼点等，这些随时随地发生作用，使学生终身受益。"在小学数学教学中有意识地渗透一些基本数学思想方法，是增强学生数学观念，让他们形成良好思维素质的关键。不仅能使学生领悟数学的真谛，懂得数学的价值，学会用数字思维思考和解决问题，还可以把知识的学习与能力的培养、智力的发展有机地统一起来。所以，在教学中，我会深入钻研教材，找出其中所蕴藏的数学思想，并在课堂中有机地渗透。一年级的孩子一入学，我就开始培养他们的有序思维，看图要从左往右、从上往下，探索图案和数字简单的排列规律中渗透有序思维还有数形结合思想。学习新知要用化归的思想，如在学习平行四边形和三角形的面积公式时，把新知转化为已学的旧知，把平行四边形转化为长方形，把三角形转化为平行四边形等。还有我在教学"长方体和正方体的整理和复习"一课时，引导学生用"同中求异、异中求同"的方法自主整理长方体和正方体的特征。这些方法的渗透，对学生后续的学习将会奠定很好的导向作用。

3. 培养学生探究意识和解决问题的能力

在教学中，我主张鼓励学生独立思考，引导学生自主探索、积极与他人合作交流。数学的学习过程中，充满着观察、探索、推理、判断，学生往往要与他人合作才能解决某一问题。与他人合作解决问题，能让学生更充分地体验知识的产生，学生主动探究知识的意识得到加强。例如，在教学"圆的面积公式"时，如果因为圆面积公式的推导过程学生很难想到，而直接把公式告诉给学生，就会让学生的思维产生惰性，不利于其思维的发展。我利用"圆是曲线围成的图形"，这个与学生以前学过的"图形都是由直线围成的"这一最大的区别，来充分激发学生的求知欲望，从而使其强烈地产生主动探索知识的意识。在教学平行四边形和三角形等平面形的面积计算时，我也是充分让学生自己去发现，通过讨论交流找到解决问题的途径。我觉得只有学生有了主动探究知识的意识，才能使他们有机

会体验到知识的产生，才能在这个过程中发展自己的学习能力。

 他人眼中的我

　　肖老师的课朴实自然而又生动活泼，注意细节，不耍花架子，不仅注重知识传授，更着重能力培养，学生学得愉快而扎实。肖老师的课还有一个特点是能把数学思想和方法巧妙地渗透到教学当中，关注学生数学思维的发展。

　　　　　　——黄埔区小学数学教研员，中小学高级教师，王莉曼名师工作室指导专家陈莉

　　肖老师教研教学能力强，工作认真负责、勇挑重担，积极主动培养年轻教师，积极主动承担公开课、比赛课，课堂生动活泼，语言精练风趣，教学效果好。

　　　　　　——黄埔区东区小学副校长，中小学高级教师　肖耀桃

　　上肖老师的课好开心的，她还会编歌呢！肖老师很有耐心，不懂的地方她会想很多办法让我们弄懂。她总是说，要用最简单的方法解决最复杂的问题，她把最简单的方法教给我们，让我们很容易就学懂了。

　　　　　　——黄埔区东区小学学生　谭茹意

第四部分　育人故事

教育是一场持久战

　　孩子是家中千宠万爱的宝贝，但是孩子和家庭又处在复杂的社会环境中，因此，不少孩子在成长中出现心理问题。作为老师，既教书又育人，在面对个别有心理问题的孩子时，怎么帮助他们身心健康地成长，是一个值得思考的问题。在我的身上就曾发生这样一个故事。我用了很长的时间，打了一场持久战，才有所收获。

　　我曾任教过的一个一年级班级，班上有个女同学，心眼小，脾气大，暴力倾向明显；嘴馋贪吃，看到同学有什么好吃的就不经同学允许偷拿，或偷家中的钱去买；也有性格方面的缺陷，好逸恶劳不能吃苦，动手动脑的事都不愿意做。

　　开学第一天，她就在操场上跟家长大吵大闹，满地打滚，一下子就成了全校闻名的人物。在其后的学习和生活中更是状况不断，尤其喜欢打人，一不高兴就动手，下课时和同学玩着玩着就打人，上课想拿同学物品文具，同学不答应，她也打人。行为完全不可控制，有一次，我正和她谈话，明明是和风细雨的，她突然就把桌上的不锈钢水杯抓起来直接扔了出去，吓得我出了一身冷汗。教室在二

楼，水杯飞过走廊掉到楼下，当时正是下课时分，校园里到处都是人，伤到人可是不得了。她的这些行为惹来无数家长投诉，弄得我每天疲于应付。部分同学的家长找她的父母反映情况，结果反被她父母骂了回来。根据这些情况，我意识到，这个孩子的行为，与其家庭教育有很大关系。对她的教育将是一个艰苦持久的过程。为此，我制定了一个长期的教育计划，后来的结果证明切实可行。

首要的，我要摸清该生出现这种行为的原因。总结起来就是"三缺"，即缺爱、缺安全感、缺正确的教育。家校合作，齐心共育，才能有好的效果。为此，我多次找她的家长谈心，让他们放下戒备心理，一起来教育这个孩子，我也从中了解到：家长因为工作忙，孩子从三岁起就送到幼儿园寄宿，成长过程缺乏家长陪伴，简单地说就是小时缺爱。在寄宿期间，家长为让孩子不要吃亏，告诉她与别的伙伴有矛盾时要敢打敢骂。在幼儿园时，因为她暴力打人受过老师的惩罚和同学的孤立，这进一步导致她自我保护意识更强。孩子出现不良习惯，但家长不仅没有教育改正，反而为了弥补自己平时对她照顾的不够，一味溺爱纵容，这导致她的行为越发嚣张。

掌握了这些情况，我"对症下药"。我推心置腹地告知家长孩子的行为习惯对她成长的影响，希望家长调整自己的教育方式，多多陪伴孩子，弥补她爱的缺失，并从严要求孩子，帮助孩子树立正确的是非观；为孩子做榜样，对人有礼貌，做事负责任；满足她合理的要求等，并希望他们经常和我沟通，互相了解其在校、在家表现，在老师、家长和同学之间形成一个封闭的帮教链。

接下来我，实施我的帮教措施。首先在经得她家长的同意后，我召开家长会，介绍她的情况，请全班家长和孩子一起帮助她，为了不让她有机会拿别人的吃的和用的，请家长配合禁止全班同学带零食和零钱回校，学习用品以实用为主，不买花哨的。其次，我坚持每天花尽量多的时间和她共处。早上一回校，我就去教室找她，给她一个拥抱："嗨，你来啦！快来帮帮老师吧！"让她担任小组长，和我一起收作业，让她品尝到为集体做贡献的快乐。让她评评哪个组的作业交得又快又齐，评评谁的作业做得最整洁美观，把表扬的任务交给她，她做得可高兴了。下课时，我拉着她和别的孩子一起玩游戏，她喜欢跳绳，我就和她双人跳，又让她和同学比赛跳。她的数学学得好，作为数学老师，我经常让她上台表现自己。放学的时候，我总是把她留在我的办公室，和她聊一天的趣事，辅导她学习，等待她的家长来接。我找了几个学习习惯好的同学，鼓励她们和她一起玩。

我肯定她的优点，也会很严肃地指出她的不足，给她一些小小的惩罚。比如，和我一起整理教室，让她帮助别的同学做班务。让她明确无故打人、不经允许拿人东西是很严重的错误，需要承担后果。

为了训练她控制自己的情绪，我买了一个小玩偶给她，让她生气的时候就拿着这个玩偶，跟玩偶说说心里话，还可以过来找我，我会给她一个拥抱，我告诉她的小伙伴,如果发现她生气想打人了,就离她远一点,让她冷静一下。

那些时日,我经常和她在一起,一高一矮,手牵手,一左一右,聊天谈笑,成了校园里一道独特的风景。

为了找到更科学的方法去帮助她,我报名参加萝岗区"心理健康教师B级培训班"的学习,在一个学期的周末学习中,我学到了许多很实用的方法。我把这些方法也用来影响她。在我的耐心细致和持之以恒下,通过近两年的坚持和努力,这位同学的习惯有了很大的改正,学习成绩有了很大的提高,她的家长也在我长期的影响下,认识到教育的重要性,转变了教育方式。

学生喜欢有亲和力的老师,佩服有能力的老师。我就不断丰富自己,让自己成为孩子心中的"神"。我每天早到晚归,要求她做到的,自己一定做到。我不断完善自己,尽量让学生问不倒。因为我相信榜样的力量是无穷的,人格的影响是巨大的。那时,这个孩子经常向我问这问那,我总能为她找到答案,她常常对我说:"肖老师,你好厉害哦!"她越是佩服我,就越是信任我,教育就会有出其不意的效果。

在对这个孩子的教育过程中,我发扬了湖南人"不怕难,不认输"的精神,更是用广州人一贯的务实精神,积极面对,不抱怨不抛弃不放弃,用科学而严谨的方法,扎扎实实地帮助她转化她。

我坚信父亲送给我的那句话:每一个孩子都是一粒种子。要把自己的热情和爱化作一缕阳光,不断提高自己人格的魅力,丰盈自己生命的底色,为孩子们成长提供甘甜的雨露和肥沃的土壤,使每一粒种子都能充满勃勃的生机。我也坚信:教育是唤醒、是激励、是鼓舞,在对待这位同学的教育上,我用我的坚持和宽容做到了这一点。

附录 教学现场与反思

生动有趣 扎实高效
——"数学广角——集合"教学实录

【教学内容】
人教版小学数学三年级(上册)第九单元"数学广角——集合"。
【教学目标】
(1)让学生经历维恩图的产生过程,了解简单的集合知识,初步感受它的意义。并借助直观图,利用集合的思想方法解决简单的实际问题。

(2)培养学生善于观察、善于思考的学习习惯。使学生感受到数学在现实生活中的广泛应用,体验解决问题策略的多样性。

(3) 培养学生合作学习的意识和学习的兴趣。

【学情分析】

集合是现代数学的基本语言，可以简洁、准确地表达数学内容。学生从一开始学习数学时，就已经在运用集合的思想方法了。例如，学习数学时，把1面红旗、2朵花、3个圆分别用封闭的曲线圈起来，直观形象地表示数学概念；比较多少时，通过两组数量相等的实物建立一一对应来理解"同样多"的概念，初步体会了集合元素之间的一一对应关系。还有分类的思想和方法等，学生都有学习。而在今后的学习中经常要用到维恩图表示概念之间的关系，如按角的类型对三角形分类后，表达三种三角形之间的关系。针对三年级学生的认知水平，本节课让学生通过生活中容易理解的题材去初步体会集合思想，学习用集合思想方法思考和解决简单的实际问题，为今后的学习奠定基础。

【教材分析】

"集合"是数学中一种重要的思想方法，本节课所要学的是含有重复部分的集合图，学生是第一次接触。教材中的例1借助学生熟悉的比赛情境，渗透集合的有关思想，并让学生通过直观图求出参加两项比赛的总人数。本课例题首先通过统计表的方式列出参加踢毽子比赛和跳绳比赛的学生名单，而总人数并不是这两项参赛的人数之和，从而引发学生的认知冲突。教材利用集合图（维恩图）把这两项比赛人数的关系直观地表示出来，从而帮助学生找到解决问题的办法。教学的落脚点不是掌握与集合有关的概念，也不是熟练掌握计算方法，而是让学生通过生活中容易理解的题材去初步体会集合思想，让学生经历探究的过程，在解决问题的过程中理解集合思想，并获得有价值的数学活动经验，为后续学习打下必要的基础。

【教学重点】

了解集合图的产生过程，利用集合的思想方法解决有重复部分的问题。

【教学难点】

理解集合图的意义，会解决简单重复问题。

【教学准备】

多媒体课件、姓名卡片等。

【教学过程】

（一）情境引入，初悟重复

师：同学们，有两位爸爸和两个儿子在河边散步，猜猜散步的最少有几人？

生1：4人，两对父子。

师：还有其他的想法吗？

生2：3人。

师：为什么？

生2：这三人可能是爷爷、爸爸、儿子。

师：这样也可能哦！你可真是位爱思考的同学。

师出示图片：这位同学说得有道理吗？请看图。

学生发现，图片1中有个人既是爸爸又是儿子，他的身份重复了。

师：同学们的发现非常准确，今天我们研究解决有重复现象的数学问题。

（二）善用例题，情境引入

（课件出示："通知：学校定于下周五举行趣味运动会，请三年级各班选拔8名同学参加踢毽子比赛，9名同学参加跳绳比赛"。）

1. 了解信息，提出问题

师：你认为三年（1）班要选拔多少名同学参加这两项比赛？

生：9＋8＝17（人）。

2. 出示例1统计表，引发认知冲突

师：请同学们观察统计表，你们发现了哪些数学信息？

3. 观察名单，验证人数，发现"重复"

师：仔细观察这份报名表，你们有什么发现？

生1：表格里的人数根本没有达到17人。

师：可是表格里就是17个名字呀？

生2：因为有的同学两项活动都参加了，被重复计算了。

（三）合作探究，体验过程

1. 说一说

师：你们能从这份报名表中一眼就看出有几位同学参加两项比赛吗？

生：人数太多了，可能看漏。

师：那么有什么办法能让我们一眼就能看出来呢？

生：把重复的挑出来。

2. 理一理

师：请小组合作把这份名单重新整理一下，让大家一眼就可以看出重复的人数。

生小组合作，拿出姓名卡片进行整理。教师巡视，个别辅导，注意发现他们的方法，为下一步汇报做准备。

师：哪些小组愿意来分享一下你们的成果。

选出几种不同作品进行展示，理解分析不同整理方法（连线图、表格图）。交流不同思想，比较各自的优缺点。

师：（引入维恩图）这个小组画了两个相交的圈，把两项活动都参加的同学放在了中间相交的地方，把只参加其中一项比赛的同学分别放在两边，你们为什么这样整理呢？请这个组的同学上台演示并解释方法。

（黑板上表格中的名单为磁性贴，被展示的小组上台演示整理过程，全组合作一人解说，其他三人动手操作。）

师：你们为什么先在黑板上画两个相交的大圈？

生：一个圈表示参加跳绳的同学，一个圈表示踢毽的同学，然后把既参加跳绳又参加踢毽的同学放中间，这样他们就在两个圈里了。

师：请按你们的想法把名单贴到相应的地方吧！

（小组一起完成整理，名字顺序可以打乱贴，体会集合元素的无序性。）

师：同学们，用他们的方法可以一眼看出有多少人重复参加了吗？

生：可以一眼就看出有3人重复参加了。

师：你能说说这个图中各部分表示什么吗？

生1：中间重叠部分表示两项都参加的人。

生2：左边的部分表示只参加跳绳的，右边表示只参加踢毽的。

师：那么这两个大圈各表示什么呢？

生：左边的大圈表示有9人参加跳绳，右边的大圈表示有8人参加踢毽。

师：同学们，你们觉得这样整理，好不好？为什么？

生：可以很清楚看出有多少人重复参加了。

3．玩一玩

师：同学们，老师也整理了一下名单，请看课件。我用一个大圈表示有9人参加跳绳，一个大圈表示有8人参加踢毽。他们都是独立的，怎么样才能变成像他们这样的圈呢？

生：我发现老师的名单正好把杨明、刘红、李芳三个人都放在两个圈靠近的方向，我觉得可以把他们叠起来。

师：好办法！把这两个独立的圈向中间推，使他们部分重叠。

师：（师用手势演示，两手往中间推。）同学们一起用力，把它们往中间推，来！预备，一起用力！（课件动态演示两圈靠拢，中途停顿。）再用点力。来，再加把劲！

（学生边玩边观察交集的形成过程。师操作课件演示，3个重叠的名字"飞走"。）

4．认识集合图

师：同学们，在数学上，我们把这样的图叫作集合图。一个圈就代表一个集合。把参加跳绳比赛的同学看作一个整体，叫作一个集合，把参加踢毽比赛的同学看作一个整体，也是一个集合。两个集合交到一起了，叫交集。我们将来呀，还会学习很多有关集合的知识。

师：这种图是谁发明的呢？有没有谁了解呢？

生：我知道，是英国数学家维恩发明的。

师：你了解的知识真多。请一起阅读课件上的文字。在数学中，经常用平面上封闭曲线的内部代表集合，以及用以表示集合之间关系。这种图称为维恩图（也叫文氏图），是由英国数学家维恩发明的。维恩图常用来研究表示数学中的"集合问题"，也叫集合图。

师：希望你们将来也能发明创造，那时就可以用你的名字命名了。

5. 议一议

师：（师再次操作课件演示，3 个重叠的名字飞走。）这三个名字为什么"飞走"了？

生：因为他们两项比赛都参加，重复了。

师：重复参加的人员名字不能在圈里重复出现，为什么？

生：如果重复算出来的人数就不对了。

师：用维恩图来表示各项参赛的人数，与之前的表格比较，它有哪些优点？

生：可以很清楚地看出参加各项比赛的人数，尤其是重复参加两项比赛的人数。

6. 算一算

师：三年（1）班派了多少人参加比赛？

生：14 人。

师：为什么？你可以用算式来表示吗？

师：请同学们在本子上算一算，先写出来的上黑板写，如果你的方法和台上的同学不同，欢迎继续上黑板写一写。

学生写出了各种不同的方法。8＋9－3＝14（人）；6＋3＋5＝14（人）；8－3＋9＝14（人）；9＋5＝14（人）

师：答案都是 14 人，方法却各不相同，请你们分别利用黑板上的图向同学们解释一下你们的算法。

生 1：8＋9－3＝14（人），9 人参加跳绳，8 人参加踢毽子，我是把 8 和 9 相加再减去重复参加的 3 个人，实际只有 14 人参加比赛。

生 2：6＋3＋5＝14（人），我是把图上的三个部分直接相加。

生 3、生 4……

师：这几位同学的算式都是根据集合图来写的，他们用的部分不同，所以算式也不同。但是不管哪种，我们都要把数和图形结合起来，集合图看明白要减去重复的部分。做到不重复，不漏算。

7. 练一练

课件出示：三年（2）班参加运动会学生名单（学号表示），根据信息填写集合图中。

师：我们趁热打铁，请同学们把三年（2）班的学生名单填写在下边的集合图中。填写之前请同学们思考一下先填写哪部分更好。

生：先填写重复的部分更好。这样既不会重复，也不会漏算了。

（四）巩固应用，建构模型

1. 基础性练习

（1）完成教材上第 105 页"做一做"第 1 题。

师：同学们考虑问题真细致、全面，老师为你们点赞！请看这道题，这些动物大家都认识吗？要填写下图，先填什么最好呢？

生：先填既会游泳又会飞的。

师：请同桌讨论共同填写。

（2）完成教材上第 105 页"做一做"第 2 题。

2. 拓展性练习（课后完成）

估计三年（3）班可能有多少同学参加比赛。讨论：根据学校要求，每班要选拔 9 人参加跳绳，8 人参加踢毽子比赛，你觉得三年（3）班可能会选拔多少人？

判断：参赛的同学最多有 17 人。（　　）参赛的同学最少有 8 人。（　　）

（五）全课总结，呼应课题

师：同学们今天表现都很出色，谁愿意来说说今天有什么收获？

生 1：学习了集合图，理解了集合图的意义。

生 2：会用集合图解决有重复现象的数学问题。

师：今天我们学会了用集合图来解决有重复现象的数学问题。这是一种数学思想，叫集合思想。（板书：集合）今天我们利用集合的数学思想方法解决了一些数学问题，希望同学们以后在学习上能多观察、勤思考，探寻更多的数学奥秘。

【教学反思】

本节课是三年级上册"数学广角"内容的第一课时。数学广角主要介绍和渗透一些数学思想方法，其中涉及的集合问题是日常生活中应用比较广泛的数学知识。在本节课前，学生已经接触过有关集合的知识，学习过一一对应的方法也学习过分类的思想方法，但集合这部分内容比较抽象，对三年级学生来说，学习可能会有一定困难，所以，在本节课中，我力求做好以下几点。

1. 实中求活，激发兴趣

本节课我深入分析了教材要求和学生情况，从落实教学目标以及学生的身心特点出发，进行教学设计。在引入部分，因为是异地教学，与学生是第一次见面，为沟通师生关系，活跃课堂气氛，激发学生的学习兴趣，我以学生喜欢的"脑筋急转弯"引入："有两个爸爸，两个儿子，却只有三个人，这是为什么？"这个引入简单直接，较好地达到了活跃课堂气氛的目的，又紧扣本节课的教学内容，让学生体验到"爸爸"的双重身份，初步感悟事物的双重性，为下面的学习做好铺垫。

整个教学过程我充分让学生参与，并在体会集合图的形成过程时设计游戏内容，让学生在推动集合时感受交集的动态形成过程，使学生思维活跃，课堂生动。

2. 过程简约，层次分明

本节课的教学环节如下：情境引入，初悟重复；善用例题，情境引入；合作探究，体验过程；巩固应用，建构模型；全课总结，呼应课题。整个进程环环相扣，层层深入，简洁明快。

趣味引入后，通过统计表的方式列出参加跳绳比赛和踢毽比赛的学生名单，学生在解决"参加跳绳比赛和踢毽比赛的学生一共有多少人"这一问题时，由于直观思维，跳入了我有意设置的"陷阱"，但实际上参加这两个课外小组的总人数却不是17人，因此引起学生的认知冲突。答案有了争议，学生都想知道正确的答案是多少。这时我鼓励学生根据自己的知识经验用自己的方法来发现、整理名单。学生的学习动机得到激励，进而产生更强的学习动力。

随后，我引导学生自主探究，解决问题。学生小组整理名单以及计算时，都充分发挥学生的自主性，让他们小组讨论，并上台展示和解说方法。让学生获得实实在在的活动经验，培养他们独立思考和合作交流的能力。

3. 注重细节，严谨扎实

在合作探究环节，我设计了说一说、理一理、玩一玩、议一议、算一算、练一练等七个步骤，引导学生经历集合圈的形成过程，启发学生理解集合的思想。在"玩一玩"中，让学生感受交集的动态形成过程；在"议一议"中，让学生从名字飞走的细节中感受"集合中的元素是不能重复出现的"，体会集合元素的互异性；在小组上台整理名单时，我适时引导他们明白只要找到了对应的圈，名字贴前面和后面都没有关系，让他们体会集合元素的无序性；还有在"理一理"和"算一算"时，我都让学生充分说一说图中每一部分表示什么，还有算式中每一个数在图中表示哪一部分，用数形结合的思想，让学生充分理解集合图中各部分的含义，尤其是"两项都参加的"和"参加这两项比赛的"，体会交集和并集的含义。当然这些都只是让学生从经历中体会，复杂的定义不必出现。

总之，纵观整节课，我在落实教学目标的基础上，力求做到"五活"：脑筋急转弯，"引入活"；学生小组合作学习、小组上台整理汇报等，"形式活"；师生和谐，气氛"活"；整节课我只是引导，发现都来自学生，学生思维有深广度，见解有创新度，做到"探索活"；拓展课后练习探索，留着激情、留着悬念，使"结尾活"。同时，根据教材要求，将集合的数学思想方法巧妙地渗透到教学的各个环节中去，使这节课在活动中有数学味，有严谨的数学思维和体验过程。不足之处是，自己在学生探究时，有些心急，不够相信学生，不能更加放手，牵得过多，在以后的教学中，我要尽量避免这样的情况出现。

细腻中追求品质，传统中不失潮流

广州市番禺区市桥中心小学 雷 雯（小学数学）

第一部分 导读语

我于2006年7月本科毕业，同年9月以第一名的成绩通过番禺区教育局教师招聘考试，进入市桥中心小学任教至今。现是小学数学高级教师，学校数学科科长，番禺区陈七娣教研员工作室成员之一，广州市"百千万人才培养工程"第三批培养对象。

我的数学课自成一格。坚持"细腻中追求品质，传统中不失潮流"，坚持"灵动、扎实和透彻"的教学风格。曾多次代表番禺区、学校参加各类教师技能大赛，例如，2010年在广州市小学数学教师说课比赛中荣获一等奖，2012年参加番禺区小学数学新秀大赛获一等奖；积极承担各级研讨课和展示课，例如，2013年在广东省小学数学信息技术创新教育培训研讨会上了一节展示课——"解决问题"，获广泛好评；多项教学设计、教学案例、教学软件或课例获省、市、区级奖项。

我还十分重视教育科研，曾参与中央电教馆课题、省教育科学规划专项课题和番禺区"十一五""十二五"多项规划课题的研究。2016年，我作为独立主持人，成功立项广州市教育规划课题和番禺区"十三五"课题"小学数学'综合与实践'校本课程资源开发与利用研究"，具有较强的科研和管理能力。近年累计获奖或发表的论文等20余篇。

第二部分　名师成长档案

一、走近南粤儿童，感受灵动之美

2006年，我通过番禺区对外招聘考试，以优异的成绩从几百名应聘者中脱颖而出，来到番禺区市桥中心小学，成为一名年轻稚气的数学老师。记得刚进校园工作，我就被安排任教一年级数学，满怀的雄心壮志在看到那群小娃娃兵时，一下傻眼了。我虽然屡次在大学辩论台上荣获最佳辩手称号，但当对象换成6岁的孩子时，却真的不知从何说起。当我洋洋洒洒讲了一堆、写了一堆后，却发现台下五十多双可爱的大眼睛只会无辜地盯着我瞧时，我才猛然惊觉，他们识字不多，有听有看却都没懂⋯⋯巨大的落差，让我意识到"教书育人"并不是想象中的那么简单。科长的一句话给了我很大的启示："没关系，慢慢来，多换位思考一下，如果你是番禺本地的孩子，你会喜欢怎样的老师？怎样的课堂？"于是，换位思考成了我从教12年来最接地气的自我改进模式。要想和孩子们亲近，自然得先和他们交朋友。深入接触后我才发现，不少本地孩子因地域原因，下课或者回家后都习惯讲粤语，那粤语说得是一溜一溜的，我听得也是一愣一愣的。所以我想，首先我就得突破语言关！那段时间，我是两个班里最出名的"粤语学霸"，孩子们一下课就喜欢围着我教我说粤语，学习期间闹出的笑话那真的是不计其数、惨不忍睹，乃至现已上大学的他们，还经常在微信群里调侃回忆那段"美好时光"。也正是那难忘的几年，让我在粤语的听说上有了质的飞跃。我和孩子们还曾一起尝试把不少数学课堂知识改编成朗朗上口的粤语童谣，有的甚至沿用至今。如在学习进位加法时，我想让孩子们轻松记住凑十法，就请他们自己改编了《朋友歌》："一九一九好朋友，二八二八手拖手，三七三七好老友，四六四六一起走，五五五一对手。"虽然本质没变，但改成粤语版后，很多孩子念起来很亲切，回家后就更乐意与家人分享⋯⋯南粤大地，钟灵毓秀，孩子们的活泼聪敏，让我感受到了南粤教育的灵动之美。

二、走近南粤文化，感受扎实之雅

2010年，我有幸代表学校参加了番禺区数学教师说课比赛，这也成为我教学人生的一个重要转折点，历经不知多少回合的PK，最后我以第一名的身份代表番禺区参加了广州市的说课比赛，并最终取得市一等奖的好成绩。随后我又陆续参加了"番禺区新秀大赛""青年教师基本功大赛"，一路过关斩将，取得不俗的成绩。2014年，我还赴深圳，在广东省小学数学信息技术创新教育培训研讨会运用"互动反馈系统"为现场几百名从全省各地赶来的老师们，做了一节一年级数学展示课"解决'之间有几个'的问题"。从教以来，先后上各级比赛课、公开课达

15节。作为广东人,我热爱南粤这片热土,更热爱这里的文化,所以在我的课堂里时常会带有一点南粤风情。比如,在一年级学完加减法计算后,我编排过一个开放练习,请孩子们在白纸上,自己设计一道用加法或减法计算的看图列式题,可以画自己喜欢吃的食物或东西。提到吃的,孩子们那是如数家珍,广东的早茶文化在这体现得淋漓尽致,肠粉、虾饺、干蒸、蛋挞、凤爪、牛肉球、萝卜糕、芋头糕……真是应有尽有,也正是这些丰富的素材,让孩子们创意无限。有的直接就画了上菜图,餐桌上有3个牛肉球,服务员又送上来3个;有的则是本色出演画了吃货图,原来一盒有6个蛋挞,他自己吃了1个;有的联系家庭画了包饺子图,妈妈包了5个饺子,她自己包了2个……那一节公开课我一直记得,不是我讲得有多生动,而是孩子们能把南粤早茶文化与数学学习如此巧妙地契合在一起,让我印象深刻。在其他公开课里,我也会不时将番禺或广州本地的一些特色文化活动收为己用,如沙湾古镇每年定期举办的飘色活动、赛龙舟活动、彩灯节活动等,将数学课程与广州特有的地域风俗文化紧密相连,创新而又不失底蕴。我还坚持订阅各种教学方面的杂志报纸,通过阅读名师论文和实践案例,提升数学素养,并将先进的教学理念与广州实际情况相结合,内化为适合自己的南粤教学方式,再重新投回课堂实践中,使自己的教学水平能有一个更高层次的提高……南粤大地,学养深厚,多元的特色文化,让我感受到了南粤教育的扎实之雅。

三、走近南粤科研,感触透彻之妙

新的课程改革要求教师成为一名研究者,成为一名研究型的教师。从2006年入职以来,我就一直积极投身于教学科研工作中。刚开始,我主要是跟随校长做一些专项课例研究,如上数学建模课例"认识时间"等;随后我开始尝试课题报告的撰写,刚接触时确实有点无从下手,但随着大量阅读他人的报告,慢慢地,我开始学会归纳撰写规律,小结撰写方法,并为己所用。2013年,我校立项的广东省课题"信息技术支持下的小学数学建模有效教学研究"的大部分研究报告均由我独立完成。十二年来,我参与的课题项目共10项,其中国家级1项,省级3项,市级2项,区级4项。多年的努力终于使自我有了一定的提升。2016年,我作为课题负责人,成功立项2016年广州市青年专项课题"小学数学'综合与实践'校本课程资源开发与利用研究",此课题于2017年也成为番禺区十三五规划立项课题。课题立项一年多来,我坚持科研与地域特色相结合,通过对教材已有的"数学综合与实践课程"分析,发现书本以下面三类有效的活动模式为主:①习题训练式。②自主探究式。③学以致用式。依据这一思路,我们在各年级各册依托书本已有知识,结合学生已有的数学知识和番禺本地的特色生活,将数学综合实践课程开发的范围拓宽、延伸到代数、几何、概率与统计等各个领域。如我们结合自己学校实际的"跳蚤市场"活动,开发了"小小商店""我的购物清单"

等新课程；又如结合学校一年一度的"运动会"，开发了"积分统计图""后勤小助手"等新课程；我们还尝试结合校园文化节、六一儿童节、元旦文艺汇演等众多的特色活动，开发了"小小剪纸师""七巧板赢大奖"等新课程……另外，我还坚持研究与实践同行，依托现在广州市番禺区正推行的"研学后教"地域特色教学模式，把握每次上公开课、研讨课的机会，探索实施我们自己开发的小学数学"综合与实践"校本课程的可行之路，并将之推广到其他学校和地区，真正实现资源共享，携手共同发展。南粤大地，与时俱进，敢为人先的创新精神，让我感受到了南粤教育的透彻之妙。

第三部分 学科教育观

▶ 我的教学风格解读 ◀

每个人的不同个性，造就了各具特色的教学风格。我自认不是一个个性张扬的人，所以我的课堂里没有刻意的诙谐逗趣；我也不是一个盲目跟风的人，所以我的课堂里没有刻意的浓妆艳抹；我更不是一个浮夸矫情的人，所以我的课堂里没有刻意的矫揉造作……

从教12年，那我的教学风格是什么呢？回顾我从教12年来走过的路，从初出茅庐的忐忑不安，到如今的怡然自得；从初出茅庐的舍本逐末，到如今的有条不紊。应该说，随着年龄的增长，阅历的丰富，我在一次次的比赛历练中快速成长起来，在一次次的实践反思中沉淀下来。同组的老师听完我的课，建议我的教学风格关键词确定为：自然、亲切、愉悦、灵动、轻松、扎实、循循善诱，我心中有欢喜，有忐忑，更有了前进的动力。最后，我把我的教学风格定位为：灵动、扎实和透彻。

灵动、扎实和透彻看似并无交集，但在数学课堂中却可以关联并存。在我看来，倘若缺少灵动，扎实便如顽石，透彻只是空想；倘若缺少扎实，灵动亦如水中月，透彻只是镜中花；倘若缺少透彻，灵动则如无源之水，扎实只是雾里看花。所以我的课堂，力求赋予灵动多变的韵律，扎实厚重的根基和透彻显明的内涵。

"灵动"，形容活泼不呆板，富于变化。一般而言，一节数学课，往往并不完全是按老师的预设来开展的，越是放手让孩子们干，往往越容易出现意想不到的"惊喜"和"惊吓"。如教授四年级下册"四则运算"单元后，我特意安排了一节练习课，一来想巩固计算，二来想考察孩子对四则运算顺序的掌握情况。我除了编排选择、判断和改错练习外，还专门安排了一道综合练习题，给一个算式：$30+60\div15-5\times2$，请孩子们先观察这题的运算顺序，想想先算什么，再算什么；再请孩子们在原式上任意加小括号或中括号，改变它的运算顺序，然后按照新设定的运算顺序进行计算。同一个算式,要改变其运算顺序,就需要在合适的位置上添加括号;因为可以任意加小括号和中括号,所以会出现多种改编结果。开放式的题型,为孩子搭建了个性化学习的平台,同时无形中让孩子养成计算前要先观察运算顺序的良好习惯,更重要的是训练了孩子们思维的灵活性。这个过程既是既有资源的生成,又是过程状态的生成。"不放过美好的契机,不逃避尴尬的困惑",我想这就是"灵动"的魅力所在。

"扎实",形容踏实充实,不弄虚作假。扎实的、有意义的、有效率的数学课,对于孩子而言,首先要学到一定的东西,才有可能进一步学会应用,进而发展为解决问题的能力,最后产生进一步学习的强烈需求。如五年级下册,在学习完"长方体和正方体"单元后,我安排了一节单元练习课,想将本单元的各知识点进行基本练习考察,包括棱长、表面积和体积的计算等,还想添加一些提高和拓展练习,算下来至少得出九道解决问题,很难一节课完成。于是我将基本练习题做了一个改编,先出示信息:要做一个无盖的玻璃鱼缸,长9分米,宽6分米,高5分米。再出示问题组:①制作这个鱼缸至少需要多少玻璃?②这个鱼缸的容积是多少?③鱼缸的占地面积是多少?④给这个鱼缸的棱全部包上角铁,至少需要多长的角铁?⑤如果鱼缸里原有3分米的水,放入一块珊瑚石后,水面高为4分米,珊瑚石的体积是多少?同一条件下,提了5个问题,既避免了信息混乱和重叠,又使5种解题方法具有明显的可比性。同时,在解决问题的过程中,让学生在脑海中自然形成一张知识网,在潜移默化中提高了学生分析问题的能力。扎实的课不是图好看的课,更不是图热闹的课;扎实的课是有内容的课,是有实效的课。

"透彻",形容有较深的研究,显明通彻。孩子们在学习和积累了一定的数学知识后,往往容易出现方法混淆的情况,即缺乏对问题的分析思考,所以透彻地辨析对知识的运用很重要。如二年级下册,在学习完"表内除法(一)""表内除法(二)"和"有余数的除法"三个有关除法计算的单元后,解决问题的类型一下增加了很多,甚至出现了列同一个式子解答,但最后算出的结果却不相同的情况。所以我将已学过的四则运算混搭起来,以游乐园的场景,用同一组数据,设计了以下6个问题:①26瓶水,平均分给4个小组,每个小组分几瓶?还剩几瓶?②26个同学坐摩天轮,每个包厢能坐4人,至少需要几个包厢?③26个小朋友坐摩天轮,4人已买好票,还有几人没买?④我有26元,玩一次摩天轮4元,最多能玩几次?⑤26个小朋友坐摩天轮,但还有4人没来,这个班原来有几人?⑥摩天轮包厢按红、黄、蓝、绿四个颜色的规律排下去,第26个车厢是什么颜色?6个问题涵盖了加、减、除的运算,干扰性很大;同时①②④⑥这四个问题列式是一样的,但回答时的结果是完全不相同的,这就尤为考验孩子分析问题和解决问题的能力。用同一组数据,在同一个情境中,编设系列问题,再放手让孩子进行对比探究,既是对知识的回顾,更是培养孩子透过问题看本质的数学素养。

我的教学主张

1. 给予孩子充分独立思考的空间

在常规课堂里，往往会出现这类情况，老师刚把问题抛出，台下的孩子们就开始迫不及待地举手发言或在小组里立马就开始高谈阔论，场面十分热烈喧哗，但当真正请孩子们分析问题时，却容易出现思维"短路"或全面"静场"的尴尬。是孩子们不聪明？是孩子们不配合？应该都不是，反思这种现象，我觉得是"习惯"出了问题。孩子们习惯了"舌头抢思考"，而老师习惯了"热闹抢静思"。我认为，真正的课堂应是冷热相生，动静相间的，提问后孩子能出现静思，这才是体现教师教学功底，展现教学智慧的时候。我以五年级上册数学广角中的"烙饼"一课为例，这是一节优化方案课，要想让孩子明白做法，说清算理不是一件简单的事，所以我采取了学具模拟操作来辅助教学。烙两张简单，一起烙，正反面合起来6分钟。当我问三张饼如何烙最快时，很多孩子不假思索就回答12分钟。我及时地提醒"口莫急"，学生顺口答"先思考"，让现场先冷静冷静。但这个"冷"冷得及时，孩子们冷静下来后的思考让不少孩子自己发现了问题远远不像表面看来的简单。正因为有了独立思考的机会，才有了后来属于孩子们自己的真知灼见。

2. 给予孩子充分创新表现的空白

在常规课堂里，往往会出现这类情况，老师们为了课堂走得顺顺当当，课前就预先设定好一系列的填空式的学案，请孩子们阅读课本后各自完成。看上去孩子们先自学再研究，课堂非常高效，同时因为按着老师的剧本走，所以一节课下来没有什么差错，同时也就变得没有什么课堂生成。是孩子们没有激情？是孩子们没有创意？应该都不是。反思这种现象，我觉得是"留白"出了问题。举凡文人墨客要挥洒自如，前提都得先有一张白纸，而我们的课堂，往往已把白纸填满九分，久而久之，孩子们就习惯了依葫芦画瓢，只会跟着老师规划的路线走，反而失去了创新表现的热情。于是，我尝试让孩子们用一张白纸研究，看上去不可理喻，但事实证明，只要我们敢于"放手"，不怕课堂"脱轨"，孩子们的能力超乎我们预期。如在上一年级上册第79页"解决'之间有几个'问题"时，我就尝试请孩子将自己的想法记录在白纸上。例题是这样的："小丽排第10，小宇排第15，小丽和小宇之间有几人？"当放手让孩子们去自由解决时，各种做法跃然纸上，有画小人的，有画圆圈的，有画小棒的，有写数字的，还列算式的；有从第一个开始画的，也有直接从第10个开始数的；有直接15-9的，也有15-9+1的……一张空白纸，没有了指引，没有了束缚，孩子们想画就画，想数就数，想算就算。虽然有的是错误的，有的只有孩子自己才看得懂，但一百个人心中就有一百个哈姆雷特，允许犯错，允许去想，才有可能创新，不是吗？如果我们仍然习惯于原有的"惯性思维",害怕完不成教学任务,害怕课堂随机生成,那么"创新"只会是个响亮的口号。

3. 给予孩子充分发表见解的机会

在常规课堂里,往往还会出现这类情况,一到小组讨论或举手发言时,能大胆发表自己见解的,来来去去也就这么几个孩子,大部分的孩子要么不愿说,要么就是人云亦云,久而久之,这些孩子就出现"事不关己,高高挂起"的散漫状态。要打破这种僵局,就得让孩子们"时刻准备着"。一方面,我尝试在小组讨论时,要求平时少发言的孩子先说看法,其余孩子再继续补充或发表不同看法,都说完后马上集体为每个人评分,课后汇集上交;另一方面,我尝试在集体汇报时,让孩子轮请发言,一个孩子发言完毕,再由他请其他孩子补充发言或发表其他看法,尽量做到说过的话不重复说,发过言的尽量把机会让给没发过言的,当然如果有好的想法,重复发言也是热烈欢迎的。刚开始推行时难度挺大,但一段时间后,孩子们的很多习惯都能得到一定改善,比如倾听的习惯,因为如果没有听到别人的发言,自己就不知道如何避免重复发言;如发言习惯,以前没我什么事,现在得变成时刻准备着,互评分是每次讨论都要记录的,不会说还是很尴尬的。当然每种做法都不可能十全十美,有的孩子还是存在发言怯场等情况,但我觉得作为真实的课堂,缺憾本身也是美。

小学数学是启发孩子思维入门的重要时期,在打好孩子计算等基本技能的同时,更核心的目的在于提高孩子运用已有知识解决问题的能力,甚至是创新思维的能力,因此,我认为"启发"比"直述"更高效,"思考"比"勤奋"更重要!

▶ 他人眼中的我

稚气未脱的小雷、初露锋芒的小雷、成长蜕变的小雷……她一路走来,我一路陪伴,其间的兴奋、迷茫、失望、欣喜、收获,点点滴滴,历历在目。她曾经对我说过,力求"一年站稳讲台,五年成为骨干教师,十年成为名师"。有付出,就会有收获!

——广州市小学数学研究会副秘书长、番禺区教研室小学科负责人　陈七娣

俗话说:"读千万卷书,不如行万里路,阅人无数,不如名师之路。"雷老师是一个乐于尝试、乐于进取的人,课堂中,她循循善诱,强调独立思考,引导学生进行启发式思维,引导学生体会数学学习的乐趣,同时在解决问题的过程中感悟数学探索的艰辛……

——广州市番禺区市桥中心小学校长、教育部名师名校长领航班的首批学员、广州市"百千万人才培训工程"第二批优秀学员　柯中明

一有空，我就特别喜欢跑到雷老师任教的班里去听课，她说话的语速不快，但抑扬顿挫；她授课的样式不花哨，但环环相扣、层层递进……每次听课每次都有收获，正如她对我们年轻教师常说的那句："一节课里有一个亮点，就足以细细回味！"

——广州市番禺区市桥中心小学数学青年教师　林秋惠

　　从一年级开始，雷老师教了我们三年数学。在我的记忆里，您从来不向我们发火，却有一种从内心发出来的威严；从来不向我们说狠话，却能换来学生的欢笑与勤奋。衷心感谢您，我的启蒙老师，是您让我对数学的学习变得！

——广州市番禺区市桥中心小学六年（2）班学生　陈笑淳

　　还记得您上课时，冷不丁的一个正经笑话，总能逗得我们眉开眼笑；还记得您严肃时的表情，也不失几分英姿飒爽；还记得您的笑容永远那么甜美！

——广州市番禺区市桥中心小学六年（2）班学生　黄子峰

　　您不同于别的老师，在您的课堂上，我们不会感到您高高在上，不会感到乏味枯燥。下课时，您和我们聊天、玩耍。您的微笑会让我们感到轻松无比。

——广州市番禺区市桥中心小学三年（1）班学生　孙易安

第四部分　育人故事

关注数学学习，更需关注孩子的心灵
——我的家访案例

家访老师：雷雯

班级：三年（1）班

（一）基本情况

赵茗菲，女，9岁，妈妈是全职太太，爸爸在私企工作，平时爸爸早出晚归，主要由妈妈照顾，2017年刚生下二宝。小姑娘白白净净，长相甜美，成绩中上。

（二）存在的主要问题

1. 偶尔会出现情绪失控，不顾场合大声发脾气，动手打同学。
2. 难以控制自己，不听从老师的劝阻，会影响课堂秩序。

（三）了解孩子，走进家庭

三年来，一班的所有课程里我只负责上数学课，所以还从没碰见过赵茗菲大

闹课堂的情况，偶尔会从班主任处听说她有时发"公主"脾气，和同学发生正面冲突，但也没有怎么放在心上。直到某一天的数学课，我正将班里的数学单元测验卷发回并准备评讲时，下面突然一阵喧哗，一抬头，发现赵茗菲正拿着数学书敲打她同桌的手臂，同桌的孩子也不甘示弱，全力反击，两人互相对打起来，一下子班里就炸开了锅。我马上上前进行了劝阻，因为当时正是上课时间，我不方便撇下全班的孩子马上处理此事，所以就先安排两个孩子分开坐，请她们下课后再找我讲讲事情的经过。本以为小风波也就这样平息了，没想到不到两分钟，另一波战火又蔓延起来，原来坐在她前面和左边的男生背地里对她指指点点，偷笑她小气，她的火爆情绪一下又被点燃了，大吼两声，就抄着课本二话不说冲上去打那两个男生。因怕孩子们受伤，我只好再次停下，并请班主任将赵茗菲带到办公室……这次我才意识到小姑娘的问题有点小严重了，所以就和班主任约了她的家长，放学后和她一起去家里坐坐。茗菲家离学校不远，家里东西有点杂乱，她的妈妈一人在家照顾着二宝，见我们来，马上忙着让座倒茶，小姑娘这时已经冷静下来，低着头静静坐在我的身旁。我将课后了解的情况跟她的妈妈说了一下，原来是发下试卷后，同桌的孩子想和她交换试卷看看，但她这次没考好，正觉得烦，控制不住就动手了；后来的那两个男孩是背地里笑话她小气，她就更气愤了，冲上去就是打人……一阵沉默后，妈妈请孩子先回了自己的房间，然后内疚地看着我们，缓缓向我们反省起来。原来，茗菲妈妈是个急性子，以前对孩子就多是疾风暴雨式的教育，孩子一没做好，就马上否定和批评，有时还会动手打孩子；现在生了二宝，爸爸早出晚归，变成全靠她自己一个人带孩子，情绪更不稳定，稍不顺心就会把气撒到大宝身上。久而久之，小姑娘的脾气也开始变得越来越暴躁，有时一爆发起来就变得无法控制自己……妈妈的坦诚感染了我们，也让我们快速地了解了孩子性格转变的直接原因。了解情况后，我们和妈妈进行了深入的交谈，我们希望妈妈多试着发现小姑娘的优点，学会尽量控制自己的脾气，讲谴责变为鼓励，让孩子看到妈妈的变化，进而要求孩子也要试着慢慢改变自己，老师也相信她一定可以变回性格讨喜的孩子。

（四）家访结束，触动颇深

这次的家访对我触动很大，我意识到每个孩子的性格，必然是与其家庭环境密不可分的。生活中很多行业都需要岗前培训，才能持证上岗；但只有家长这个特殊的岗位，基本都是零基础就上任的。所以我们在学校处理矛盾事件时，不可轻易给孩子贴标签，应该先试着了解孩子的家庭情况。有了家校的沟通，才能更高效地帮助孩子解决实际问题，才能真正从本质上理解孩子，打动孩子，引导孩子。

附录 教学现场与反思

人教版《数学》二年级上册《认识时间》教学实录

【教学内容】

人教版《数学》二年级上册第 90 页。

【教材分析】

本课是人教版《数学》二年级上册第七单元的教学内容,单元教学的主要任务是认识几时几分。教材编排上分为 3 个层次:第一个层次主要是认识时间单位"分",学会从钟面上读出"多少分",并认识时与分的关系;第二个层次是认识几时几分与几时半,重在掌握读、写几时几分和几时半的方法;第三个层次是让学生借助推理解决关于时间的简单的实际问题。本课学习的是第一层次的内容。

【学情分析】

学生在一年级上学期已经学习了"认识钟表",知道了钟面上有 12 个大格(数字)、时针和分针,可以共同表示出钟面时间,能认、读、写整时。部分学生在日常生活中还累积了一些关于看小格知道分钟数的经验和方法;新教材还在三年级上册安排了"时、分、秒"的学习,届时会安排体验 1 分钟的长短及有关时间的简单计算的学习环节,故本课在设计时没有体验经过时间这个部分;另外,新教材这次把"用 5 分 5 分数的方法来读取某一特殊时间"和"认识时与分的关系:1 时 = 60 分"调整至学习完乘法口诀后才出现,目的是让学生在填写"每个大格对应是几分"的环节里,既可选用"连续往后加 5"的方法,也可选用"5 的乘法口诀"自主完成。这样的安排,符合学生认识时间由特殊到一般,从简单到复杂的规律,也符合平时人们看表读时间的经验与习惯,更有利于孩子利用已有知识自主建构看任意时间的一般方法。

【设计理念】

《义务教育数学课程标准》认为,有效的学习活动不能单纯地依赖模仿与记忆,观察、操作、探究、交流应是学生重要的学习形式。所以在设计本节课时,我充分结合番禺区正实施的"研学后教,上品教化"的教学理念,力求让学生在"观察→推理→操作→探究→交流"的自主研学过程中,进一步认识时间单位"分"及认识时与分的关系。充分体现学生的主体地位,让学生自主建构新知。

【教学目标】

(1)借助钟面,认识时间单位"分"及时与分的关系,知道 1 时 = 60 分,理解钟面上刻度的含义。

(2)通过直观操作与演示,让学生经历观察、操作和归纳的过程,形成初步的推理能力。

(3) 体验时间的知识就在身边的生活中,培养珍惜时间的意识和习惯。

【教学重点】

1. 能准确数分(5分5分地数)。

2. 认识"1时=60分"。

【教学难点】

1. 正确数出分钟数。

2. 感知时针和分针的运动关系。

(一)谈话引入,以旧引新

1. 重建钟面

师:同学们,今天跟我一块来这儿的还有我的好助手,请看。

生:闹钟。

师:很多小朋友都猜到了,你还记得钟面上一般有些什么吗?

生:有时针、分针和数字。

师:12个数字还把钟面平均分成了12个大格(板书:大格)

2. 复习整时

师:你能读出这个时间吗?怎么看?(如图1所示)

生:8时。分针指着12,时针指着8,所以是8时。

师:说得很好。8时是我们开校门的时间,同学们回来后就开始?

生:早读。

图1 8时钟面

3. 引发认知冲突

师:这个时间又怎么看呢?(如图2所示)

生1:8时5分。

生2:8时1分。

师:到底哪种说法对呢?今天我们就来继续学习更多有关时间的知识。

图2 8时5分钟面

(设计意图:充分利用学生的已有知识和经验,通过重建钟面让学生重温对钟面的认识,感受读取时间与钟面要素的内在联系;再通过复习整时,为下一步认识"分"做好了知识铺垫;随后让学生凭借自己的经验和感觉,尝试读取分钟数,引起学生读取时间的认知冲突,激发学生学习新知的欲望。)

(二)自主学习,探索新知

1. 认识时间单位"分"

(1) 建构小格，认识"1分钟"。

师：聪明的设计师们在钟面上做了一个小设计，请看。（播两次）

师：原来的钟面是这样的，现在的呢？有什么变化？（如图3所示）

生：多了些小点。

师：这些小点就把原来的大格分成了一些小格（板书：小格）

图3 小格钟面

师：别看格子小，作用可大了。当分针走过1小格，就表示经过了1分钟。（板书：分针走过一小格是1分钟）

师：那走过2小格、3小格？

(2) 回顾大格，认识"5分钟"。（如图4所示）

师：你们真聪明！那当分针从数字12走到1，经过了几分呢？请拿起学具钟，数数看吧。

师：把你研究的结果和小组里的同学分享一下。都好了吗，请放下学具钟。

师：谁上台来数一数。

生：（略）

图4 认识"5分钟"

师：你们也是数到这个结果吗？我们跟着钟面一起再来数一遍吧：1、2、3、4、5，所以分针从12走到1，经过了5分钟。

(3) 认识大格与小格的关系。

师：这个大格里有5小格，那其他大格里是不是也是这样呢？我们一起来研究一下吧。

师：比如，雷老师还想再数数6到7这个大格。你们呢，想数哪一大格。

生：8到9，11到12，4到5……

师：请你选择一个你想研究的大格，数数看里头有几小格。请拿起学具钟。

师：请同学上台来展示一下，谁愿意来？

生：（略）

师：还有选择其他大格的吗？

生：（略）

师：因时间关系，我没办法请你们都上来，但想问问还有数其他大格的孩子吗？你数到几小格？

师：（放课件）啊，经过我们的研究，发现原来每个大格里都有5小格，也就是说，分针每走过一个大格，就是经过了5分钟。

（设计意图：尊重学生的认知规律，从"认识1分"到"几个1分"，帮助学生在头脑中逐步清晰"分针转过几小格就是几分钟"的概念,再通过自主研学"数一数"活动,体会"每个大格都有5个小格"的规律。)

(4)填写钟面刻度。

师:这个发现太重要了,接下来我就想请你们用自己的发现来填一填钟面上每个数字对应的是几分?(如图5所示)

师:当分针从12走到1,经过了5分钟。因为……

生:走过了5小格。

师:那分针从12走到2,就走过了几分?

生:10分。

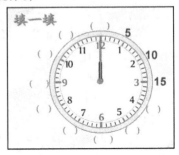

图5 "填一填"练习

师:怎么知道的?

生:往后加5。

师:好办法!

师:还有别的好办法吗?

生:二五一十。

师:这个有点意思,怎么想起口诀了?

生:2个5相加,所以二五一十。

师:好样的,有动脑筋。

师:那从12走到3,走过了多少分钟?

生:15分。

师:谁又来说说方法。

生:(略)

师:剩下的数字,你们会填吗。请打开课本第90页,找到中间右边的钟面,填一填。开始。

师:填完的孩子,请在小组里和同学交流一下,说说你是怎么填的,用了什么好方法?

两位学生上台展示填写结果。(其中12对应的空格一人填写0,一人填写60)

师:他们填的对吗?为什么数字12既可表示0分,也可表示60分?

生:因为它既是起点也是终点。

师:你们太厉害了,填得又快又对,能把好方法再介绍一下吗?

生:不断往后加5。

生:背5的口诀,如果超过了9,就往后加5。

(设计意图:从"教师的引"到"学生的填",充分体现学生的主体地位,让学生自主建构新知,从而掌握每一大格(数字)所对应的分钟数,优化数分钟数的方法。)

(5) 抢答游戏和拓展游戏。

师：接下来，我想请大家用新知识来玩游戏，你们想玩吗？

生：想玩。

师：这个游戏叫"抢答游戏"，玩之前，要请大家先花一点时间。把每个数字对应的分钟数记一记。因为待会儿，雷老师就要把他们藏起来了。开始记忆。

师：记好了吗，我先示范一次游戏玩法。比如，我先播一个动画，当声音停止，我说开始，大家举手抢答，先得5分，就获胜。但要说开始后才能抢答，明白了吗？

师：Are you ready？（玩4轮）

生：（略）

师：哇，你们好踊跃呀，那再玩一个拓展游戏，只要说的有道理，我都有奖励。

师：请问，当分钟从几走到几，可以表示经过10分？

师：比如12到2，两大格，10分钟；又比如如果从4开始，走到几经过10分？

师：还可以从几走到几？（请4人说）

生：（略）

（设计意图：借助孩子喜欢的游戏活动，以多种形式开展小练，明确分针走过了几个大格就是几个5分。巩固新知的同时，培养学生的多向思维，提高思维的灵活性。）

2. 认识时与分的关系

(1) 发现时与分的关系。

师：你们玩得开心吗？后面还有更有趣的操作活动，你们想参与吗？别急，先请大家看一个动画，并请思考，动画中什么在跑？

生：时针、分针在跑。

师：那时针和分针分别从几跑到几呢？现在我们分别再观察两次，第一次可以先观察短的时针，第二次可以再观察长的分针，ok？（如图6所示）

师：谁来说说你的观察。

生：分针从12走了一圈，回到12。

师：也就是走过了多少分？60分。观察得很到位。那时针呢？

生：时针从12走到1。

师：那是走过了1小时。（板书：时针走过一大格是1小时）

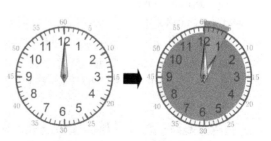

图6 认识时与分的关系

(2) 验证时与分的关系。

师：原来，分针走一圈，时针同时走过一大格。那走过其他的1小时，这两根针还是这样跑的吗？

师：比如，我就想再观察一下3时到4时的运动情况。你们呢，想观察哪个时段？

生：5时到6时，9时到10时。

师：好，那接下来我先示范一下如何拨钟，一会再请你们操作，好吗。我先在钟面上拨一个整时，我喜欢3时，就把分针指着12，时针指着3。

师：接着，我开始转动后面的转钮，沿着顺时针方向让分针跑一圈，同时看看时针的变化。你们瞧。分针走了一圈的同时，时针也走了一大格。看来我们刚才的观察是正确的。你们看懂了吗？

师：能学习这样，也在学具钟上拨一拨吗？请拿起学具钟，先拨一个喜欢的整时，再转动……

师：我想请同学说说你的发现。你观察的是？

生：我观察4时到5时。

师：时针和分针分别走了多少？

生：分针走一圈，时针走一大格。

师：有观察其他时段的吗？其他时段的也是同样的结论是吗？

(3) 学生归纳小结。

师：通过同学们的验证，说明了时与分的一个关系，请看。当分针顺时针转动，时针也在缓慢地转动；当分针跑到6时，转了半圈，走了多少分？

生：30分。

师：这时时针跑到了哪？

生：一大格的一半。

师：真棒，所以我们也说30分也叫半小时。

师：分针继续转动，当走了一圈回到12，表示走了几分？

生：60分。（板书：60分）

师：这时时针刚好走了多少？

生：一大格。

师：也叫作1小时（板书：1时）

师：它们同时完成转动，所以1时＝60分（板书）

师：今天我们又学习了不少有关时间的知识，我们知道了……

生：（略）

（设计意图：通过"观察变化→自主探究→验证猜想→概念再现"的研学任务，让学生逐步感悟时与分的关系。充分体现学生的主体地位，让学生自主建构新知。）

（三）检测反馈，内化知识

师：那下面，让我们一起用新知识来解决一些新问题吧！请拿出练习卡纸，上头有4小题，请仔细读题再思考填写，如果遇到困难，可拿学具钟来帮忙。(如图7所示)

生：（上台展示，说理由。）

师：对这4题还有疑问吗？我就有一个小疑问，第1、第4题看上去差不多呀，为什么答案不一样呢？

生：一个是分针，一个是时针。

师：你们看得好准，都弄清楚了是哪个在跑。当分针从12跑到4，表示走过20分；而当时针从12跑到4，则表示经过了4时。虽然都是从12走到4，不同的针表示的含义就不同。

填一填

(1) 分针从12走到4，走了（　　）分。

(2) 分针从12开始绕一圈走回12，走了（　　）分。

(3) 分针从2走到5，走了（　　）分。

(4) 时针从12走到4，走了（　　）时。

图7 "填一填"练习

（设计意图：借助4道填空，一来让学生根据分针、时针的转动情况，数出或算出走过的时间；二来帮助学生进一步明确钟面刻度1—12的两种含义：当时针指着某大格的刻度时表示几时，分针指着某大格的刻度时表示多少分。几道练习题难度和灵活度都有所提升，锻炼了学生的数学思维。）

（四）课堂总结，畅谈收获

师：今天学得开心吗？你们有什么收获？

（设计意图：通过自谈收获和学习评价，使学生对时间的认识更加清晰和明朗化之余，了解自己学习的不足，调节学习方向。）

（五）板书设计

认 识 时 间

| 时针走一大格是1时 |
| 分针走一小格是1分 |

| 1时 = 60分 |

【教学反思】

本课的内容是二年级上册第90页的"认识时间"。在一年级上学期我们已经学习了"认识钟表"，知道了钟面上有12个大格（数字）、时针和分针可以共同表示出钟面时间，能认、读、写整时。部分学生在日常生活中还累积了一些关于看小格知道分钟数的经验和方法；本学期我们则进一步认识几时几分。因此，在设计本节课时,我力求让学生在"观察→推理→操作→探究→交流"的自主研学过程中,进一步认识时间单位"分"及认识时与分的关系。充分体现学生的主体地位,让学生自主建构新知。基于以上的考量,本课中我努力做好以下几点。

1. 给予孩子充分独立思考的空间

在每个研讨环节开始前,我都十分注重给予孩子充分独立思考的空间,培养孩子们先独立思考,再小组讨论的良好思维习惯。如在重建钟面环节,我先出示一个空白的钟面,请学生回忆钟面上有些什么,一开始很多孩子迫不及待就要发言,但明显缺乏对所有钟面要素的整体回忆思考;又如在抢答游戏环节,孩子们也是迫不及待地就要大展身手,但明显缺乏"战前"准备,若没将各数字对应的分钟数牢记,那胜算肯定大打折扣。于是乎,"一分钟""静思考"的小小口令发挥了其神奇的作用,让二年级的孩子在多个环节里,反复巩固了"先想后说"的好习惯。

2. 给予孩子充分创新表现的空白

在每个研讨环节开展时,我都十分注重给予孩子充分创新表现的空白,培养孩子知识迁移,并择优运用的数学思想方法。如学生在填写"每个大格对应是几分"的环节里,有的孩子选用"连续往后加5"的方法,有的孩子选用"5个5个数"的方法,有的孩子则选用"5的乘法口诀"来填写,只要合理,我都给予尊重与肯定,同时及时引导孩子对比分析哪种方法更为简便,进而初步渗透择优思想;而在认识时与分的关系部分,通过"观察变化→自主探究→验证猜想→概念再现"的研学任务,也是由特殊到一般,让学生自由选择想观察的时段,进而验证"时针走一大格,分针就跑一圈"的规律。教学过程充分体现学生的主体地位,让学生自主建构新知。

3. 给予孩子充分发表见解的机会

在每个研讨环节的汇报中,我都十分注重给予孩子充分发表见解的机会,培养孩子们学会倾听,言他人所未言的良好发言习惯。如在介绍"如何能快速记忆每个大格对应是几分?"的环节里,我先请平时少发言的孩子先说看法,一个孩子发言完毕,再由他请其他孩子补充发言或发表其他看法,尽量做到说过的话不重复说,说过的方法不重复讲。如此一来,记忆方法可谓是百花齐放,有的孩子介绍用"连续往后加5"的方法,有的孩子则用"5个5个数"的方式,还有的孩子利用"5的乘法口诀"来填写,甚至有的孩子是先记住12、3、6、9对应的分钟数,再前后推导……正是这一良好发言习惯的落实,让孩子们的思维真正活跃起来。

纵观以上的教学过程,我预设的教学目标已经基本达成。但在教学细节中,难免还存在一些不足之处。

(1) 在自主研学过程中,如果能再给予多一点的时间让孩子们互相探讨、交流，相信会让孩子对知识难点的理解更加透彻，记忆更加深刻。

（2）因为孩子们的年龄还比较小，在表达自己的思想方法时，难免出现语言不规范的情况。这也提醒了我在今后的日常教学中还要继续努力，强化语言表达能力的训练。

授之以渔　索以至正

广州市荔湾区西关培正小学　梁秀清（小学综合实践活动）

第一部分　导读语

梁秀清，女，小学数学高级教师，广州市荔湾区西关培正小学大队辅导员，任教数学和综合实践活动，兼任荔湾区梁秀清少先队名师工作站主持人、广州市少先队名师工作室（荔湾分室）带头人和共青团广州市荔湾区委员会志愿者行动指导中心副主任。曾获广东省优秀少先队辅导员、广州市十佳少先队辅导员、荔湾区十佳少先队辅导员、荔湾区教育科研骨干、荔湾区综合实践活动优秀指导老师等称号。任教综合实践活动以来，在这门学科领域中先后发表论文5篇，区级比赛获奖13项，市级比赛获奖6项，省级比赛获奖1项，全国评比获奖1项，多次被聘为荔湾区综合实践活动学科教研中心组的成员。

"勤学、善思、实干"是我在名师成长路上的真实写照。勤学令我取众家之长为己综合运用，为授人以渔奠定基础。不管是在数学课堂上，还是在开展综合实践活动时，我都喜欢鼓励学生发现问题，教给学生解决问题的方法，让他们运用方法去解决问题。善思让我勇于探索，敢于创新，做事追求至善至正，努力指导学生在探索知识的实践过程中获得正确的方法经验。实干使我逐渐形成"授之以渔，索以至正"的教学风格，成长为一名多才多艺的复合型教师。

第二部分　名师成长档案

培正沉积了百年的历史，底蕴深厚、内涵丰富，她以"至善至正"为校训，成为一代代培正人的信仰和追求，形成其特有的善正文化。回顾加入培正大家庭的点点滴滴，我也在善正文化的引领中"从新开始，用心学习"，一步步成长起来。我这里所指的"从新"包含两重意思，既表示"从新的起点"开始，又取其粤语谐音代表"重新"开始的含义。这都和我的工作经历有关：2001 年参加工作执教数学，2005 年开始任教综合实践活动，2010 年至今一直担任少先队大队辅导员。每一个工作岗位对我来说都是新的领域、新的开始、新的挑战，在善正文化的浸润下，领导、同事友善的帮助感动了我，大家对工作臻于至善的追求感染了我，"至善至正"也成了我对教育的追求，在丰富成长经历的同时，用心学习不断磨炼自己，努力提升自身的能力素养。

一、初涉综实，敢为人先

"各位行政领导下午好，我是梁秀清。我竞聘的岗位是数学老师和综合实践活动老师……"凭借 2007 年在学校竞聘上岗的契机，我用一本指导学生开展绳结探究活动时制作的成果集赢得了学校领导的信任与赞赏，成为当时学校第一位综合实践活动的任课老师。当时，综合实践活动还是一门比较年轻的课程，并未被大家所了解。我的性格爽朗，在同事和学生眼中是一位多才多艺、时刻充满活力的老师，凭着一股好学敢试的冲劲，我有幸成了西关培正小学"第一个吃螃蟹的人"。从此，我便与综合实践活动结下了不解之缘。

二、学海无涯，模仿尝鲜

俗话说，"世上无难事，只怕有心人"。一开始时，我也和其他老师一样，对综合实践活动这门课程感到陌生、无所适从，但我始终信奉这样一句话："没有学不了的知识，只有不好学的学生"。更何况学校选择了我，就是对我的信任，我不能辜负学校对我的期望。于是我便像海绵一样在新的教学领域里汲取知识能量。

在学校推荐下，我参加了荔湾区教研室组织开展的追踪式课例研讨学习。在这次学习过程里，我看到了名师的教学风采，了解到综合实践活动创新的课程形态，感受到综合实践活动与其他学科不一样的课程结构和教学模式。综合实践活动，顾名思义，它要让学生在"活动"中学习、通过"行动"来学习，是"知与行""动手与动脑"的结合与统一，它着眼于发展学生的综合实践能力、创新精神和探究能力。

回到实际工作当中，我跃跃欲试，开始尝试模仿开展"真正"的综合实践活动。一个学期下来，我第一次规范、完整地组织学生开展了"2008 年中国南方雪灾天气成因"探究活动，该活动案例还获得荔湾区综合实践活动课程优秀案例评比三等奖。

自此以后，我似乎得到了一点启发，感受到了一丝鼓励，更是尝到了一些甜头。我将每一次开展综合实践活动的机会都当作推动我专业发展的动力，并在教学活动中不断反思，提炼教学经验。不管在钻研教学里，还是在指导学生实践探究中，我都努力做到趋真向善，达到至善至正的境界。

机会总是留给有准备的人。课堂是教师进行素质教育的重要场所，也是学校促进教师专业成长的主阵地。学校不仅让我参加区里各种教研培训，学习最新的教学动态和实践经验，还推荐我到区里参加综合实践活动学科教师说课基本功比赛。我以西关文化为特色，自信地在评委面前show出活动亮点，获得了二等奖。自此，我被区综合实践活动学科教研员周广星老师挖掘出来，多次到校听课评课。在学校领导的用心栽培和周老师的悉心指导下，原来还是门外汉的我迅速成长起来。

三、提炼特色，走向成熟

回顾我与综合实践活动同成长的那几年，先是观摩学习，模仿尝试方法，启发思维；接着是分析整合经验，自主开发主题，挖掘恩宁路的文化特色，将西关文化和校本文化融为一体；再是研究科研课题，创新实践活动模式。经历了一番摸爬滚打后，我的内心开始回荡着一个声音：要让综合实践活动回归本真！褪去华丽的外衣，洗去浮夸的包装，回归综合实践活动的核心素养，正所谓"洗尽铅华始见金，褪去浮华归本真"。于是我慢慢沉淀下来，寻找提炼特色、走向成熟之路。

跟随市、区综合实践活动教研专家的步伐，我参与了由香港小童群益会主办的"岁月'楼'声"探究实践活动。在活动过程中，穗港两地学子通过实地参观和调查采访，了解两地文化保育情况，并在互动交流中碰撞思维，迸发出许多新创意。例如，将恩宁路改造成一条活化博物馆街区，效仿香港在老旧房子里注入新活力……我将孩子们这些有趣的想法写成了案例，获得了荔湾区第二届"荔湾文化精品课程"一等奖和广州市第三届综合实践活动课程优秀案例三等奖。之后，我采取"大主题，长周期"的方式，按照"活动准备—选题与制定计划—初期实施—中期汇报指导—成果形成—成果汇报及知识集成—评价反思"七个环节先后组织了"小眼看骑楼""童声铜器——西关家庭式作坊营生模式""细说粤剧""我与荔枝湾同成长"等多个探究活动，并在省、市、区综合实践活动课程优秀案例评比中获得优异的成绩。

此时，我体会到综合实践活动与校本文化资源融合的优势与魅力，自身也逐渐积累了丰富的综合实践活动课程实施经验，并通过课题研究探索提升，取得了累累硕果。主持小课题"在综合实践活动过程中提高学生生成问题能力方法的研究""关于上下九步行街陶陶居前世今生的研究"被评为区优秀研究成果；撰写的多篇论文分别在省、市、区评比中获奖；连续六年被聘为区综合实践活动学科教研中心组成员，2014年被聘为荔湾区教育系统"研耕行动"小班实验工作坊研究成员；2014年参加荔湾区综合实践活动课程建模行动，课例被收录到区综合实践活动成果集和荔湾区宽带多媒体综合教育平台网站；2017年在全区综合实践教研活动上分享学校在社区服务实践活动中的工作经验。

经过几年的探索，我在学校的支持下组织骨干教师一起制订了《西关培正小学综合实践活动规划》，根据西关资源和校本文化特色共同研发了一套综合实践活动校本教材（一至六年级）。并对全校老师进行"综合实践活动探究性学习与学科教学整合"校本培训，大力推动了学校综合实践活动的学科发展。在我的努力下，2009年学校被评为"广州市中小学综合实践活动学科教学领域进一步深化素质教育试点学校"；2012年承担荔湾区综合实践活动教研展示交流活动。

荔湾区教育科研骨干、品牌教师、教育科研积极分子……是善正文化引领着我不断追求，鞭策着我一步步成长，才有这累累的硕果。如今，我有幸成为广州市"百千万人才培养工程"小学名师培养对象，但这并不是我最终的目标，我又将继续整装待发，用心学习、用自己的实际行动诠释"至善至正"，追求永远在路上！

第三部分　学科教育观

▶ 我的教学风格解读 ◀

综合实践活动是从学生的真实生活和发展需要出发，从生活情境中发现问题，然后转化为活动主题，通过探究、服务、制作、体验等方式，培养学生综合素质的跨学科实践性课程。它强调学生综合运用各学科知识，认识、分析和解决现实问题，提升综合素质，着力发展学生核心素养。因此，我的教学风格是授之以渔，索以至正。

古语曰："授人以鱼不如授之以渔"，说的是传授给人知识，不如传授给人学习知识的方法。道理其实很简单，鱼是目的，钓鱼是手段，一条鱼只能解一时之饥，却不能解长久之饥，如果想永远有鱼吃，那就要学会钓鱼的方法。教学亦然，叶圣陶先生曾说："教是为了不教。"面对现在快速变化的社会生活，要授人以鱼，更应授人以渔，教师要教给学生解决问题的方法，让学生学会靠自己去探索学习，这样才能终身受用，适应信息时代和知识社会的挑战。

"索以至正"中，"索"表示探索，它是综合实践活动所培养的学生核心能力素养之一。"以"字含义较多，在这里取"用"的意思。"至正"在古文释义中有"最中正之道、最正常"的意思。取自培正家族的百年校训"至善至正"，源于古籍《大学》开宗明义的"大学之道，在明明德，在亲民，在止于至善"。将这种儒家思想融入综合实践活动的实施过程当中，教师既不能"教"综合实践活动，也不能推卸指导的责任，而应当成为学生活动的组织者、参与者和促进者。"授之以渔，索以至正"就是教给学生学习的方法，让他们学会用最正确的方法探索知识，在实践中锻炼独立性和创造性，在活动中获得知识、认识、体验、方法、答案……在活动结束时"有所知""有所得""有所悟"。

▶▶ 我的教学主张

17 年的教学生涯，多个岗位的锻炼经历，我努力践行我的教育主张——"授人以鱼，不如授之以渔"。教给学生研究学问的方法，指导学生学会用最正确的方法探索知识，让学生们能够在综合实践活动的体验过程中，发展探究问题的思维，锻炼综合运用的能力，掌握解决问题的方法，最终成为一名终身学习者，实现"授之以渔，索以至正"的教育理想。

1. 在问题中做学生"授之以渔"的指导者

《论语·述而》说："不愤不启，不悱不发。"意思是先让学生积极思考，再进行适时启发。其中，"愤"就是很想把某一问题弄明白却没有明白，心中因此而烦恼的心理状态，这时候就需要教师去开导他，使他的思路畅通。"悱"就是思考某一问题已经有了心得，想要说出来，却又不知如何表达，这时候就需要教师去启发他，帮他找到合适的表达方式。

2008 年，随着恩宁路改造的相关新闻、政策措施的出台，学生纷纷提出疑问：我们学校也在拆迁范围内吗？我们学校要拆吗？为什么要改造恩宁路？改造后的恩宁路会变成什么样呢……此时学生处于"愤"的境界，探究欲望瞬间被激起。于是，我让学生们每人至少写出三个想知道的问题，然后在小组内讨论。我教给学生筛选问题的方法，如，把重复的问题合并，将没有价值、难于研究的问题删除，对表述不准确的问题进行修改，最后将筛选出的有研究价值的问题转化为研究小主题。经过这个过程，学生逐步学会对自己的问题进行推敲，提出来的问题的质量也越来越高。拆迁是由于建筑破旧已经不适应时代发展的需要，但恩宁路是一条百年骑楼街区，是大拆大建还是翻新维护……从问题中挖掘出对恩宁路建筑的各种思考。在活动实施中，学生们通过实地考察、互动交流、动手制作骑楼模型，对骑楼文化有了一定的了解，对骑楼历史的认识也加深了，但却想不到对恩宁路骑楼改造的好提议，此时学生处于"悱"的阶段。于是，我根据学生实际需要对活动做出动态调整，引导学生通过设计调查问卷、分析数据、了解现状、归结成因、借鉴经验等环节，逐步深化活动意义。孩子们居然能够提出修旧如旧、通过价值评估决定选择性保留翻新、低息搬迁解决市民的搬迁问题等合理建议，并把这些建议写成一封信给区政府，倡议加大宣传力度唤起市民对骑楼文化的重视和保护，让这些历史文化能够在新时代中重新活起来。

现在每每回想起孩子们的创意，就不禁在想，说不定永庆坊的改造成功也有孩子们的一份功劳。外国学者尤内斯库（Eugen Lonesco）曾说过：给人以启发的不是答案，而是问题本身。(It is not the answer that enlightens, but the question.) 这就是综合实践的魅力所在。

2. 在实践中做学生"授之以渔"的引导者

古人云："读万卷书，行万里路。"可见，我们不但要注重书本知识，更要注重实践。因为一切需要我们学会去做的事情，我们都是通过实践学会的。在综合实践活动中，学生面对的是真实的问题、真实的情景，如环境问题、生活问题、风土人情以及变幻莫测的社会现象等。学生在实践中亲力亲为、积极体验，自己的认识就会不断加深，经验就会不断丰富。

在采访调查市民对西关美食了解情况的活动中，我发现三年级的学生们采访对象单一、采访技巧比较稚嫩。于是我将学生采访调查的过程拍成视频，在课堂中播放出来，向学生提问："看了这些采访片段后，大家发现采访对象都有什么相同的地方？"当学生发现采访对象都是店铺老板后，继续观察视频，深入思考问题所在。"店铺老板忙着做生意，没有专心回答采访问题。""老板要做生意，采访时会打扰别人做生意。""那个老板不够专心，影响采访效果。"学生们各抒己见。"有什么办法能够解决这个问题呢？"我追问道。在我的启发下，学生分别从时间、地点、内容上进行策略调整，有的说选择顾客少的时间段进行采访，有的说不要在店铺里采访，还有的说把采访内容精简。我边听边记，把孩子想到的点子摘录到板书上进行梳理，并将采访调查的结果呈现给学生们进行比对，再次引导学生深入讨论解决问题的技巧。经过讨论，学生们发现采访对象单一，调查数据就会存在特殊性，解决问题时思考的方向就会不全面，因此，下次采访调查活动就不会再重蹈覆辙了。

不管是成功的经验还是失败的教训，教师在教学的过程中都不要急于将答案抛给学生，给点时间让学生去尝试、去实践、去体验、去感悟，对学生来说都是一种历练。只有经历了这样的一个过程，才能将方法变成人生经验中的一部分。

3. 在评价中做学生"授之以渔"的辅导者

综合实践活动关注学生获得结果和体验的过程，注重学生在活动过程中的表现，尊重学生多元的个性发展，通过学生个人自评、小组互评、家长评价、教师评价等多种方式综合意见，发挥评价的指导功能，引导学生反思自己的实践活动，进一步提升学生的实践能力。

在综合实践活动的评价反思环节中，我采取"学生汇报—小组评价—教师点评"的三级评价模式，主张"有则改之无则加勉"的学习态度，要求学生学会聆听（听出别人的优点和不足），在聆听中比较（比较自己与别人的差别），在比较中思考（思考改进和提高的方法），体现"粤派教育"包容、交融的特点。例如：在"建筑小达人　吸管大作战"的STEAM①课程探究活动中，学生在第一课时已经设计好用吸管搭建高塔的草图。经过第二课时的实施制作后，各个小组都能搭建出各式各样的高塔。有的小组为了增加底座的重量和稳固性，把底座做成六边形；有的小组为了减少吸管的耗材，将高塔做成相机支架的形状；还有的小组模仿高压电线架的样子制作高塔。我让每个小组分别从作品的外观造型、耗材、拼接技巧、搭建高度以及人员分工耗时五个方面进行汇报。其他各个小组听完后要指出2个优点，提出1个不足和1个建议。其中，有一个小组汇报由于成员分工不合理，导致耗时多，影响工程进度。我问道："其他小组也有这样的状况吗？"目的是要引起学生注意，有这种情况的同学就会认真听取别人的成功经验，融会贯通；没有这种情况的同学可以分享交流、继续保持好的做法。这样的教学效果要比老师的说教好得多。我把学生制作过程中抓拍的照片放到屏幕，让学生帮这个小组思考解决问题的方法。最快完成的那个小组立即起来分享经验："专门让一个同学负责剪透明胶递给其他拼接的同学，或多剪几条贴到桌子上备用，就不会出现有人空等工具而浪费时间了。"

"学贵自得"，学生的头脑不是要被填充的容器，而是要被点燃的火焰。我愿激起学生求知的火焰，使学生求之于内，教给他们思考问题、实践探究、创作提高的方法；让学生学会用最正确的方法探索知识，让他们得之于己，相信学生们一定会创造出更多的惊喜与奇迹！

▶ 他人眼中的我

梁秀清老师是西关培正小学的大队辅导员，也是我校年轻有为的教学骨干。她乐观开朗、处事干练，多才多艺，是学校的中流砥柱，也是同事们心中的好伙伴。在朝夕相处的每个日子里，梁老师对同事总是热心帮助，以诚相待。还记得语文科参加广府文化展演时，制作"鸡公榄"道具成了节目的"拦路虎"，梁老师二话没说，用环保袋、废旧纸、竹篾等材料连夜做出了惟妙惟肖的"鸡公"和"白榄箱"，作品惊艳全场，令人拍手叫绝。从此，梁老师被学校老师封为"道具组组长"。梁老师才思敏捷，不仅为学校少先队赢得了许多荣誉，而且业务知识扎实，多次和同事们并肩作战，参与区数学解题比赛，均获优异成绩。梁老师还是一个多面手，她上的综合实践活动课，能充分发挥每个孩子的特点，指导学生设

---

① STEAM教育是指集科学（science）、技术（technology）、工程（engineering）、艺术（arts）和数学（mathematics）知识于一体的综合性探究教育。

计展示汇报的方式新颖独特，向在场听课的嘉宾奉献了一场西关文化的盛宴。嘉宾一边听着孩子们的介绍，一边品尝美食、欣赏美景，既能尝到广州特色美食，又能领略西关人文风情。"一湾溪水绿，两岸荔枝红"，这样人美、景美、情美的公开课获得听课老师们的一致好评。宝剑锋从磨砺出，梅花香自苦寒来。梁秀清老师是一位阳光、正气的善正之师，她刻苦认真的工作态度值得同伴学习。

——广州市荔湾区西关培正小学四年级级长　麦泳琴

梁老师综合素质很强，对待同事热心亲切，对待教学认真负责。记得我刚接触综合实践这门课程时有很多困惑，是梁老师手把手地指导我备课，教会我指导学生的方法技巧，并通过上课示范的方式一步步将我带进综合实践的大门。她在讲授综合实践活动课时，条理清晰，举例充分恰当，能够鼓励学生踊跃发言，使课堂气氛积极热烈。她注重培养学生的创新精神和发展学生的综合实践能力，精心设计教学环节，引导学生发现问题；善于发现学生的问题和困难，为学生提供有价值的建议和意见，帮助学生调整活动方式或研究角度，能提供相应的知识背景材料给学生进行学习。同学们在梁老师的课堂上，体会到了综合实践活动课程的乐趣，并在解决问题的过程中掌握了学习研究的方法。

——广州市荔湾区西关培正小学综合实践活动老师　林嘉茵

梁老师开展的"童声铜气——西关家庭式作坊营生模式"活动是一次令人感动的综合实践活动，它不但完整地带领着孩子们从无知走向感悟，还充分地体现了综合实践活动课程中研究型学习的社会价值。梁老师在学校周边丰富的社会文化资源中挖掘出了一个濒临消亡的社会文化遗产研究主题，并在研究的过程中，自发生出要为这一个文化遗产进行保育延续的思想和行为，其积极的影响已经远远地超出了教育者的初衷。所以，这个实践活动得到了另一位当事人——铜器店经营者的认可与共鸣。同时，在整个实践活动过程中，我们可以清晰地看到老师在学生自主实践中每一个及时而有效的指导介入，也确保了学生能以稚嫩的身心基础坚持完成这个颇具难度的相对较成人化的对社会文化遗产的深入研究活动，并且把活动的成果有效反馈到社会生产的环节——这就是成功的综合实践活动。

——广州市荔湾区芳村实验小学主任、广州市"百千万人才培养工程"首批名教师、荔湾区综合实践活动名师工作站站长　杨蔚岚

初认识梁老师，从她的外貌，我就感觉得到她是一个勤劳、热情、好学的老师。在这一年多的培训中，很好地验证了这一点。梁老师一直都在说自己是综合实践活动学科中的一个新人，她认为自己欠缺许多学科的理论支撑，更缺少了实践的体验，所以每一次集中培训，总见到她认真听课、仔细记录；而每一次跟岗

学习,第一个争取上示范课的总会是她。然而她的"好学"真的让我们有点"害怕",我们都在赞叹着:到底在她的骨子里头,储存了多少积极向上的正能量。经过不断的努力学习,今天的梁老师对综合实践活动的课程理解已经有独特的想法,尤其在创新意识上,她很爱动脑子,更爱站在学生的角度去设计各项实践活动。综合实践活动的课程除了为学生提供广阔的展示舞台外,更为梁老师的成长打下了扎实根基,她正向着名教师的目标努力进发。

——广州市番禺区石楼镇莲花山小学　李艳枝

在梁老师身上总有学不完的东西。她给我们上的综合实践活动课既轻松又有趣,还能增长我们的知识面。例如,在"童声铜器——西关家庭式作坊营生模式"活动中,我就学到了铜器翻新的方法,我做梦也没有想到原来铜器也能"七十二变"。她的教学方法与语数英老师的方法不一样,小组合作让我们在探究的过程中能够有商有量、互补长短。探究性学习的过程能够让我们的能力在体验活动中不知不觉地得到提高。每当我们遇到问题,梁老师都会和我们一起想办法,给我们很多指导意见。我印象最深的就是梁老师说过的一句话:"做任何事情都要讲方法,掌握了方法好比拿到了钥匙,什么问题都能迎刃而解了。"这句话无论是在生活上还是在学习上,都让我受益终身。

——广州市荔湾区西关培正小学毕业学生　林浩昆

第四部分　育人故事

问计于童　问需于童　索以至正

"梁老师,梁老师,我们终于成功采访到苏哥了!"小曦兴奋地跑到我面前,迫不及待地想把这喜悦分享给我。"好啊,肯定有不少收获吧!说来听听。"看着他那涨得红扑扑的小脸,我高兴地说。"梁老师,你教的采访方法真是太有用了,我用你教的方法对苏哥进行采访,不仅学会了翻新铜器的方法,还了解到很多打铜知识,苏哥还夸我们呢……"听着小曦滔滔不绝地讲述着当时的情景,我的思绪不禁慢慢飘回学校120周年的校庆上。

当时,学校校友苏广伟先生(广州市一百双巧手之一、广州市非物质文化遗产传承人、天程铜艺店前经营者)展示了各种铜器皿。同学们大开眼界之余,也开始关心铜器的生产和发展。当他们了解到天程铜艺店以传统纯手工打制铜器皿而闻名,是现今广东省唯一一家专业设计、生产、加工、销售手工铜器皿的老店铺时,纷纷提出"为什么以前的打铜街变成了今天的样子?""手工打铜会消失吗?""他们现在的生意怎么样?能赚很多钱吗?"等有趣而又发人深省的问题。

我抓住这个契机，对孩子们说："既然大家对铜器这么感兴趣，不如我们开展探究实践活动，对西关打铜来一个更加深入全面的了解，好吗？""好！"大家异口同声地答道。于是大家认真制订探究计划、方案，最终确定以"西关家庭式作坊营商模式的现状和发展"为主题，开始有条不紊地实施起来。可是有一天，小曦带着他那童声铜器小队的成员来到我的办公室问道："梁老师，我们在调查市民对铜器皿的喜爱程度的过程中，发现人们淘汰铜器皿的原因之一是铜器容易被氧化，很难处理。如果我们能够找到解决这个问题的方法，不就可以让人们喜欢用铜器了吗？""不错，大家非常善于发现问题！你们动手尝试过了吗？"我慢条斯理地说。"没有。""那你们动手试试看，是否真的很难翻新处理？"

过了一周，小曦拿着几张照片告诉我："老师，我们尝试了几种翻新铜器的方法，效果都不是很理想，而且还会有被刮花的危险。你看我们拍的翻新前后对比效果图。""嗯，你们做得真细致，会运用平时所学的实验方法。看来铜器翻新还真不容易，它需要有一定专业知识和经验的人才能解决这个问题。我给你们推荐一个最佳人选。"我笑了笑说，"苏伯，肯定知道这些闭门秘籍！"小曦的眼睛里一下子充满了亮光。于是，我和小曦同学一起策划对苏伯来一次专访。本次采访的目的是什么，需要解决什么问题，采取怎样的方式进行交谈，采访时要注意什么……小曦在我的引导下，不时点头若有所思，一会儿记下笔记，一会儿提问质疑，对采访中的这些细节逐渐明朗起来。

后来，这个活动得到了天程铜艺店老板苏广伟先生的大力支持，他走进课堂为学生们讲述传统手工打铜业的发展历程。学生们在了解它的现状和隐忧的同时，纷纷为传承发展西关铜文化出谋献计，得到了苏先生的称赞和鼓励。学生们认真探究的精神感染了苏先生，他成立了"西关文化保育社"，将店铺作为孩子们探究铜器活动的阵地。由于活动特色鲜明，西关文化保育社被评为荔湾区优秀学生社团，小曦还被评为优秀学员，我也获得了优秀指导老师的光荣称号。

这些成绩得益于综合实践活动课程的特点，从学生接触的生活世界出发，从学生熟悉的文化生活和社会实践活动中选取他们关注的问题，问计于童，使主题的确定基于他们的兴趣，才能形成"心欲求而想得"的效果；问需于童，使学生成为探究活动的主人，他们才会自主学习方法，用正确的方法去探索知识，解决问题。

附录　教学现场与反思

"有趣的多米诺"教学实录
——惠州市惠城区第十小学示范带学示范课

【教学目标】

1. 知识目标

（1）通过自主搭建推倒活动，知道骨牌能够被推倒与骨牌间的距离、推点、推力有关。

（2）通过实验发现并掌握搭建直线骨牌的距离极限及 C 线骨牌角度、距离等一般规律，为课后自主探究搭建不同形状的骨牌奠定基础。

2. 技能目标

（1）能够通过观察、合作、比较，大胆地进行有目的有规律的探索。

（2）能发挥自己的想象力大胆猜想，细心求证，培养学生科学的探究意识，提高动手能力和创新能力。

3. 情感态度目标

（1）感受搭建、推倒多米诺骨牌活动的乐趣，激发学生探究多米诺骨牌搭建、推倒方法的兴趣。

（2）能耐心、细致地排列骨牌，体验成功的乐趣，锻炼学生的意志和耐力。

（3）知道与同伴要主动合作，能与同伴一起发现问题，解决问题。

【学情分析】

多米诺骨牌是一种智力开发玩具，据调查，大多数学生都玩过，但他们对多米诺的认识只是停留在骨牌这一种玩具上，而且对骨牌的拼摆技巧也没有进行过系统的梳理。学生的情况出现两类：玩过的同学对这节课的内容产生轻视心理，没玩过的同学对骨牌十分好奇，急于尝试。对于二年级的学生来说，尝试摆放简单图形很容易，我们要做的是激发他们对这种运动的兴趣，同时培养探究实践能力，使这节课成为学生认识了解多米诺的开端。

【教材分析】

本课题是基于 STEAM 教育理念自主研发的教学内容。"有趣的多米诺"课程在设计之初旨在培养学生运用多学科知识的能力、创意创新能力、团队协作能力和沟通表达能力等。在设计"有趣的多米诺"教学时，重点在探究推点位置和骨牌间距的探究实践环节。而整节课的亮点在于活动后的感受分享环节。

【教学过程】
（一）视频激趣，提出问题
1. 播放多米诺视频，激发学习兴趣

师：同学们，大家喜欢玩积木吗？今天老师给大家介绍另一种更有趣的玩法，想不想学？请同学们认真观察这段视频，看完后说说你看到了什么？（播放视频，学生反应热烈，兴奋不已。）

生：把积木一块一块排好队，用手推倒第一块，后面的就会一块接着一块往下倒。

师：这种积木的名字叫多米诺骨牌。今天我们将一起走进有趣的多米诺，以闯关的形式共同探究多米诺的奥秘。有没有信心？（揭示课题：有趣的多米诺）

2. 提出问题，引起思考

师：大家觉得要将全部骨牌推倒，搭建时要注意什么？请同学们带着这个问题再看一段录像（播放骨牌推倒实验失败视频。）

小组讨论，探讨原因。学生发现骨牌不能一次被推倒的原因是两块骨牌之间的距离太大了。

（设计意图：兴趣是学生学习的最大动力。二年级学生的心理特点是对新鲜事物容易好奇，思维形象直观。老师在设计时精心挑选的多米诺骨牌作品展示十分精彩，马上就吸引了学生的注意力，激发孩子的学习兴趣，并通过微视频启发学生发现问题。通过小组讨论让学生大胆猜想，为后面的学习做铺垫。）

（二）实验体验，掌握方法
1. 自主实验，验证猜想

第一关：探究距离与推倒的关系。（要求：每位学生取4块骨牌，在距离纸上验证自己的猜想，发现骨牌之间的距离在什么范围内能被全部推倒？）

（1）老师介绍实验操作工具，指导学习记录方法。

（2）自主实验探究，用4块骨牌进行搭建、推倒实验，发现骨牌能被全部推倒的有效范围。

（3）实验小结：相距1~5格距离时，骨牌可以全部被推倒；距离超过骨牌本身长度时就不能被推倒了。

第二关：探究距离与速度的关系。（要求：观察图片，两列骨牌，骨牌数量相同，间隔不同，猜猜哪一列骨牌最先全部倒下？）

（1）猜一猜：哪一列最后一块骨牌先倒下？举手示意。请学生说出猜想的理由。

（2）观看视频，发现事实结果。

（3）实验小结：距离越小，骨牌倒下速度越快。距离越大，骨牌倒下速度越慢，而且距离大还容易出现断倒"事故"。

第三关：探究距离与弯度的关系。（要求：同桌两人合作，用10块骨牌搭建一个C型，探究骨牌之间的夹角距离和摆出图形弯曲度之间的关系。）

（1）自主实验探究。

（2）实验小结：骨牌之间的夹角距离越小，摆出C型的弯度越小；骨牌之间的夹角距离越大，摆出C型的弯度越大。

（设计意图：首先，探究活动以闯关游戏的形式进行，符合学生心理特点，有利于教学活动的开展。其次，三个环节知识难度层层递进，能很好地帮助学生由浅入深地掌握知识方法，因此学生参与活动的积极性非常高。最后，教师引导学生在探究学习过程中，学会交流与合作，发展合作能力，并初步养成科学态度，每个环节符合科学实验探究的模式，即"大胆猜想、细心求证、归纳总结"。）

（三）活用方法，创意无限

要求：4人小组合作，用20块骨牌尝试搭建一个问号，并且只推第一块就能够把骨牌全部推倒。

（1）学生合作探究，教师现场抓拍录像，留下精彩瞬间，以供交流时投屏展示。

（2）交流展示，请获胜的小组代表总结心得体会。

师：在尝试的过程中，你觉得哪里比较难？

生1：问号弯曲与直线相接的这个部位最难摆。

师：为什么呢？

生1：因为这个位置最容易断开。

师：大家有出现断开的情况吗？

生2：有。

师：怎样办？

生3：调整骨牌之间的距离和摆放角度。

师：如果交接这部分骨牌之间的距离大了，就——

生：调窄一点。

师：如果交接这部分骨牌之间的距离小了，就——

生：调宽一点。

师：真棒！

（设计意图：动手实践，是综合实践的基本学习方式。学生是通过动手操作实践的方式来获得经历和体验的。因为有前面学习经验的积累铺垫，所以当遇到新问题的时候，学生能马上将所学知识综合运用到实际当中，真正起到了"授之以渔"的作用。）

（四）活动总结，拓展延伸

师：通过本课学习，你有哪些收获？

生1：多米诺骨牌真有趣。

生2：骨牌能否一次推倒和骨牌之间的距离有关系。

……………

师：同学们学得真好，看来今天的闯关都难不倒大家。请开动脑筋想一想，一块指甲这么小的骨牌能推倒门一样大的骨牌吗？

学生有的说能，有的说不能，还有的开始窃窃私语。这时老师播放视频：骨牌从小到大依次排列，利用力传递的原理，一次推倒。在场学生再次欢呼起来。

师：多米诺骨牌中包含着很多科学原理，可以利用身边的用品替代，而且玩法千变万化。希望同学们可以发挥自己的想象力，搭建出各式各样的骨牌游戏。

（设计意图：素质教育的重点是培养学生的创新精神和实践能力。这部分内容不仅对课堂内容进行了总结巩固，还注重培养学生的创新精神。通过视频展示另类骨牌形式，拓宽学生视野，让学生感受到"四两拨千斤"的神奇力量，同时也激发了孩子以后继续深入探究多米诺骨牌的兴趣，鼓励他们课外创作更多好玩的骨牌搭建方法，令本课学习的氛围得到延伸，让人意犹未尽。）

【教学反思】

综合实践活动是着眼于发展学生的综合实践能力、创新精神和探究能力的发展性课程。STEAM 教育是集科学、技术、工程、艺术和数学知识于一体的综合性探究教育，以提升学生的综合素养为核心。两者的有机融合是时下研究的热门话题，因此，我大胆尝试开发设计了本课题，让孩子们在参与学习的过程中，感受到 STEAM 的魅力，同时也让他们对学习产生了源源不竭的兴趣和动力。反思这节课，我有以下几点体会。

1. 兴趣是学习动力的源泉

当教学能够引起学生兴趣时，就能使学生在学习中集中注意力，更好地感知思维和想象，从而获得更多的知识技能。因此，我在教学时针对学生年龄特点运用多媒体手段激发学生学习兴趣，把"要我学"转化为"我要学"，使学生乐意去寻找解决问题的方法，在寻找解决问题的方法中学到知识，掌握搭建直线骨牌的距离极限及 C 型骨牌的角度、距离等一般规律。

2. 实践是获得经验的途径

古人说："学如弓弩，才如箭镞。"说的是学问的根基好比弓弩，才能好比箭头，只要依靠厚实的见识来引导，就可以让才能很好地发挥作用。在本课教学过程中，我倡导学生主动学习、乐于探究、勤于动手，引导学生经历多样化实践学习活动的过程，经历问题探究、问题解决的基本方法和过程，从而掌握方法并能综合运用方法解决实际问题。事实证明，我的教学是成功的。学生经过三个实践活动后，由浅入深地掌握了骨牌搭建的方法，在搭建过程中遇到问题时都能自己解决处理了。这不就是"授人以渔"的体现吗？

3. 创新是打破传统的钥匙

STEAM素养包含科学、技术、工程、艺术和数学五个方面的素养，它能够为综合实践活动的开展注入新的生机。我在选择这个主题前，考虑到异地教学的各种因素，从多学科选择内容，为提高学生的问题分析与解决能力，最终确定以多米诺骨牌为学习内容。学生在探究骨牌距离中运用了数学素养来测算距离，在搭建问号中运用到艺术素养审阅图形美观性，在小组合作中运用工程素养安排分工，在推倒骨牌的实践中运用技术素养检查推点和推力的技巧，在探究的过程中运用了科学素养猜想求证。有机地将STEAM素养与综合实践活动结合，让学生学会用最正确的方法去探索知识。

但在探究骨牌能被一次推倒最大距离的活动环节中，学生年龄还是比较小，科学实验素养不高，所以在教学时我花了很多时间在这里讲解操作方法，事倍功半。如果能够运用新媒介手段，将实验的操作方法制作成动画微视频，既能生动直观地呈现出操作方法，启发学生思考，又能吸引学生注意力、提高学习兴趣，必定能获得事半功倍的效果。

这节课得到了此次同行示范带学综合组同学的赞赏，也获得了惠城区第十小学在场听课老师的一致好评，学生们课堂上积极好学的表现给我留下了深刻的印象。感谢广州市"百千万人才培养工程"小学名师培养项目组的导师和同学，让我在学习的过程中，逐步提炼出自己的教学风格。作为一名综合实践活动课的任课老师，我觉得我是幸福的，因为，我能够在这个过程中"授之以渔"，让孩子们在知识的海洋里"索以至正"！

温润 自信 创新

广州市海珠区宝玉直实验小学 李瑞雯（小学科学）

第一部分 导读语

我是李瑞雯，小学自然高级教师，现任教于广州市海珠区宝玉直实验小学，是广州市特约教研员。曾获广东省南粤优秀教师、广州市科学"十佳"教师、海珠区优秀教师、海珠区优秀共产党员、海珠区优秀科技辅导员、海珠区青年骨干教师等荣誉称号，是广州市刘恩山工作室骨干成员，广州市名教师（朱智毅）工作室成员。主持多项省级、市级、区级科研课题的研究工作，并顺利结题。多篇教学论文、教学案例获奖并发表在省级刊物；多次执教区级以上公开课，做理论讲座和经验分享。现任国家粤教科技版《科学》教材、广东省《小学科学校本培训指导手册》、学校《电子百拼》和《野外观鸟》校本教材的编委。

务实、淳朴、善良的良好家风，让我从小养成了温润、纯良的性格；学校"人人像宝石般闪光"的育人理念，让我更加自信地迎接挑战；从自然到科学学科的教学，让我不断提醒自己要与时俱进，大胆创新。经过十八年的磨砺与沉淀，我逐步形成了"温润、自信、创新"的"粤派教育教学风格"。

第二部分　名师成长档案

我出生在一个知识分子家庭，母亲是一名中学高级教师，父亲是三甲医院的药师，他们希望我是一个美丽、温柔、贤淑、独立的女人，从小我就立志要成为一名人民教师。

一、璞玉明志向

2001年9月，我选择了一门冷门的专科——自然学科，从此踏上了这个三尺讲台。我脑海里非常清晰地记得上班的第一天，校长把我叫到办公室，说："你跟我一起去巡堂吧。"我紧跟在她身旁，她带着我走遍了16个教学班，边走边点评，也把发现的情况记录在本子上。她轻轻地说："你是我们学校开办以来第一位专职的自然老师，你代表的就是一个科组，学校没有帮你找到该学科的师傅，一切都要靠你自己摸索着前行。可是，学科之间是相通的，如何调控课堂和管理好班集体等问题，你都可以向每一位老师请教。只要你虚心、勤奋、好学，就会有许多的老师成为你的师傅。"

虚心，勤奋，好学，这六个字就是我参加工作至今的座右铭，它让我快速地成长起来。初来报到，我主动向前辈们打招呼，没有课的时候我就搬张小凳子去听课。当时，我最喜欢听的是英语课，因为我觉得英语老师都好厉害，能唱会跳，还会画画，每当学生们兴奋到极点的时候，老师们一句"one two three"，学生们马上就像机器人一样"sit up tree"，而且还静悄悄；我佩服班主任的管班能力，他们就是学生们的风向标；数学老师思维清晰，可以把大容量的教学内容有条理地在课堂上呈现；美术课堂上老师的细心辅导，音乐课堂上那种充满灵动的艺术享受，以及体育课堂上的奖罚机制都让我深深佩服。当时，我还是中心组的旁听生，每周跟着中心组的老师去学习。每次的学习、听课我都会写感受，用短短的三四百字记录下我成长的足迹。

二、磨砺露锋芒

一分耕耘，一分收获。参加工作的第二年，我被学校推荐参加区的"明珠杯"比赛，当时是现场抽课题，独立备课40分钟，然后上20分钟的课。赛前，我准备了所有有机会抽中的课，备好了全部的实验材料，每天高强度的上课、看课和写教学反思，让我对课的理解和课堂教学能力有了明显提升。功夫不负有心人，我在区赛中顺利地取得三等奖的好成绩。慢慢地，我成了学校和区重点培养对象，开始承担区研讨课、公开课，市、区督导工作时的推荐课，市、区的优质课评比，学校国家级科研课堂开题、结题的展示课等工作。在寒暑假，我还参加编写国家级教材和广东省教师工作指导手册等。厚积薄发，五年的磨炼，让我在2006年的一次市级优质课评比中获得了第一名,那次的成绩是我的一次飞跃。2007年,我代表广州市在科学学科最为权威的国家级研讨会上展示示范课,并荣获全国一等奖的优异成绩。这是我第一次踏上了领奖的舞台,接受专家的颁奖。

在我年轻、最有活力的时候,我在教学的路上得到了表现的机会,让大家肯定了我的能力。上课的证书,赛课、撰写论文、教学案例的奖状开始填满了我的抽屉。2005年,我被评为"海珠区优秀教师";2006年,获海珠区嘉奖;2007年,被海珠区人民政府评为"海珠区青年岗位能手",那次是我第二次踏上领奖的舞台,接受区政府和区教育局领导的颁奖。

三、精雕细琢成精品

2008年,我休完产假后回到了自己的工作岗位,看到学生们开心地拍着手欢迎我回来时,我感动地流下眼泪。由于角色的转变,我给自己的教学工作做了新定位。我开始追求高效而常态的课堂,也开始把更多的时间放在了带学生参加各种科技竞赛中,因为,我相信孩子们的潜能是需要老师去挖掘和展示的。那一年开始,我带着学生参加各种科技竞赛和探究活动,如魔方比赛、模型比赛、科学小星星探究活动、观鸟活动、明天小小实验家活动、省天文知识竞赛等,还组织学生投稿《现代中小学生报》等报刊,因为用心,所以出了许多好成绩。我的学生代表广州市两次到香港参加"常识百搭"竞赛并荣获一、二等奖,学生的文章也陆陆续续在报纸上出现了。我把心思放在了常规课堂教学中,在2009年参加区"海教杯"竞赛的时候,我用了最朴实、高效的教学方法赢得了评委们的肯定,获得了区二等奖的成绩。2009年开始,我被广州市教育局选派为农培教师的导师,我与从化、增城的老师们亦师亦友,互相帮助,共同成长。而我,作为一位年轻妈妈,经常坐在少年宫的楼梯口一边备课,修改教案和论文;一边等着孩子下课。累,但是很快乐。我也连续两届被评为"农培优秀指导老师"。而我的学生虽然科技竞赛成绩不是最优秀的,但是在许多的比赛中都有他们的身影,一张张获奖证书也送到了学生们的手上。2010年,学校大队部推荐我们的科技小社团参加区"特色小队"评比,我们顺利通过了;2011年,我们的"探索小队"被推荐参加国家关心下一代工作委员会(简称关工委)组织的全国优秀特色小队评比,也顺利通过了。

在我为人妻、为人母的时候,我在教师的路上选择了与学生为伴,和他们一起成长,让大家看到了我辅导学生的耐心与爱。2012年,我被评为"广州市十佳科学教师"并获颁"农培工作室负责人"牌匾。

2012年,我来到了宝实大家庭,这里温馨、团结、和谐、积极上进有活力。在这么优秀的教师队伍里,我给自己再次定位——做课题研究。海珠区教育发展中心推荐我参加了"广东省骨干教师培训"和"国培计划"之青年教师助力研修班的深造，高校教师教给我许多的理论知识和前沿的教学手段。我也开始领悟到做课题的重要性，它不仅服务于学生，而且在研究过程中还能提升教师的专业素养。2012年，我申请了区"十二五"个人科研课题；2013年，申请了广州市科信局的科技特色项目；2014年，我申请了广州市"十二五"青年教师专项个人课题，还有市特约教研员的个人课题等，这些课题都顺利结题了。这么多的课题，必须要综合考虑，勤思巧干，为了保证每个课题都能落到实处，我把科信局的课题与我们科艺科老师们的常规工作相结合，每个课题都是一个螺旋上升的研究过程，不断提炼科研成果。从教学中发现科研新方向，从科研中提升自己教学水平。

课题研究是发展个人能力和提升素养的一个方向，但是，作为老师，我要扎根于学生，所以我根据我们学校学生和家长的特点，给孩子们选择了一些有意义的科技竞赛。我与科组老师一起做赛前培训和带队比赛；与家长沟通，希望得到他们的鼎力支持。在学校领导的支持和鼓励下，我们学校的科技成绩确实令人骄傲，宝实学子拿了许多个第一名，我也很自豪地说："参加比赛的孩子比我这位指导老师厉害多了。"每当学生们成为荣誉升旗手的时候，在他们看似平静的小脸蛋上，我能感受到他们内心的兴奋与快乐。

来到宝实大家庭，我在教师的路上选择了研修和做课题研究，为学生搭建展示自我的大舞台，让大家看到了我对教育事业的热情与追求。从2012年至今，我被评为广东省南粤优秀教师、海珠区优秀共产党员、海珠区科研积极分子、海珠区青年骨干教师，获得了区嘉奖。在广东省南粤优秀教师的颁奖礼上，我第三次登上领奖舞台，接受省长的表彰。

四、为教育而重生

2016年1月，我的二宝平安出生了，白天带二宝，晚上陪大宝学习，在整个休假期间，我所有的时间被孩子充满了，我曾怀疑自己的教学名师之路，是否因为家庭而戛然止步。休假很快就结束了，我又回到了熟悉的校园，面对新接班上陌生却又阳光的孩子，那种责任感和使命感重新充盈于心间。学校的校领导也非常重视栽培我，让我参加"海教杯"课堂教学技能竞赛，鼓励我上广州市的公开课；区发展中心的曾小兰老师也让我承担"课标解读"专题讲座，给广东省骨干教师培训班的老师上研讨课；我还加入了广州市"刘恩山工作室"并成为核心成员……我们的校长说："你就是在为教育而重生。"是的，我踏上了新的征程。

这条"重生"之路是非常艰辛的。由于晚上长期要照顾二宝而导致记忆力下降，每天要照顾好两个孩子的学习和生活后，我才开始自己的工作时间。我知道当人疲倦不堪的时候去看理论书籍和课标是仿佛吃了安眠药一样会迅速地睡着的，但是，我需要学习和生长，如何让自己高效地把学习与生活融为一体成了我探讨的第一个课题。我想到了听讲座。我在微信中寻找了许多非常好的公众号，每天利用乘车和洗澡的时间来听各种各样的教育科研讲座，我会用心去听专家学者们的对话，从他们的讲座中吸收适合自己的东西，并把这新观点及时记录在本子上。不经不觉的，自己也迅速成长起来了。多节公开课、示范课和研讨课在省市展示，效果良好；2017年4月，在广东省做公开讲座"南粤优秀教师成长之路"，效果良好；2017年6月，论文《搭建有效学习平台，建构完整科学概念》在2016学年广州市小学科学教师优秀教学论文评选活动中被评为二等奖并发表在省级刊物；2017年7月，在"2017年广州市小学科学教师教学能力（常见园林植物识别）竞赛"中获得三等奖；2017年9月，参加广州市实验技能说课比赛，荣获特等奖；2017年12月，在广州市科学教研活动中做全市的展示；广州市"十二五"科研课题"挖掘与转变学生迷思概念行动研究"顺利结题，并获优良成绩。

同时，我为了让学生们得到更多展示自己的机会，我结合学校、学生和家长的特点，开办了"创意搭建"小社团，从扑克牌、叠杯到乐高积木搭建，每个内容都是市、区的科技比赛项目。为了让学生们获得优异的成绩，我每天中午12：40——13：00都给学生们培训，利用节假日的时间带队比赛。好成绩的到来并不是偶然的，我们拿到了许多令人骄傲的成绩。同时，我希望自己的教学经验能够成为学校教学的一个资源，所以，我受邀成为国家级粤教版《科学》教材及教师用书的编委，负责编写五年级教材；带领科组老师研发"电子百拼"校本课程，编写一套《电子百拼》校本教材；受邀参加广州市STEM课题研究，编写了《野外观鸟》校本教材。这些书籍成了学生学习科学知识的宝贵财富。

梅花香自苦寒来，我的努力也获得了学校的认同，2017年，学校推荐我参评广州市教育系统"百千万人才培养工程"第三批名教师培养对象，我顺利通过了评选。现在，我在理论导师和实践导师的指导下，通过多次教学跟岗、异地观摩、名师讲座等活动，我的视野更加开阔，教学水平也有了较大幅度的提高，教学定位也在不断提升，并逐步形成自己的粤派教学风格。

借用一句广告语：人生就像一次旅行，不必在乎目的地，在乎的是沿途的风景以及看风景的心情！在这18年的教学生涯里，我曾经碰到了许多的挫折与失败，但是我从来没有放弃过我的教师梦而努力前行，相信不忘初心，方得始终。

第三部分　学科教育观

▶ 我的教学风格解读 ◀

从教18年，我用爱去教育我的学生，帮助孩子们搭建起一个个闪光平台。我和学生分享着我的成功，也让孩子们分享他们的成功与收获，在这过程中，我的教学风格便形成了，就是"温润、自信、创新"。

1. 温润

温润，常用来形容玉，指人的性情温和美好。我认为，科学课是所有学科的基础，学习科学知识需要调动多种感官，动手动脑参与，通过观察与分析数据获得科学结论，它对学生的专注力、思维能力要求特别高。所以，我注重课堂激励，少批评，多教育，耐等待，让学生知道科学课是需要思考和静心的。

在课堂教学中，我给学生设计了评价量规表，积极举手发言、纪律好、实验过程认真互相合作的都会给一个大组加分，但是如果有同学吵闹、被同学告状等会扣大组的分数。每次分数最高的大组会加 1 分，积累到期末，这些分数就会转化为考试加分。因为有了奖励机制，所以我在课堂上不需要严厉批评学生，课堂纪律就能保持良好。

2. 自信

自信，是指自己相信自己，敢于表现自己。科学课注重探究的过程，科学探究目标是通过多种方法寻找证据，运用创造性思维和逻辑推理解决问题，并通过评价与交流等方式达成共识的过程。所以在课堂上，我会自信地在学生面前展示自己的"成功"与思考，让学生感受自信的我，同时也把这份自信心传递给学生。

我参加各种各样的教师技能、论文、教育故事、案例比赛，主持和参与多个课题研究，参加学生教材、教师继续教育教材、校本教材的编写工作。这些都成为我和学生在课堂上交流分享的话题。因为，我要让学生知道，只要有信心迈出第一步并付诸努力，就一定会有意想不到的收获。老师的亲身经历成了学生学习的榜样，我的学生在科学学习上获得自信，敢于挑战任务和分享自己的思考、大胆参加科技比赛，争取荣获佳绩。

3. 创新

创新，指以现有的思维模式提出有别于常规或常人思路的见解，利用现有的知识和物质，在特定的环境中，本着理想化需要或为满足社会需求，而改进或创造新的事物、方法、元素、路径、环境，并能获得一定有益效果的行为。科学知识日新月异，科技比赛项目也越来越多，我不仅有自己的传统比赛项目，同时也会不遗余力地开创新项目，在课堂上以不同的方式传递新科技与新尝试，让学生感受到创新的重要性。

我指导学生参加的科技比赛种类超过了 20 种，有天文知识竞赛、魔方比赛、叠杯比赛、野外识别、发明创作类、创意搭建比赛、科幻画比赛、科学实验、自编科学书、科学探究、环保剧、知识产权演讲比赛等，在培训学生参赛的过程中，我自己的专业素养也不断得到提升。

▶▶ 我的教学主张 ▶

科学技术日新月异，作为一名科学老师，当我还在备着当下教材中的教学内容时，崭新的科学知识、大数据、电子时代已经铺天盖地袭来。科学的核心素养是什么，学生学习的科学知识能够解决哪些生活中的问题呢，我们的孩子应该具备哪些品格等，都是我做老师一直思考和追问的问题。从一所市一级学校到省一级学校工作，即使教学环境与对象发生了改变，但是我要让学生们能像"科学家"一样做研究的主张从来没有改变过。

第一：让学生经历科学家的研究过程。

教师是学生学习的一面镜子。如果教师的课堂教学随意，说话不严谨，脾气暴躁的话，他所教的学生在课堂上将会表现出纪律散漫、做实验不认真参与、小组合作容易产生冲突、依赖别人告知答案等不良行为。因此，为了让学生明白科学家的研究过程和意义，我会在课堂上设计有深度的问题，不急不躁，与学生平等对话。当学生做实验时，我会到每个实验组指导，鼓励学生要不畏困难，大胆思考，认真记录与分析数据，最后能够像"科学家"一样把自己的发现告诉大家，互相评价，在事实的支持下得出结论。

例如，低年级的学生在学习"观察蜗牛身体结构特征"时，有的小蜗牛身体不伸出来，学生难以观察，心情非常着急。这时，我会告诉学生我们不仅可以加点水引诱小蜗牛出来，而且还要像科学家那样耐心等待，对外壳做更加细致的比较观察。

第二：了解前概念，选有价值的问题做探究。

我追求高效课堂，在研读多套教材的过程中，我发现每套教材都有其特色与优势；但是，我发现学生在课前就形成了一个较稳定的知识体系。能力好的学生课外阅读量大，知道的科学知识丰富而较为完整，而大部分学生会知道不是很完整的科学知识，但是学生们的兴趣点较为统一的，所以我会利用课前访谈、课堂导入交流等环节了解学生的"前概念"，然后因势利导而展开教学。

例如，高年级的学生在学习"太阳系"一课时，由于学生对自己生活的地球等有一定的了解，尤其在科幻电影铺天盖地的情况下，学生获得的前概念有很大的差异性。所以，我会在课前以与学生聊天的方式调查他们对太阳系的理解，然后再结合教材设计教学过程。

第三：鼓励学生大胆尝试，敢于挑战。

许多老师都希望自己的课堂能滴水不漏，每个环节的预设都是十全十美，使学生能在蜜糖圈里学习新知。但是，这种形式上科学课是不行的，因为科学家的探究活动要经历了许多次失败，要经过反复验证的。所以在科学课堂上，不需要精美的预设和准备完美的教学具，教师只需要精准地激发学生思考问题，多做猜想，当学生遇到困难时能适时点拨，帮助学生有勇气继续坚持下去，寻找证据，尊重事实。

第四：建立信心，搭建闪光平台。

还记得自己在市一级学校工作的时候，经常会情不自禁地羡慕那些名校的教师，觉得他们的科技比赛成绩总是那么优秀，一等奖的获奖者特别多。但是，当我被调到省一级学校工作后，我发现了一些真实的情况：有的老师为了追求突出的成绩，每次科技比赛基本上都是找那些成绩非常优异或者家长能力很强的学生参赛，那些普通的孩子基本是无缘代表学校参赛的。我看到这个情况后，在心里默默许下心愿，我要做学生们的引路人。

每次科技比赛，我都会在所任教的班级里发动和选拔学生参赛，然后陪伴学生反复训练。在训练中，我不仅教给学生们科学知识，我还让学生们学会合作交流，建立团队意识；我会告诉学生们，你们能够举手报名参加比赛就是赢了，只需要态度端正，刻苦训练，就肯定能获得好成绩。由于我的培训到位，给学生们传递了正能量，即使我带领的只是班级中处于中游，甚至中下游水平的学生，我们的科学竞赛成绩都非常优异，经常拿下市、区一等奖第一名的成绩，而每个参加比赛的学生在比赛结束后都成了我"老师"，他们都比我这位导师厉害。时光荏苒，近五年我指导参加科技竞赛并取得佳绩的学生超过两千人，我也成长为学生和家长信任的好老师。

▶ 他人眼中的我

1. 同事眼中的我

李老师对教育事业十分忠诚和热爱，有着强烈的事业心与责任感，关心和爱护学生，为人师表，教书育人。她思维严谨、博学勤奋，认真钻研课标及教材，经常利用空余时间阅读教育方面的书籍；她的课教学目标明确，教学设计新颖，教学态度亲切自然，语言简洁明了，课堂组织有序，师生总是在一种和谐平等的状态下进行双向交流。为了提高自己的教学水平，她经常跨学科听课，学习不同学科老师的课堂调控方法，是一位值得尊敬与爱戴、学习的资深教师。

她很关注年轻教师的专业成长，竭尽所能帮助新教师上课、备课和赛课，为新教师拉起前行的风帆，为学生搭起展望未来的平台。

2. 领导眼中的我

李瑞雯老师是2012学年调入我们学校的，还未调入之前就已经在区内鼎鼎有名了，是广州市"十佳"科学老师。李老师到了我校后，充分发挥了带头作用。她带领着科学科的老师一起备课，提高科学老师的教学能力；重视培养学生的科学素养，积极参加各项科学比赛，以赛促练、以赛促学生的成长。而且她十分平易近人，同事有需要帮忙的地方都二话不说地支持和配合。李老师不仅自身的基本功过硬，而且不断提升自己的教育教学和科研能力，所以她在专业上发展得越来越好!

3. 学生眼中的我

李老师像我的妈妈,温柔而美丽。课堂上李老师带我们观察植物,做实验,讲科学小故事,我们班的同学都好喜欢上科学课。

——一年(5)班 梁浩轩

李老师是我三到六年级的科学老师,还记得李老师刚刚接班的时候,我们班的几大"天王"每次上科学课都迟到,或者课前打架,他们都是全年级的风云人物。可是,每次李老师都是不急不慢地与"天王"课后磨耳朵,像妈妈一样和他们讲道理,从刚开始时的偶尔顶撞,到半个月后的尊重与信服,他们仿佛是中了李老师的"魔咒"一样,在科学课堂上不惹是生非,不乱发脾气,还积极举手发言,而有时候违反了课堂纪律,李老师只需要看看他们,他们就马上会听话了。"天王"们说:"李老师是个讲道理的人,而且她就像我妈妈,恩威并重,所以我会听她的话。"

我从小就喜欢学习动植物知识,希望长大后成为一名生物学家。自从遇到了李老师,她带领我参加观鸟比赛和植物识别比赛。从开始时她教我,到我自己越来越沉迷进去,每天都捧着一本本厚厚的书籍阅读,最后成为李老师的"老师"。她常常在同学和其他老师面前夸我是植物"小博士",让我自信满满。现在我已经考到了中山大学附属中学了,李老师依然是我最喜欢的老师。

——六年(3)班 黄泽(2016届毕业生)

4. 家长眼中的我

李老师是一个值得孩子和家长尊重的好老师。还记得在孩子读四年级的时候,由于孩子他爸爸经常出差,自己工作又很忙,所以没有太多的时间管教孩子。有一段时间,孩子在学校特别调皮,课上不好好听课,就是喜欢看课外书。李老师发现后,并没有当众指责孩子,而是课后耐心地和他聊天,引导他要认真上课,还鼓励孩子要多利用课余时间看各种有益的书;而且每次科学课开始的五分钟都让他在全班做"小老师",和大家分享自己知道的课外科学知识。慢慢地,孩子越来越喜欢上科学课,而且还主动参加纸飞机、观鸟和辨认植物等比赛,并拿到不俗的成绩。感谢老师对孩子的教导和陪伴。

第四部分　育人故事

守望成长，静待花开
—— 一个"调皮蛋"转变的故事

我是一名土生土长的广州人，虽然没有伶牙俐齿的好口才，但是我用自己的爱和智慧去感化学生。

台湾著名教育家高震东先生曾说：爱自己的孩子是人，爱他人的孩子是神。我是一名专职小学科学的教师，教过的学生不计其数，他们的故事都成了我最美的回忆，其中有这么一个学生却让我又爱又"恨"。

小东是我生完二宝后回来接的第一批学生，还没有跟孩子们见面，而他的大名我就已经听过了。还记得那天我上的是"电"单元的第5课"导体与绝缘体"，课堂上的第一个活动是检测身边有哪些物体可以让小灯泡发光。这个活动大家可喜欢啦，纷纷从笔袋、书包里拿出了好多东西做检测，认真钻研，积极讨论。突然小轩嗷嗷大哭，伤心地投诉小东抢他的东西去做实验，而且还嘲笑他笨。

"小东，是你抢了小轩的笔吗？"我问。

"没有，我是拿的。"小东狡辩道。

"你有嘲笑小轩笨吗？"我继续追问。

"不是我先说的，大家都说他笨。"小东继续辩解。

这家伙果然聪明，把做错的事情都推得一干二净。为了不影响正常的教学秩序，我对小东说："孩子，这件事情我们下课后再解决，请先回座位。"这时班上的孩子都做完了实验，陆续安静下来了。此时，小东失控了！他不仅不回座位而且还在班里乱窜，并故意去拿同学的东西。我生气地说："小东，请马上回座位。"话音刚落，他居然当着全班同学的面向我竖起了中指，有些比较调皮的孩子还特意大声地说："老师，他用粗口骂你，他已经向很多老师竖中指了。"与其说提醒，不如说他们想看热闹，想试探李老师的能耐呢。当时我很生气，吆喝道："你知道什么是尊敬师长吗？你这个行为课后我会和你家长反映，现在马上回位置坐好。"他继续向我竖中指，而且故意走到课室后面的书架那里看书。这可是我从教以来受到最大的侮辱，班里看热闹的孩子越来越多了，怎么办呢？此时，我深呼吸了几次并调整了情绪继续上课，打算课后再收拾他，谁知道下课铃一响，小东早已不见人影。

中午我找来了小东，本来想心平气和地教育他的，他不仅不道歉，而且在我说话时东张西望，一点都不尊重老师。这孩子才四年级啊，怎么会这样呢？我没有继续说下去。我想，孩子的性格和习惯形成必是与他原生家庭有着密切关系，于是我联系了小东的班主任了解孩子的家庭情况。据陈老师反映，小东父母都是高管，平时工作很忙，经常出差，孩子从小就是老人家带的，老人家非常宠爱孩子，不容易接受老师的意见，而且还埋怨学校的老师是因为能力不够，所以孩子才这么调皮的。言毕，我终于理解小东为什么对同学霸道、对老师不尊重了。我应该怎样教育他呢？如何与他的父母沟通呢？那天我没有休息，坐在办公室的位置上想对策。

四年级的孩子正处于向青少年过渡的儿童期后期阶段，他们开始意识到"自己"，并尝试"挣脱"大人控制，有一点叛逆了。如果有家长的撑腰，这些孩子就会更加无法无天。于是，我对小东的教育做了以下规划。

第一，与家长交朋友。与家长对话就是我教育的第一步，妈妈是高管，说起话来可能比我还厉害，所以我必须有备而来。我在网上查到，在公共场合辱骂他人、涉嫌公然侮辱他人是属于违法行为。做好准备好，我拨通了小东妈妈的电话，一开始家长知道我是科学老师就有点不耐烦，觉得我在找碴，当我跟她描述孩子今天的行为时，她认为不可能，而且还补充了一句："李老师，小东自小就喜欢科学，在家里常看科普节目，他应该会好喜欢上您的课啊，怎么会不认真呢？是不是老师讲课的内容不够吸引孩子呢？"面对家长的质疑，我平和地说："小东妈妈，今天科学课堂上的事情经过您可以向孩子了解，但是，不管教学内容如何，对老师不尊重，当众侮辱老师是不对的行为，小东才四年级，如果一旦养成了习惯，长大后也是这样的话就不堪设想了，国家《治安管理处罚法》第四十二条可明确规定了处理的方法。"突然，家长的语气变客气了，马上说要配合学校教育孩子，还让孩子在全班面前向我道歉。第一次通话，我"赢"了。为了消除芥蒂，我又了做了战略调整。在小东向我道歉后的那个星期，借着选拔学生参加广东省观鸟比赛的契机，我再一次拨通了家长的电话。这次，我是以小东课外知识丰富为由，诚邀她和孩子一起参加赛前培训，她开心地答应了。还记得那是一个炎热的下午，小东一家三口穿上了标准的户外考察套装来到了海珠湿地公园的集合点，这家人真是标准的"高、富、帅"啊，一身名牌，手上的望远镜就是为了这次培训而买的，好几千呢。我和他们闲聊了一会儿，等人齐了就开始培训了。这次培训很成功，所有孩子都跟着我走了两个多小时，最后的分享会上小东也发言了，他说："观鸟好辛苦，但是又觉得好玩，而且还能认识到这么多的小鸟。"他的父母也在活动结束后给我发了感谢的信息，并报名参加校内选拔赛。从那一次培训后，我和小东的家长做了朋友，经常交流孩子的近况，而小东在科学课上变听话了，虽然偶尔会随意走动，但是当我批评他的时候，他也不再顶撞并能马上改正。

第二，让孩子喜欢科学课。为了让他喜欢上科学课，我会把一些科技竞赛的内容渗透到常规教学中，例如，纸飞机、气动枪、叠杯、观鸟、纸桥承重等。每次我都鼓励小东报名，他也是很乐意接受挑战。虽然暂时没有出线，但是他对科学学习的热情大大提高，家长感谢的声音也越来越多；在课堂上，当小东犯错时，我也会选择正面管教的方法来教育他。

第三，让孩子在科学课学习中有成功感。成功是前进的动力。为了让孩子能获得优异的成绩，我根据区专科期末综合练习指导意见，对任教年级制定了多元测试机制，学生的科学成绩在原来的做卷子和做实验外，增加了"课外小实验"视频作业和科学技能考察。从单一的测评到多元化测评，从家长和孩子觉得麻烦有意见到主动完成，其间，我做了许多的努力。我希望让每个孩子都能发挥自己的优势，获得全A成绩。而小东就是品到甜头的孩子，虽然他的笔试不是很理想，但是其他三个测评都很高分，所以是全A。他非常的开心。虽然他还有许多缺点，但是他的转变却让我感动不已。

常言道：调皮的熊孩儿就像一个表面不好看的洋葱，皱巴巴的，可是当你小心一层一层地瓣下来时，总有一片会让你感动而流泪。每个孩子都是一朵花，虽然花期不同，但是总有他绽放的时刻。而我，就是那位守望成长，静待花开的园丁。

附录　教学现场与反思

教科版《科学》三年级上册第四单元"水和空气"教学设计

本节课选用概念转变的科学教学模式中的"5E教学模式"，注重培养学生的实证意识和数据分析能力。5E教学模式有五个步骤：①吸引：通过教师的魔术表演，激发学生探究揭秘"空气能否占据空间"的热情。②探讨：首先通过自己动手玩"魔术"探索"水不湿"的原因，在玩中感知"空气像水一样可以占据空间"。接着通过第二个探究活动比较观察、感知注射器里的空气和水占据的空间大小的变化。③解释：生动有趣的活动，激发了学生的求知欲，他们急切想知道"为什么空气占据的空间大小可以被改变""为什么被压缩的空气会有弹性"等科学现象的本质。教师借此充分引导学生进行大胆想象，尝试对活动中观察到的有趣科学现象进行解释。④精确化：通过维恩图表，比较分析空气和水的共同点和不同点，获知空气占据空间大小可改变的特性。又通过思考"生活中关于空气可被压缩的应用例子"，进一步将科学概念精确化。⑤评价：师生与生生互相评价，促进科学概念的有效生成。

同时，此课以两种教学理念为指导。①以瑞士心理学家皮亚杰的认知发展机制理论为指导，关注儿童的智力结构具有整体性、转换性和自调性三个特征。②了解学生的前概念中存在的迷思概念，以迷思概念作为教学起点，使用结构性活动和结构性材料帮助学生建构正确的科学概念。

【教学内容】

学生将通过"玩中学"的体验活动，构建"空气能占据空间，空气占据空间的大小可以被改变"的科学概念。本课主要包括4个教学内容：①体验感知空气和水能占据空间。②探究空气和水占据空间的大小能否被改变。③解释空气占据空间大小可被改变（可压缩或可扩大）。④应用本课所学的知识，找找生活中关于"空气可被压缩"应用例子。

【教学方法】

此课主要以"5E教学模式"展开。学生将通过简单而生动有趣的活动，探究"空气能占据空间，空气占据空间的大小可被改变（可以被压缩或扩张）"。并通过维恩图，比较分析空气和水的共同点和不同点，获知空气占据空间大小可改变的特性，进一步将科学概念精确化。

【学情分析】

1. 前概念调查方法及结果分析

课前教师使用访谈法来了解学生的前概念。

（1）问题1：老师这里有个装满水的瓶子和一根吸管，你有办法让瓶子里面的水跑出来吗？

学生回答分析：大部分学生都想到了用吸管往瓶子里面吹气，然后把水赶出来。

（2）问题2：当我们用吸管往瓶子里面吹气时，为什么水就会跑出来呢？

学生回答分析：86%学生认为空气占据了瓶子的空间，水没有空间了，所以就被赶出来了；14%学生认为是有力量把水给挤出来了。

（3）问题3：给这个瓶子套一个瓶塞，可以不断地往里面吹气吗？为什么？

学生回答分析：这次绝大部分学生的回答是没有把握的，都是以"我猜""我想""可能"回答。

2. 学生存在迷思概念分析

从课前教师访谈中，我们发现学生对"空气能占据空间"这个科学概念是比较容易掌握的，也能很快理解"占据"的意思。但是，后面"空气占据空间的大小是可以改变"的科学概念就基本上是一片空白，有的是对其了解不完整的，所以迷思概念是"空气占据空间的大小是可以改变"。

这节课是本单元第6课，学生在前面5节课里已经知道了水的一些特性及空气存在于我们周围等科学知识。这节课是在前面5节课的基础上展开的关于空气特性深入研究，并通过实验观察比较和维恩图的总结归纳，让学生在玩中学习有关空气的特性——空气能占据空间，占据空间的大小可改变（可被压缩或扩张）。三年级的学生天生好动、好玩，他们的学习动机被由直接与学习活动本身相联系的学习动机所支配，他们的注意以无意注意为主，逐步向有意注意发展，且注意的集中性和稳定性不断提高；他们的思维以具体形象思维为主，逐步向抽象逻辑思维发展。思维活动已经具有一定的组织性、创造性、独立性和批判性。

【教学策略】

此课关注学生的前概念和思维认知规律。由于三年级的学生学习以体验感知为主，所以本课的教学活动以简单的、生动的体验活动为主。另，三年级上学期的学生尚未掌握"体积"的概念，空气又是看不见的物体，所以本课选择结构性的活动和结构性材料为学生展开教学。遵循学生的科学思维发展。

运用通过师生评价，生生互评，促进课堂教学成功有效。

【教学目标】

（1）初步感知空气能占据空间，空气占据空间的大小可以被改变（可被压缩或扩张）。

（2）通过对比观察水和空气占据空间的科学现象，在科学事实的基础上进行预测和解释。

（3）培养与他人合作的良好习惯，形成尊重事实、实事求是的科学态度。

【教学重点、难点】

重点：通过比较实验，充分感知空气占据空间的大小是可以改变的（可被压缩或扩张）。

难点：解释空气占据空间的大小可以改变。

【教学过程】

1. 吸引

师：（老师出示三个杯子）同学们，老师今天带来了三个杯子，现在我向第一个杯子倒入大米，你们看这个杯子里的空间被什么占据呢？

生：大米。

师：现在老师向第二个杯子倒入水，现在杯子里面的空间呢？

生：被水占据了。

师：大米和水能够占据杯子的空间。（板书：占据空间）

（设计意图：通过此活动帮助学生建构空气能够占据空间的科学概念。）

师：第三个杯子我不加东西进去了，你们觉得里面有东西吗？

生：有。

生：没有。

师：有什么呢？

生：有空气。

师：你们有办法证明里面有空气吗？

生：把杯子放到水里可以看到气泡。

师：大家说到了水，老师想到了一个利用水和杯子来玩的魔术。还要拿出一张纸做魔术道具和请出一个小助手，谁来？

生：我来。

师：好吧，请你来。你帮我检查一下这张纸和杯子里面是干还是湿的。

生：有点湿。

师：用纸擦干吧，现在怎样？

生：干了。

师：请同学们仔细看清楚了，我把杯子倒扣慢慢放到水底，然后再慢慢地提起来，你们猜纸巾会怎么样？

生：变红色，湿了。

生：没有变化，干的。

师：到底会怎样呢，一起来看。

（师演示，学生仔细观察）

生：干的。

生：真的是干的。

师：为什么是干的？

生：因为里面有空气。

生：水进不去杯子里面。

师：到底是怎样？大家想做这个魔术吗？

生：想。

师：大家可要仔细观察，一边做一边思考，揭开"纸不湿"之谜。

活动一：学生做空气占据空间的实验。

师：你们都成功了吗？发现了什么？

生：纸巾没有湿。原因是杯子里面有空气，它像个盖子一样把杯口封住了，所以外面的水跑不进去了。

生：里面有空气，空气占据了杯子里面的空间，所以水跑不进去。

师：好的，现在我把杯子再次放到水里，你们看现在怎么了？

生：湿了，有泡泡。

师：为什么会湿了？

生：水跑进去了，里面的空气被赶出来了。

师：这说明了什么？

生：空气可以占据空间的。

（设计意图：教师通过演示魔术引出实验的方法，激发学生对空气能否占据空间的问题做仔细观察和思考。）

2. 探讨

师：空气占据空间的知识还有很多很多，为了研究，首先我们要找一个容器把空气装起来，可以用什么呢？

生：用杯子来装。

生：用塑料袋来装。

师：同学们真聪明，老师今天也带了一个新朋友，它的名字叫作注射器。注射器是由针筒、活塞两个部分组成的。你们有办法让空气占据注射器里的空间吗？谁来试试。

（学生演示将空气、水抽入注射器。）

师：现在空气已经占据了注射器里的空间，那空气占据的空间有多大呢？我们通过刻度就知道了。这里每个刻度是0.2毫升。当我们读出这个注射器里面空气和水占据的空间时，眼睛要和注射器最下端的黑缘处持平。

师：我往后拉，这时候出现什么呢？

生：空间增大。

师：越往后拉，空气占据的空间就越大了。那我把活塞往下压呢？这时候空气占据的空间就小了。

师：如果我们用手指将针口堵住，然后用另一只手用力去拉或者压活塞，你们猜会有什么奇妙的现象出现呢？

生：空气出不来。

师：让我们看一段视频了解实验过程。

（设计意图：通过看视频，让学生清楚知道实验步骤，使实验更加科学严谨。）

师：实验前老师要提示三点。①我们先做空气的实验，再做水的实验。②边做实验要边观察，还要完成记录单。③在实验过程中，我们一定要把针口堵住，避免空气或者水跑出来！

活动二：学生做改变空气与水占据空间大小的实验。

师小组指导：你们观察到了什么？空气占据的空间有什么变化？

3. 解释

师：请坐好。下面谁来汇报你们的发现。

生：我发现用手压活塞时，空气占据空间变小了，向上拉时，空气占据空间变大了。

生：我发现用手压活塞时，水是压不下去的，顶着手，当用手向上拉时，水占据空间不变。

生：水往上拉时，空间变大了。

师：你真会观察，空气占据的空间可以被压小或增大。因为空气分子始终要占据一定的空间，所以不可能一直压下去，所以越来越难压。让我们一起来看PPT了解一下吧。

（设计意图：通过PPT中生动的动画解释，让学生清楚地知道空气占据空间的大小是可以发生变化的,而水占据空间的大小是不容易发生变化的。)

4. 精确化

师:其实空气是由一粒粒微小的空气微粒组成的,当我们把活塞向下压的时候,空气的微粒就受到挤压,占据的空间就变小了;当我们把活塞往上拉的时候,空气微粒占据的空间就变大了。

师:一般情况下,水占据的空间是不容易被改变的,只是水里的空气释放出来了。(出示 PPT。)

师:我们来回顾这节课的内容,一起来看看空气和水有什么相同点和不同点。(出示 PPT 填维恩图。)

生:相同点是空气能占据空间。

生:不同点是水占据空间大小不容易改变。

师:在我们的生活中有哪些物品是应用了空气的这些特性呢?

生:足球、篮球、打气筒。

生:橡皮筋。

师:橡皮筋是另外一种材料,它确实有弹性,可是跟空气无关,我们以后继续研究。下面我们一起来看看以下的物品,它们也是利用这个特点来制作的。其实空气还有很多秘密等待着同学们去探究。

(设计意图:让学生通过这节课所学习的知识来分析生活中有哪些物品是用"空气占据空间大小可以变化"这一特性的,老师恰当地补充,让学生知道得更多。)

【教学反思】

这是一节典型的实验探究课,课后我对本课做了深刻的思考,发现本课的优点有以下几个方面。

(1)教学过程清晰流畅,学生在我自信、温和、有条理的语气中做实验探究。

(2)课前准备充分。我能尊重学生认知规律和能力水平,对教学内容和教学用具做了创新性的调整,采用5E教学模式,让学生能够经历一个像科学家那样做细致、严谨的实验探究的过程。

(3)课堂提问的难度把握得当。通过设计有梯度、有深度的问题,带领学生不断走进知识的"深水区"。

(4)注重培养学生的实证意识。课上通过做实验和数据分析的方法获得科学结论,帮助学生形成正确的科学概念。

(5)抓住"火花",善用评价。我在课堂上能关注学生生成的"火花",鼓励学生大胆表达自己与他人不同的想法,通过师生互评、生生互评,培养学生自信发言、大胆创新的意识。

(6)正确把握好本课的教学重点、难点,实验材料简单有效。

此课仍然有一些需要改进的地方，具体有以下几点。

（1）我在解释被压缩的空气有弹性这一科学原理时，发现有少部分学生是难以理解这个科学概念的，他们可以发现和观察到现象，但是理解不了到底是空气分子被压缩还是空气分子之间的距离被压缩。我觉得，这个环节可以弱化此概念，降低教学的难度，只需要凸显像科学家那样通过实验和观察发现自然现象的过程就可以了。

（2）学生在做实验二"针筒里的空气变化"时，我发现有部分学生较难用数据去分析空气占据空间的变化过程，因此，我认为可以把定量的实验，改为用三种不同颜色的笔在针筒上画记号，通过分析针筒上的记录，寻找空气在针筒中变化的规律，从而获得空气是可以被压缩的科学概念。

兼融开放　多元创新

广州市海珠区南洲小学　黎超莹（小学综合实践活动）

第一部分　导读语

　　黎超莹，高级教师资格，现任广州市海珠区南洲小学教导处副主任，先后被评为广东省"十佳"少先队辅导员、广东省百名优秀德育教师、广州市优秀班主任、海珠区基础教育"名教师"和区首批"少先队辅导员名师"等称号。我热爱探索教育的本质，勇于创新，多年来主攻德育教育与小学综合实践活动学科。我主持或参加区级以上课题研究共12个，获得中国青少年研究中心授予全国教育科学规划课题"科研先进个人"称号，其中，获省级优秀成果4项，市级优秀成果2项；曾作为核心成员参与省级教材《少先队活动》与《学生成长手册》编写；多篇案例和论文在教育类专业期刊上发表，并多次到中小学进行教育教学专题讲座。

　　我是一个土生土长的广州人，在粤派文化的浸润下成长，有着广州人开放包容，务实、爱创新的特质。我参与了不同领域的学术组织，曾任广东省教育学会综合实践活动学科专委会理事、广东省青少年素质拓展研究会会员、广东省民间文艺家协会理事、广州市教育学会小学教育专委会常务理事、广州市优秀班主任协会成员、海珠区少先队辅导员专委会秘书长等职务。我喜欢从多个角度思考课程本质，强调以"生活探究"为核心，致力让学生把学习融入生活，体现学习在生活中的价值，充分发挥"多元开放、兼融创新"的教学风格。在我的教学中，经常以中华传统文化为基础，吸纳海外文化精华，进行融会升华，强调即时的感受，讲究学习主体的领悟和体会。我认为，教育不能求全，尽管每个学生的表现不尽相同，只要在某一方面有进步的表现，也应认为他的学习是有收获的，是成功的。

第二部分　名师成长档案

在《论语·子罕》中，孔门弟子对孔子有这样的评价："子绝四：毋意，毋必，毋固，毋我。"意思是做事应不执一己之见，群策群力，善于从别人的意见经验中摄取精华，遇事懂得变通。我觉得这句话对现代的教师同样适用。我总认为，"行者常至，为者常成"——只要坚持做事的人总会成功，只有不断前行的人才会达成梦想。

一、"毋意"而通，心无旁骛方能行

1994年，中师毕业的我如愿地成了一名教师，默默地倾诉着对教育事业的热爱。在一线教育工作的我，身边的同事大多都"从一而终"，专一科目发展。而我却因学校工作调配，不断地转换学科。从教以来，我涉猎了不同学科的教学，先后任教了语文、数学、品德、美术、信息技术、科学等传统学科，也担任了班主任、辅导员、教导处主任等职务。虽然很多前辈都认为，这样的经历不利于我的专业成长，但我却认为，多学科、多角色的转变让我打下了理性、多维思考基础，能统筹、整体化处理各种问题。不断地进修学习使我知识积累更丰富，撰写的案例论文更具科学性和条理性。在这些角色的转变中，我不仅磨炼了教学基本功，还渐渐建立起自己的"教育思维"雏形。

因此，无论是教哪一科，我都迅速投入到其中，钻研其教育本质，聆听学科教师的意见并将实际的建议付诸实践。虚心学习，令我迅速成长，我曾参加语文、数学、科学、美术的教学或技能比赛；考取了广东省奥数一级教练员证书，曾获得全国辅导员说课展示特等奖，市少先队活动课赛课一等奖，市美术教学辅导二等奖；两次获市数学解题比赛三等奖，五次市综合实践学科优秀成果二等奖等多个学科教学技能奖项。我相信学生的潜能是无限的，因此常常发挥他们的主动性和创造性，在德育及体验活动领域开展了多方位的研究，以创新的形式锻炼学生的综合能力，取得了不少经验，六次获区"海少杯"教育论文与德育案例评比一等奖。

"毋意"，让我乐于接受事实，不执己见，海纳百川。

二、"毋必"而变，随遇而安找突破

2005年，在机缘巧合下，我开始接触综合实践活动学科，并成为区中心教研组的一员。多年的多学科教学与组织活动经验令我迅速爱上了这个学科。带着实践中的思考，我进入了新一轮的学习中。我先后研读了《综合实践活动老师指导用书》《综合实践活动研究》《中小学综合实践活动教学活动设计案例精选》等书刊，并在全国综合实践活动学科年会、市区中心组等进行了实战观摩。这让我更加明确其课程属性、课程目标与任务，准确把握课程内容。

综合实践活动学科作为活动课程与其他传统的学科课程有着巨大的差异。没有考试，没有统一的评价标准，更没有一成不变的教材，所有的教学资源都是动态的，我开始不把教学"结果"作为唯一的评价标准。我的思维站位不再拘泥于追求课堂的成功，而转向追求"适变"，"变"中求发展，反思自己的教学行为，在"有效"上下功夫。我因应学生、课程内容及活动背景的差异，建构不同的教学情境，千方百计地寻找切入点给他们以启发、点拨，最终使学生对设置的问题能不断地反思、内省、升华。渐渐地，在综合实践活动学科中，我开始找到了自己努力的方向。

2007年，我作为唯一一个一线教师代表，在广州市教育学会小学专业委员会年会中介绍了自己的综合实践教育案例"把学习融入生活，体验学习的价值"；2010年，又在海珠区小学综合实践活动学科全区教研中介绍教学经验。

"毋必"，让我懂得应事而安，客观分析，灵活变通。

三、"毋固"而容，百尺竿头更思进

2008年开始，我致力研究"体验式"活动对学生成长的影响，主持了中国少先队工作学会的"少先队活动与综合实践活动有效整合的策略研究"课题，尝试用"课程思维"重组"零碎活动"。虽然我在综合实践学科教学上有基础，但我渐渐觉得力不从心。要落实活动课程的常态化，其前提条件是课程内容相对稳定。只有课程内容相对稳定，才能提升课程品质，也才能谈到对课程实施的更高要求，只有课程内容稳定，才能不受教师变动影响，才有可能保证学习内容的阶梯性，避免重复性，保证延续性，避免随意性。

学科教学的老师往往会局限于自己的领域，因此必须拓宽自己的眼界，才能有比别人更远更阔的视野，取长补短。我利用在德育工作中收集的社会资源，开始研究学校综合实践活动学科校本教材的资源开发。我立足学校，设计一份调查问卷，了解学生所喜欢的实践体验活动，开发时代气息强、活泼新鲜、符合学生心理需求的课程资源，以此形成序列，打造校本课程。学生可以根据年级对应的社区资源，确定适当的活动"主题"；在同一主题下，通过自主选择、主动探究、小组合作等方式开展不同的"活动"，使学生在小学阶段能到不同性质、不同类型的社会单位进行参观学习，接触不同层面、不同内涵的社会知识，实现了走出课本、走出校园、体验社会的教育理念。

我开发了菜单式的社区活动资源网络，一方面为学生提供丰富的教育教学资源，另一方面解决了学生人数多、师资力量不够、校外活动时需要的经费、时间、安全措施等问题。菜单式的社区活动资源网络，是课程可用资源的"半成品"，教师和学生可以根据需要增删内容，针对主题进行再度创造，使其形成一定的系统性；并提供了不同的指导模式和策略，充分体现开放性、实践性和生成性，有效促进了课程的常态化。经过实践，我主编的校本教材获得中国少先队工作学会校本教材设计一等奖；我采用菜单化的设置形式编写了第一套少先队活动课程区级教材，并带领各试点单位进行实践，成为海珠区区域使用的活动课教材。广东省教研院对此套教材高度肯定，邀请我成为广东省《少先队活动》教材编写组核心成员。

"毋固"，让我珍惜集思广益，流通有无，摄取精华。

四、"毋我"而新，策马扬鞭自奋蹄

"学而不思则罔，思而不学则殆"，为配合区综合实践活动课程的实施，我先后担任区小学综合实践活动教学研究会理事，区"明珠杯"和"海教杯"课堂教学评比评委，参与区基层学校视导听课工作。另外，我还参加了"2015 国培班""广东省骨干教师培养对象""广州市百千万名师培养对象"等综合实践活动学科专业培训。在自身成长的过程中，我更认识到，学科发展，不能单靠个人力量，还需要培养更多的"同行"，才能有效推进学科建设。我积极配合学校的邀请去开讲座，并搭建了"团队联动"的平台，与多位外校和校内教师师徒结对，到基层兄弟学校协助建设综合实践活动学科，参与青年教师的备课、听课、评课、议课，能够提供帮助的从不保留。因为，与教师们的交流和磨课，也是我的一次学习机会，是把自己的实践上升为理论的契机。

我认为，教育是共通的，无论行政职务多么忙，我坚持教育教学一线工作，矢志教育教学改革，求实创新，把"体验式活动"贯穿于自己的德育工作与综合实践活动教学上，使两方面的教育教学能力都各有建树。继 2013 年获得由海珠区教育局颁发的"区名少先队辅导员"称号后，2018 年 1 月我获得"海珠区名教师"（综合实践活动学科）称号，充分展示了我的教育教学能力。2017 年 7 月开始，受广东高等教育出版社邀请，我作为核心成员编写了《小学生综合素质评价手册》，更深一步地了解目前综合实践活动学科的趋势。我积极参加各类学科比赛，获市综合实践活动教学成果小学二等奖 5 个、三等奖 3 个，市"一师一优课"一节；多个实践活动刊登在报刊上；科研成果中，获省、市优秀成果共六个。

我不满足于此，继续自己探索的步伐。根据教育部《中小学综合实践活动课程指导纲要》的意见与习近平同志提出的"没有高度的文化自信，就没有中华民族的伟大复兴"的思想，我参与和主持了省教育科学规划课题"小学综合实践活动变式课型的实践研究"和市教育科学规划课题"基于社会资源利用的小学综合实践活动课程实施策略研究"的教育教学研究。为了探寻能够与教育活动联系起来的资源，我深入挖掘这些课程资源的教育教学价值，根据综合实践特有的活动内容和形式，继而形成可行策略。我利用广东省民间文艺家协会会员身份，与岭南地区的非遗传承人、广大义工团体等一起共同打造了"广大带你游世界""半小时体验圈"与"传统文化体验"等综合实践活动课程，成为我们开展综合实践活动的"活教材"，为学生的体验型、探索性学习创造条件，引导学生亲身感受周围环境和中华传统文化。我以"研学"为链接点，以"体验"为切入点，以"实践"为突破点，以"文化"为媒介，建立了多形式、多内容、多机构、多层次的社区课程大格局，拓宽了校内外教育的深度和广度。

"毋我"，让我不断发现和创新，立足学生发展，追求卓越。

第三部分　学科教育观

我经常会问自己：我们为什么学习？学生为什么不喜欢学习？我觉得，要让学生了解学习的价值，就必须从学生的现实生活的经历与体验出发，让他们回归到生活里，运用自己学习的知识解决生活中的问题，当他们学能所用，就明白到学习的价值了。

▶ 我的教学风格解读

1. 多元开放——以生活引路，开放课堂；以体验参与，多元评价

社会是个大课堂，生活是宝藏，处处都潜藏着学习的元素。引入日常经验激发学生学习兴趣，利用生活中的事例提升学生生活知识与技能，能使课堂更开放；进行课外拓展，对学生的评价多角度，才真正达到因材施教。《中小学综合实践活动课程指导纲要》中指出，"引导学生在实践中学习，在探究、服务、制作、体验中学习，分析和解决现实问题"。这与我"接轨生活，学以致用"的教学理念不谋而合。一个人的知识、能力都是有限的，特别是在这种信息技术迅猛发展的社会，文化的更新转型也日益加快，新的文化也将层出不穷。因此，我们要带领学生跳出书本狭隘的圈子，从生活、自然和社会交往中学习，在拓展了的学习领域和实践中锻炼能力，"授人以鱼不如授之以渔"。

生活中有很多看似平常，但又值得让学生一探究竟的问题。如"咸蛋"是广州人爱吃的食物，但在社会发展与网络的不实传播下出现了信任危机。我抓住学生的好奇心与求知欲，引导学生开展了"为咸蛋'正名'"的主题研究。在研究过程中，学生通过搜索"咸蛋"的来历、制作程序、药用价值等资料，通过采访专业人士、动手制作、家人评价等实践活动，把教学过程化作了一个动态的、变化

的、不断生成的过程。除了固定的"选题""收集资料""方法筛选"课例外,我还延伸出"制作购物清单""成本核算""质量对比""药理研究""广告设计"等课程,既关注学习结果,也关注学习过程以及情感、态度、行为的变化,评价的目标多元化、手段多样化。学生通过"发现问题—分析问题—解决问题—发现新问题"的探究式学习过程,掌握分析问题、解决问题的方法。在最后形成的分析报告中,我没有指定成果的方向,把主动权交给学生。结果,各组学生的指向都有不同,有分析制作工序对成品质量的影响,有分析吃咸蛋是否健康,有分析制作咸蛋成本合理性,异彩纷呈。学生在教学过程中始终在宽松的课堂氛围中交流、质疑、探究,在潜移默化中师生共同提高,使综合实践课不再是深奥难懂的"枯燥课",它与学生熟悉的生活经验和体验紧密结合,课堂内稀疏处可让学生天马行空,充分展示童心、童真、童趣;细密处又让学生感受引领的真诚、训练的缜密、帮助的细心。

2. 兼融创新——以资源共享,学科兼融;以文化引领,突破创新

兼容创新是我在综合实践活动教学中的一贯追求。我是一个不安于现状的人。多学科的教学经验和多方面的教育资源是我的优势,因此当我把专业知识和资源"兼融",我的课堂得到了超越。凭借多年的德育教育经验,我善于结合时事、学校实际情况和环境订立主题,正确挖掘社会教育资源在综合实践活动中的教育价值,预设利用社会教育资源开展综合实践活动的操作方案。采取"人力资源活用,地域资源挪用"的方法,打破学校的局限性,通过"破围墙入社区"的课程理念,打通校内外资源,拓展了课程的容量与宽度。在学生进行成果汇报时,我另辟蹊径,大胆创新,让孩子采用绘图加关键词,梳理活动过程,归纳活动所得,以学生喜闻乐见的说书方式展示成果,兼顾了不同学习程度的学生。

如今,学校"传统文化体验一小时"活动已经拓展到三十多个,并从"传承的原因""传承的目的""传承的方式"三个方面进行探讨,让校内外课程资源相结合。这个课程着力点是通过传承的内容创新、活动的融合创新、实践的方式创新,学生在"玩"中感受、学习、传承传统文化,赋予传统文化教育鲜活的生命力,更有利于传统文化自身的变革与突破。

以"中国的茶文化"为例,茶文化内容丰富,是传统文化的一部分,也是传统文化的教育载体。茶就像"+"号,融合了茶道、茶汤、茶器、茶席等教育,不仅体现了民族的传统礼仪、道德和情感风格,还蕴藏了制茶技术、陶瓷工艺、至简美学等不同领域。在开展茶文化主题活动时,我们以"以茶表敬意"为导入,学生们可以从给客人泡一杯茶开始学习待客之道,通过品茶和茶具的使用、敬茶的顺序、茶席的座位安排等,让孩子们理解"和谐"这一价值取向,达到学科素养与德育教育相兼容的目的。另外,我巧妙地把"茶文化"与现代的"创客空间"相结合,让学生解决茶席中敬茶比较远的客人时遇到的问题。学生在鼓励下设计

了"奉茶机器人",引来了媒体与传统文化工作者的关注,并在6家电视、报刊媒体中报道,大大提高了学生学习的积极性,实现了"传统与创新"相结合的教育目标。这样的探究性活动既是基于项目的多方位、多层次学习,从平面走向立体、从校内走向社会、从单个活动走向系列课程,也超越了封闭的学科知识体系和单一课堂教学的时空局限。

"多元开放,兼融创新"的教学风格,让我的学生在实践活动课中达到"耳动""手动""眼动""口动""脑动""心动",使其自身在知识建构"整体中领悟""过程中感悟""应用中明悟""追问中醒悟""创造中顿悟",形成自己的能力,建构属于自己的知识意义。

▶▶ 我的教学主张 ▶

现代生活教育理论告诉我们:人在活动中生成。用活动生成的观点重新审视当前的教学过程,只有让学生亲历各种实践活动,才能不断满足学生现有发展水平和自身期望发展水平之间的矛盾需求,不断地生成自我否定、自我超越、自我创造的精神追求。所以,我的教育主张是:把学习融入生活,体现学习在生活中的价值。

作为一个综合实践活动教师,我们很有必要在教学中让学生体会到学习充满生活的味道,使学生习惯从自身的生活背景中发现问题,提出问题,解决问题。我们身边的大千世界中蕴涵着大量的信息,学习元素无处不在无处不有,但很多学生学习语、数、英等学科多年,并不知道学习有什么用途,他们认为学习是枯燥无味的,是为了应付考试的。其实,学习的目的就是让我们更好地生活,更懂得生活。我们可以从他们已有的经验和已有的知识出发,有目的地、合理地创设出一些贴近学生生活实际的问题情境,把生活中的实际问题抽象成研究主题,只要引起学生的兴趣,就会大大激发学生的求知欲,学生就会主动地去开启智慧之门。例如,我结合"垃圾分类"的社区活动,引导学生开展"社区里的垃圾分类"主题实践活动。活动前期,引导学生发起调查问卷,了解社区里与垃圾分类有关的设施,感受社区里不同公共设施的用途。不仅诱发学生学习解决现实问题的欲望,还要从各种生活资源中选出需要的条件、信息。活动中期,引导学生与社区文化站和居民一起开展各种垃圾分类的公益活动。学生在亲历中,现有发展水平和自身期望发展水平之间产生了矛盾。我马上应其需要,组织学生参观社区的垃圾处理站、废品回收站和李坑垃圾处理厂等,感受现代都市的变化和垃圾分类的迫切性,直观地学习与理解了垃圾分类的全过程。活动后期,学生把活动所得的知识与经验聚集成活动成果,并在社区中宣讲。

课堂是充满疑问的,学习是为了回到生活中去,解决实际生活中的问题。所以,提供给学生所熟悉的生活资源,把鲜活的生活题材引入课堂,才能用活动生成观点重新审视当前的教学活动。

他人眼中的我

"超人"是大伙对黎超莹老师的昵称。这一声称呼既亲切，又准确地喊出了黎老师在大家心中的分量和地位。说她"古"，在于她对教育教学的执着追求。她始终坚守在教学第一线，教一科爱一科，从少先队活动到综合实践课，一直走在课改教研的前沿，是学校、区里、市内的学科骨干和带头人。说她"灵"，是因为她善于把不同学科的知识点融会贯通，为我所用；课堂妙语连珠，灵动风趣。她的"精"在于她致力于学科的专业化发展。凭借着敏锐的触觉、专业的研究，她带着课题组的老师们不断成长，推动区域内学科的发展。她的"怪"在对学科的独到见解，善于创新。她的文章和讲座总能带给人新的思考和启发，在区内威望很高。正是这样的"古灵精怪"，使黎老师拥有了"超人"的"能量"。

——广州市海珠区红棉小学副主任、广州市名班主任　黄海渍

在我眼中，我的师傅是全能教师，因为她无论教哪一科，做哪个职务，都会不断地探索新的教学思想，全身心地投入到教学实践中去，所以都是"响当当"。她善于整合身边的资源，无论在哪个地方工作，教学资源总是像"着了魔"一样，跟着她转。她设计的主题系列从不重复，会根据学校教育技术的配置，为学生设计最适合他们的活动课堂。她的课很少有刀凿斧砍的痕迹，却常可见她整体设计的大气流畅、行云流水。她很愿意听到不同意见和建议，并善于内化为新思想，不断地尝试，不断地实践与创新。或许，这就是她成功的秘籍吧！

——广州市海珠区晓港湾小学行政助理、广州市综合实践骨干教师　陈嘉婕

黎超莹老师是区综合实践活动学科骨干教师中的核心人员。她涉足综合实践活动课程教学十多年来，好学上进，教学理念能与时俱进；思维开阔，善于挖掘生活中的题材作为课程素材；勇于创新，充分利用社会资源把岭南传统文化引入课程；教学灵动，尊重学生的天性，点燃学生的智慧；乐于助人，充分发挥学科带头人的引领作用，积极为其他教师的教学进行诊断并出谋划策。多年以来，积极辅助区综合实践活动学科教研员开展各种培训活动，在本区的学科教研中发挥了非常重要的作用。

——广州市海珠区教育发展中心综合实践学科教研员、高级教师　曾小兰

黎老师个子小，能量大。她上课有些"任性"，从不按照课本讲课，课堂上囊括了天文地理、生活百科……让我们丰富了许多课外的知识，有时讲着讲着就把正课搁一边了，围绕着我们感兴趣的问题，把课程转了个方向。但学着学着，我

们都觉得给她"骗"了，往往到课程结束时才发觉，我们一直都在上"正课"。她会带我们学会生活，了解生活中的每一个细节的智慧。我总觉得老师身上有很多的宝，我们怎样学也学不完，连班里调皮的同学也能被她征服。

——现就读哈佛大学学生　朱琨瑶

摊上一个这么"会玩"的老师，我的孩子是幸运的。听着孩子回来嘴里一口一个"黎老师"，我可以感觉得到孩子对她的喜爱。最喜欢黎老师带着孩子做的传统文化研究，有时连我们家长也沉迷其中。看着几个孩子小大人似的在一起研究方案，我真真切切地感受到孩子的变化。作为母亲，我从不知道孩子有这样的能量，当他拿着他设计的图纸向我解读时，我难以平复我激动的心情。谢谢您！黎老师，是你给了我孩子学习的信心。

——广州市海珠区南洲小学程柏豪家长　黄晓慧

第四部分　育人故事

有何不可？

在新课程的改革中，尤其是综合实践活动学科的教学中，如何使课堂立足有效、追求高效是我们一线教师一直奋斗的目标。探究式学习是一种积极、主动、教学相长、师生共鸣的学习境界。我也是在与学生一起成长的过程中，深悟此理。

踏着轻快的脚步，我走进了课堂。面对着一群教了一年综合实践活动课的四年级学生，我是信心满满的。今天是新学期的第一节课，我的学生会把本学期的主题定为什么呢？他们会带来什么惊喜呢？

当我说，让他们自定课题后，如我所料，美食的、社区建设的、传统节日的……我满意地笑了，不枉我教了一年，这些主题操作性很强，只要稍微点拨，这个课题就可以定下来。突然，一个平时不大出声的小男生举高了小手："老师，我想考古！"我被这"惊世骇俗"的提议吓了一跳，还没有反应过来，台下的讨论声已越发激烈。"考古？广州还有考古的地方吗？""我们是不是要去博物馆？哇，好远！""我们能考古吗？这个很专业，不适合我们做吧？"面对质疑，小男孩说出了自己的看法："我觉得，既然要探究，我们就凭兴趣找课题，只要想研究，有何不可？"在他的鼓动下，孩子们纷纷投下了赞成票。这句"有何不可？"成了他们坚定不移的信心与口号。目标一致后，当42双眼睛用渴望的眼神望向我时，我只能秉承一贯"放纵"学生的宗旨，点下了头。我知道，综合实践活动学科与其他学科在本质上不同的地方，就是我不需要是"专家"，可以与孩子一起边研边学，只要提供他们必需的情景和方法，那"有何不可"呢？我们注重的不是最后研究结果的完美，而是学生检验的过程。

下定决心后，我开始进入了主题策划的思考。"考古"对于学生来说，是很陌生的，如何解决这"纸上谈兵"的死局呢？基于我们学校的条件，不能带学生到博物馆参观，更不可能到考古现场。我突然想起了一次旅行经历，在参观一间著名的博物馆时，看到了一个"模拟考古"的体验活动。对！不能外出，我还不能在学校里模拟一个考古现场吗？"脑洞大开"以后，我开始进入准备工作。

首先要解决的是"文物"。"考古"必须要有实体的支撑，既然场地可以模拟，文物仿品"有何不可"？上网一搜，还真给我找到了仿真度好的道具。万事俱备，我带着孩子进入了课程的准备阶段。第一节课，基于学生对"考古"的不熟悉，我设计了观看《考古中国》纪录片的教学内容，并提出要求：一是要细心观察考古需要什么工具？注意什么？二是当发掘到"文物"时，有什么后续的工作？一听到我的要求，孩子们兴奋极了："老师，我们真的可以去挖掘文物吗？"我笑着说："只要想，有何不可？"一节课下来，孩子们看得认真，记得仔细。在课后纷纷交出了对"我的考古之旅"的研究方案思维导图。

看着思维导图，我是惊喜的。导图中显示，他们把主题研究过程分为了"文物发掘前准备""文物发掘时的研究"和"文物发掘后的探究"。"文物发掘前"，他们细定了人员分工，文物定位的方法，测量和挖掘工具及挖掘后的保存方法。虽然，孩子们在我口中已经打探到这个"文物"只是一个"过家家"的赝品，但他们热情仍然无比高涨。不停追问我发掘的地点在哪？在充分准备后，我带着学生进入了课程的实施阶段。当学生带着小铁铲、挡沙板等工具跟着我到达学校的沙池，看见沙池中已插上他们的"定位旗"时，他们眼中闪现的满满的求知欲令我无比自豪。对！老师就是在你们"有何不可"的带动下，进行了这个情景再现的。

我和学生都是未入门的考古菜鸟，刚刚结束在学校教室内的理论学习，来到"考古现场"之中，我们都非常的兴奋与新奇。在工作开始之初，他们了解到这是一个"抢救性发掘项目"，发掘工作结束之后就必须"还地于校"。总之就是一件时间紧任务重，必须要赶工期的工作。对于考古，探索未知或许是它自身所具有的最大魅力。哪怕是孩子们已经知道，我们的工作对象是"假"的，可具体能发掘到什么"古"物，谁也不知道。从工作开始到结束，孩子们在不停地"攀比"。在相邻的小组发现了"文物"时，自己小组却还没有发现而暗自生气；在互相配合中产生小摩擦……我没有过多地调解，只是不停地鼓励，讲述考古工作的艰辛与小组合作的重要性。

在我的鼓励下，各组终于挖掘到一个正正方方的物品，并记录了有关数据。接下来的课程，孩子们用工具细心地清洗，"文物"渐渐地重见天日。孩子对于某一新鲜事物的热情往往只在结识之初，伴随着时间的流逝，热情与兴趣会在一点一滴之中逐渐消耗殆尽。我要求孩子必须记录发掘经历，也就是写发掘日记。非常有意思的是，如果翻看这一本本的发掘日记，不难发现，开始的一段时间里，记录都非常的详细甚至是完备，有手绘简图有文字记录。但是到了快要收尾的时候，日记就开始变得非常简略。往往是几句公式化的语句就结束了一次记录。鉴于此，我结合综合实践活动的 STEAM 课程理念，建议在文物发掘后期工作中加上"文物摄影"，以此作为最终成果的汇报资料。孩子们又"炸锅"了："老师，这个很专业，我们行吗？"我乐了："考古这么专业的工作，你们都能完成，做个简易摄影棚，拍个照，有何不可？"

教师引导学生积极探索、深入学习，教会学生学习的方法，更多是做到"授人以渔"，最终引导学生实现独立、自主学习，积极思考，实现学生的终身发展，这是新课程改革的终极目标，也是新课程改革最深邃的理念。在我的鼓动下，学生投入了"摄影棚的制作"之中。为了突出本组文物的"神秘""多彩""雄伟"，纸皮、木棍、纱布等成了搭建的材料；手电筒、闪灯、色纸成为灯光的设置和滤光设备；巧妙的背景置换机关、场景的仿真设计无不体现学生智慧的迸发。最终拍成的精美的相片，让这句"有何不可"得到了印证。由此可见，学生的学习能力是可以逐渐培养的。我们只要给学生时间、空间，给他们可以展示的平台，让学生敢问、想问、敢说、想说，这样最终会激发学生探究知识的欲望，将学生引向自主学习的道路上来，为终身发展打下坚实的基础。

我觉得，教学的最高境界是在教学中注重学生对知识的感知及情感体验，这样的教学，学生才会与老师产生共鸣。我们要相信学生的学习能力，将课堂还给学生，让探究与思考主宰课堂，真正地践行"以生为本"教育理念。实践证明，问题是思维和求知的发动机，它可以激活学生已有的经验，使求知欲望由潜伏状态转入活跃状态。学起于思，思源于疑；有了问题才会有发现、有思考。因此，应在教学中不断地启发并引导学生发现问题、提出问题、解决问题，不把问题答案告知，以免制约和影响他们的思维能力、想象能力和创造能力。当学生的思维被激发、被拓展的时候，他们对知识的认知与理解往往是超越老师想象的。"有何不可"可能就是带领师生走向教育新天地的一个信念。

附录　教学现场与反思

我的考古之旅
—— 目录制作方法指导课

【学情分析】

本活动的对象是四年级学生，他们已经有了对资料进行编辑、修饰的基础，也初步掌握了资料筛选等方法。然而，他们仍处于综合实践活动课程学习的起始阶段，在做整理资料和活动成果时，经常会出现资料册或成果册编排混乱，不能达到最佳效果。能合理的分类，按照一定的逻辑排列顺序是编排资料册的第一步。因此，指导教师将以本次活动为教育契机，指导学生从掌握目录制定方法入手，通过互动探究，能在老师的引导下，制作"目录"，为后阶段真正开展成果汇编做好充分的准备。

【教学目标】

（1）认知与技能目标：了解制作目录的意义；能在合作探究中掌握新的综合学习方法。

（2）能力与方法目标：了解制作目录的基本要素；掌握制作目录的步骤与方法，学会因应需求合理设计目录页。

（3）情感态度与价值观目标：通过制作目录页，能够从内容到形式，协调地表达自己的观点想法，从而培养逻辑思维能力并体验创作的乐趣。

【教学过程】

（一）课前互动

可以向我提关于我的三个问题。

（二）创设情境、激发兴趣

引入：从刚才同学们的提问中，我发现了同学们的综合实践能力还不错。采访提问就是我们收集信息的一种方法。同学们还会哪种收集信息的方法？

生：调查法（实地考察法、查阅文献的方法、网上搜索法……）

师：对！我们有很多的收集信息的方式，其中用得最多的就是查阅文献的方法，而我们在综合实践活动后，也会把收集回来的资料制作成一本本精美的资料册，供大家观赏和查阅。老师这里就有一本由我们学校学生制作的资料画册。漂亮吗？但资料的最主要作用，还是查阅。下面老师有个小游戏，看同学们能不能迅速地把我想查找的资料找出来。

生：……

师：你行动力真强！你是怎样找到的？

生：我一页一页地仔细翻看，发现这里有一个小标签，里面有这份画作的资料。

生：我先找出了最有可能的那几幅，然后再找作者的。

师：同学们都有一双慧眼，懂得根据具体的情况分析，再找出相对应的资料。但这样乱翻始终不科学，如果想更高效更快捷地找到想要的资料，大家会建议怎么做呢？

生：我们可以把资料摆得整齐些，分类放好。

生：我觉得不可行！这样很占地方，而且按什么分类呢，我们不一定每次都是找作者的。

生：我建议还是先分类，然后放成一叠，再像我们的语文书一样做个目录，这样就可以通过查阅目录来查找所需的资料了。

（揭示课题。）

师：我们要制作目录，你们会用吗？你们了解它吗？

生齐答：会。

师：老师有个小游戏，看同学们能不能根据图上残缺的内容，判断它是哪本书或者书的哪部分内容？

生：虽然这个残缺页上没有页码，但根据这页的内容，对照目录，我判断它是书中的第三部分。

生：这个残缺页上有页码，我们可以根据页码，对照目录，判断它是书的第二部分。

（板书：作用、快速检索）

师：大家看一看PPT，这里有两个作文书封面，你会挑哪本？

生：……

师：可以看到主题！但也有很多不确定因素对吧？

师：如果是它们的目录页呢，你会选哪本，为什么？

生：我会选第二本，因为目录上显示出的内容是我想知道的。第一本的内容我不大感兴趣。

生：我会选第一本，因为第一本的科学性更强，而第二本只是兴趣类的小故事。

生：书名是编者定的大主题，目录是这个主题下的内容。

（板书：方便浏览）

师小结：收集到的资料或制作活动成果集的时候，也用上它，相信一定会事半功倍。

（设计意图：以同学们最熟悉的课本目录为切入点，通过"猜一猜"和问题调查的方式，让学生了解目录的作用和重要性，进而揭题。）

（三）自主发现、了解要素

师：为了让大家都能掌握这个目录的制作方法，老师决定跟你们一起去闯关，大家有信心吗？

师：老师收集一些书的目录，请你们找一找，哪些要素是目录必须有的，哪些内容是某份目录特有的，你最喜欢哪一份，为什么？

学生讨论交流，介绍自己喜欢目录的式样。

（板书：名称、标题、页码）

师小结：原来目录有三个要素，他们分别是名称、标题和页码；目录还可以有自己的小特色，最关键是要适应读者的需要。

（设计意图：利用教师总结可以将学生零散的知识点进行合理的串接，让学生对目录有一个全面系统的了解，从而体现知识的权威性，并让学生充分意识到目录页中的必要要素有哪些。）

（四）互动探究、领悟方法

师：你们已经了解了一个目录的基本元素了。老师想请你们为我们手上的这本资料画册设计一个简单的目录。至于怎样制作这个目录才可以起到相应的作用呢？这就要交给你们思考了。

师：在你们讨论之前，我给一个制作目录小锦囊：①了解资料，归纳主题；②合理分类，排列有序；③拟订方案，口头介绍。

（学生讨论交流。学生分六组汇报，包括按作者分、按类别分、按年级分、按内容分。）

师追问：你们觉得这样分有什么好处？为什么这样分？

（板书：方法、明确主题、合理分类、要素齐全、排列有序。）

师小结：老师觉得，你们可以想到这些分类都是很棒的，你们选择的这些分类方法，都是根据今天这个主题资料内容去考虑，选择最恰当的分类方法，有序排列，最关键的还要把目录的要素放进去。

（设计意图：引导评价，让学生学会评价的角度，并从中看到别人的创意，拓宽自己作品设计的思路，学习别人作品的优秀之处，为以后完善作品做了准备。）

（五）运用方法、尝试制作

师：现在，请同学们从刚才大家提出的方案中，选择你最喜欢的一种方法去修改你的方案，然后制作一张完整的目录表。

（学生制作，选组进行汇报。）

师：你们看，老师发现一个问题，他们都按作品的类型来分，但下面的排序有些不一样，你们有什么发现？

生：他们在按作品分类后，一个在下面的排序中还按了作者的先后来分，一个就没有再排序。

生：我觉得，目录的作用是方便检索，所以既要考虑大的内容分类，也要考虑你排序的细致处，这样才能够达到方便检索的目的。

师小结：这个同学考虑得很仔细，原来我们排目录的时候，不仅要考虑大的类别，小的类别我们也要找出排序的规律。按照这个规律排列的话，我们就更容易达到方便检索的目的。

（学生修改并进行创新设计。）

师：作为一个小评委，我们要言之有理，所以，大家可以根据目录的作用是否达到，元素是否齐全，方法是否到位，设计是否创新来评价。

（小组汇报，同学互评。）

师总结：你看，我们今天学习了制作目录的方法，在以后综合活动实践的学习中，如果我们要制作一些资料的小册子或者一些活动成果的整理，我们就要用到今天学习的制作目录的方法。不是简单地把它排列出来，而是要考虑这几个规律，才能够让我们的读者更好地检索到这些资料。

（六）板书

我的考古之旅

——目录制作方法指导课

作用	元素	方法
	名称	明确主题
快速检索	标题	合理分类
方便浏览	页码	要素齐全
		排列有序

【教学反思】

资料整理是综合实践活动成果汇报中的重要环节，而学生往往注重了资料整理的方法，而忽略了资料成果册中目录的重要性。开设这一节"目录制作方法指导课"，一方面，以学生在研究的课题资料整理入手，以制作资料册的目录为载体，按照"分析目录—制作目录—美化目录—评价目录"的流程组织教学，通过多种教学方法和手段，力求引导学生制作一份比较完整、美观的目录作品。另一方面，以"自主、合作、探究"的教学理念指导课堂教学，侧重培养学生分析问题、解决问题的能力，增强学生自主学习、协作学习的意识，启发学生的创造性思维和逻辑思维，培养他们的审美观。

1. 联系生活经验，通过体验重构知识体系

学生天天与书本打关系，对目录是熟悉的，但这种熟悉只停留在使用上。在本课中，我先把学生平时阅读时使用目录的零散知识点进行合理的串接，让他们对目录有一个全面系统的了解。再让学生分析哪些是目录页中的必要元素，哪些是装饰图片及相关信息可有可无，以免他们走入主次不分的误区。最后，让学生习得资料整理的分类排序的思辨过程，使他们懂得按照不同的需要分类与排序更能有效地突出自己的活动成果。

2. 注重可迁移的方法与技能的教学

在活动中，我随时了解学生的进展情况，与学生一起解决各种问题和困难，注重收集和分析学生活动过程和结果的资料，鼓励学生在质疑与评价中修正自己原有的想法和设计。

（1）多元开放的教学方法和评价手段。

本课时是以"考古"任务最后阶段的资料整理为入口，基于学生活动中即将出现的问题，预设性地联系学生的生活经验和认知水平，提供多元性和差异性的教学素材，把生活世界与学生综合实践活动教学指导关联起来，寻找教学指导和动态资源的生成点。我通过任务驱动，围绕着如何能够按照一定的逻辑排列顺序制作目录这一话题，与学生进行对话，生成问题，形成资源，丰富了教学资源的形态，极具鲜活性。师生之间既有对学生课内表现的评价，又有对学生课外活动的评价；有师生间的评价、学生的自评也有学生之间的互评；既有终结性评价，又有平时的动态评价，在预设与生成中反思，在他人评价与质疑中感悟。学生对自己的"目录"进行构思规划，他们对自己的"专利"都有一个美好的愿景，在和同伴们的交流互动过程中，他们总是希望自己的"专利"是最棒的，因此，他们会自觉地去实践、去走访、去查询资料、去向身边的人请教，自然而然地使自己的实践能力再一次得到锻炼。

（2）兼融创新的教育手段和意识培育。

开展综合实践活动最重要的意义在于，让学生在实践中培养发现问题和解决问题的能力。因此，在"目录制作"活动的设计和实施过程中，我充分放手让学生去实践，只教给学生一些方法：如以时间为序，完整构思；如在观察研究范例的基础上把握"目录"的主体内容，再根据自己的爱好进行创意设计；再如在活动过程中随时反思并及时调整修改……在学生设计的过程中，不对学生的设计成果过于苛刻，要给学生犯错的机会，让学生在活动中主动发现自己设计的不足，再自己想办法完善。这样的过程对学生能力的形成和发展更有意义。

3. 学以致用，体现学习的价值

在这堂课中，为了让学生能更好地理解目录的作用和基本架构，我设计了多种游戏进行观察对比。通过"猜一猜"和问题调查的方式，让学生了解目录的作用和重要性，为后面探讨目录制作时应注意的问题做好铺垫。让学生把学到的目录制作方法运用到实际中，通过组织组内和组际交流，引导学生从各层面思考，对所表述的内容进行属性归类。既培养学生的思维品质，训练学生的表述技巧；又深化了目录的使用指导，使目录真正成为学生自主探究活动中"有益的助手"和"无声的老师"，无形中也指导了学生的学习方法。

问题解决　意义导航　享受学习

中国教育科学研究院荔湾实验学校　李毓嘉（小学信息技术）

第一部分　导读语

"李毓嘉，计算机小高职称，中国教科院荔湾实验学校信息技术教师"，这是我的一维肖像。其实，出生成长在广州这座领改革开放风气之先的前沿城市的我，从1998年高考扩大招生之前进入广州教育学院学习计算机教育开始，就在学院"平实之中显真本领"的"粤派"教育文化熏陶下打开了计算机这扇"小窗口"看大世界。而恰恰又在2001年中国加入世贸组织之时，我也光荣地加入了信息技术教师的队伍，在"国际视野"与"本土智慧"两种外部思维的激烈碰撞下，源于内在的理智与自信使我从初为人师逐渐走上了属于我自己的"粤派"教育风格修炼之路。

但行走于路上，艰辛在所难免。信息技术教育作为一门兼具知识性和操作性的新兴学科，日新月异的技术发展不断加速新旧知识的更替。这对从教教师在开放态度、理性思考和创新实践方面的专业素质提出了极大的挑战。可人总是在经历挑战后才能更快更好地成长起来，修炼"粤派"信息技术教学风格的成长经历，使我成为国家发明和实用新型专利授权获得者、广东省中小学教师发展中心信息技术教育委员会专家委员和市特约教研员、广东省教育成果奖和广州市教学成果奖主持人、广州市继续教育全员培训课程开发主讲教师；近5年独立发表北大核心期刊论文2篇、大学学报5篇、省级专业期刊2篇，并被中文及科技双核心期刊和优秀硕士论文数据库多引证。因此，从我的成长经历中，我所理解的"粤派"＝开放态度＋理性思考＋创新实践，而我的"粤派"信息技术教学风格修炼之路也理应如此。

第二部分 名师成长档案

一、我的风格修炼历程

波斯纳揭示，教师成长的规律是在实践中不断地进行教学反思和课堂重组。反思我的风格修炼历程，视野与智慧、理智与自信使我经历了适应期、成长期和精进期三个阶段。

适应期是我走上教师岗位的前五年（2001—2006年），我用心策划教学流程中所有的"问题"环节，担心出现任何的差错，就像牵着学生鼻子一样依照既定程序按部就班地实施教学。

成长期的我在教学经验的不断积累过程中参加了各级各类的教学竞赛（2007—2015年）。在陆陆续续获得国家、省、市级比赛的一二等奖之后，我开始思考自己的教学特色。虽然我对"乒乓式对话"的"问题解决学习"已是运用自如，但学生仅是受我的牵制行动，学习欠缺实际意义。因此，我着手重组课堂——让学生在游戏竞争中掌握软件的操作步骤，在小组学习中研讨工具的使用方法。总之就是让学生在课堂上最大限度地活跃起来，实现追求知识与技能、过程与方法和情感态度价值观的整体发展。

精进期从我申报参与"百千万人才培养工程"开始（2016年）。修炼个人独有的"粤派"教育风格的思想使我更加深入地反思成长期的课——虽然花样翻新了，学生活跃了，但对发展思维能力的作用非常有限。由此，我也感受到课堂本应是学生思维发展的自由空间，而学习就是享受教师服务的活动过程。因此，我又重组了课堂，为学生"有意义的学习"服务，追求现实场景下的问题生成；再把操作步骤一次呈现，引导学生去发现、审视问题；开发贴近生活的课程资源，辅助学生去研讨、辩论、解决问题，共享成功的经验。

二、我的风格修炼现场

我风格修炼过程中所经历的三个不同阶段，不断刷新我对学生、教材和师生同步发展的理解和认识，同时也推动我在信息技术课堂实践中不断地进行教学反思和课堂重组。

1. 学生——从学习内容的被动接受者走向课堂的主人

初入适应期，对学生是学习内容的被动接受者的认识，使我对学生的理解反映在三个方面：第一，学生的认知起点为零，他们对新内容的认识是"空白一片"。第二，教学活动是为了消灭学生差异而预设的课堂学习过程，目标和内容越精确越好。第三，按照行为主义学习理论的观点，以程序教学及时强化学生的操作性行为和反馈。因此，我使用了循序渐进的"乒乓式对话"推进学生的学习过程。

到了成长期，省市级优课"创作专题小报""资料搜集与整理""体验创作过程"等逐渐积累起来的教学经验和获奖经历使我对学生产生了新的理解。第一，引发和维持学生学习动机方可产生"学习的意义"，而被动跟进教学过程的学生是无从谈起"意义"的。这让我意识到，我过去的课堂原来一直丧失了"学习的真正意义"。因而，我开始重视学生的学习动机，但还仅限于由"游戏教学"所触发的学生情绪转变。第二，承认学生与学生之间的差异性，而且利用生生合作将差异作为课程资源分享。所以，又建立了优势互补的小组合作学习方式并以此为基点成功申报主持广州市教育科学"十二五"规划课题"小学信息技术协作学习活动设计的研究"。第三，促进学生长远发展的评价是多元的，涵盖了学生的知识与技能，过程与方法，以及情感态度价值观。

精进期阶段，"百千万人才培养工程"加深了我对"粤派"教育风格的认识，使我对学生的理解摆脱了以往思维的羁绊。首先，学生不再是学习内容的被动接受者，而是学习活动的主体；学习活动并不是少数学生独有的学习活动，而是全体学生的学习活动，全体学生都享受教师的服务，都能在学习中得到发展。其次，我对学生发展的理解产生了跨越式的转变。第一是跨越形式的转变。更加关注学生实质性的发展。课后再三反思使我发现学生只是在学习情绪上活跃了，但在思维发展方面亟须寻求形式上的突破。第二是跨越目标的转变。不将学生发展当作阶段既定目标，不只仅仅考量学习的结果而是同步体现发展的过程。第三是跨越思维的转变。考虑到学生存在认知能力、学习风格和知识基础方面的差异，学习方法不可能完全相同。因而我注重学生个体的感受和体验，并为他们创造机会表述独特的操作步骤和见解；同时突出优选思维的重要性和实用性，不片面追求不同方法的数字性增长，而是以方法对比的差异帮助学生识别哪些方法更简便，推动学生思维在"意义学习"的真实情境下经历问题陈述、问题求解和问题验证后产生实质性的发展。

2. 教材——从教学内容的全部走向动态的课堂教学资源

在适应期，我将教材的作用等同为教师单向施加于学生的媒介。在理解教材的本质时，我曾一度将它作为一个孤立的体系，将它作为教学活动的根本依据和基础素材。此时，教学内容全部出自教材，我只关注两方面：一是教科书涵盖了哪方面的知识点和练习题，二是怎么利用教参更好地突破教学内容的重点、难点。

从成长期开始，对"学习的真正意义"的认识使我对教材的理解不再囿于教科书和教参等文本类教材，还含有声音、图像、视频等互动性要素；不但包括静态传播的信息，还涵盖动态交互的资源。教材不是学生需要记忆的教学内容而是课程资源的观点，极大地拓宽了我对教材的理解视野，使我在2015—2016年连续两届由广东省教育厅组织举办的"资源征集"评比活动中荣获A类资源一等奖。

进入精进期,我将教材观重新定位为"用教材而非教教材"。因此,我基于教材重组知识板块,一次性出示教材中所有特性化的操作范例而非分次呈现;而且将学生原有的知识基础和学习经验也作为教材,让学生先回顾以往学过的知识点,唤起对已掌握方法的记忆,然后再将方法映射到新的待解问题上加以检验。此外,教材的课堂生成也在师生互动和生生互动中映现,利用学生在交互过程中的观察、比较、分类,找出解决问题的方法,推动他们在小组合作学习中相互带动,相互影响,达到优势互补,缩小差距。在此基础上,我又成功申报主持了广州市教育科学规划 2017 年度一般课题"'互联网+'环境下的 CPSL 在小学信息技术课的应用研究",论文《小学信息技术协作问题解决学习的实践研究》和《SPOC 混合学习在问题解决类协作活动中的设计与研究》则分别独立发表于北大核心期刊《中小学教师培训》2017 年第 4 期和省属本科院校学报《郑州师范教育》2018 年第 3 期;而专为课堂教学所设计开发的技术资源"一种基于云计算的网络协作学习系统"和"一种课堂互动教学展示装置""一种师生互动教学装置"也在 2017—2018 年分别取得 1 项发明专利、1 项计算机软件著作权和 2 项实用新型专利。

3. 学生、教材和师生同步发展——从分散走向统整

适应期的我认为,教材在不同知识主题上的难度表现特征是不同的,而不同的学生对教材的领悟与体验也有不同的障碍。所以,学生的学习行为依赖于教师对教材的完全解读,学生学习质量的高低取决于教师教学设计的优劣。因此,我用心准备教学设计,预设教学过程中的每一个对话话题,然后掐着表来统计每个环节、每句话究竟要花多少时间。在这里,我的目标界定为以教师的教督促学生的学,最后促成学生学习的发展;而结果导向也使我仅能关注学生可否在教师的教导下实现学习的发展。另外,我认为教材是编写者精选知识穿插理论编排而成,是教学活动的权威参照物,学生理应照单全收。在这里,教材只是辅助教师呈现教学内容的载体,并非直接卷入学生认知过程的学习材料;而且教材也是学生重要的知识来源,学习的最终指向就是学会教材上的知识。

成长期的我将不同年龄阶段的学生心理和生理特点与教材关联在一起来研究。通过反思学生的学习状态,我留意到学生尤其喜欢电子游戏和酷炫漂亮的图案。因此,我设计与学生身心特点相符的活动和安排具有竞争性的游戏作为外部资源来辅助教材,激活学生学习的积极性和主动性,促使他们在做中学、在玩中学。再者,我利用小组合作学习和学生之间的差异作为内在资源,优化教材内容的呈现方式,促使他们自动自觉地投入到学习中。

精进期的我将学生的认知能力发展水平与教材的知识结构叠加在一起探讨。一方面,我结合学生实质性的认知发展情况重新布局教材的知识板块,因而在教学过程中学生获取了确切的学习经历,而我对教材也产生了全新的认识,所以在对教材的理解和使用过程中实现教学相长。另一方面,在摸索学生如何掌握信息

技术课知识时，我重点关注学生学习的方法。学生作为未成年人，他们认知发展的稳定性还不足以完全独立接受由成人编写的教材知识和经验。所以，我在钻研教材时充分考虑教材的逻辑顺序与学生心理发展顺序的契合性，通过设置问题场景映现学生真实的学习活动，最大化地运用学生已有的知识和经验来自由操作和表述独有的观点，从而可以直面学生真正的认知过程开端，设计更加符合学生认知水平的学习活动，让每个学生都能获得全面而有个性的发展，同时也在理解和认识教材与学生的关联性之中达到更具实际价值的师生同步发展目标。由此，我独立主持完成的科研项目"小学信息技术课的协作学习活动设计与实施"在广东省教育厅2017年省级教育教学成果奖评审中荣获二等奖；经由成果转化建成的广州市中小学教师继续教育全员培训课程"小学信息技术协作学习的活动设计与应用"也于2017年上线，首次报读人数达214人次，为成果的应用和推广形成示范引领的典型案例。

第三部分　学科教育观

我的教学风格解读

乔纳森曾指出，有意义的学习源自问题解决，因而未来的教育应聚焦于"有意义的学习"，聚焦于使学生学会推理判断、分析整理和处理解决日常无处不在的复杂问题。"当人们在场景中解决问题时，他们就在进行有意义的学习"。简而言之，学生在学习与自己已有认知结构相关联的新知识时，会主动融入最容易与新知识结合的已有认知结构中；而已有认知结构由于吸纳了新知识，也会在学生心里产生分化、重构和再造的意义，同时再经过内证同化转变为自己的知识，这一过程就是"有意义的学习"。所以，我致力于追求为学生"有意义的学习"导航，让学生在利用信息技术解决实际问题的过程中享受"有意义的学习"——"意义导航、享受学习"是我最向往的问题解决型"粤派"信息技术教学风格。

"意义导航"在这里是植根于我为学生的问题解决学习所设计的六大支架：①目标支架，在问题解决学习开始阶段帮助学生明确学习目标和预期成果，激发学生学习的兴趣。②小组任务支架、协作技能支架，在问题解决学习开展过程中提供小组协作方面的支持。③数据搜集支架，在数据搜集阶段减少学生在网络上搜索可用信息时可能遇到的困难和挫折。④数据加工支架，指导学生在数据加工阶段有效地把搜集到的信息转换为最终需要的呈现形式。⑤产品支架，在问题解决学习后期帮助学生整理资料、制作作品，形成小组的探究成果。⑥内容支架、评价支架，为学生提供贯穿整个问题解决学习过程的活动步骤和自评、互评的量规工具，使学生能依据活动指引和评价指标明确努力的方向，并逐步完成学习活动。

"享受学习"的本质是回归"真实的人"的教育——每个人都潜藏着不可估量的能力，教育的作用就是要释放学生的内在潜能，学习就是理性回归生活世界的要求和行动，包括营造关爱、接纳和支持的生活场景，提高学习过程联系生活经验的自由度和开放性；发挥故事化、游戏化和竞赛化兴趣点的作用，丰富学习情境的趣味性和挑战性；开发生活世界中的课程资源，增强学习内容的实用性和针对性。同时，还要尊重每个人的发展条件和差距，利用个性化的学习目标和期望，让全体学生都可以学有所得，并在知识获取的过程中体味学习的乐趣。

上述两点概括为关键词就是："干预"与"体悟"。它对学生问题解决学习的影响可以从学生课后的访谈了解到。

生1："问题解决过程中提供的学习支架对我是有帮助的。主要我是组长，要比组员对问题解决的学习更加敏感，比如学习理论知识和技术的分工、时间、成果展示等都要更留意。所以，目标支架和任务支架中的学习任务单、小组学习计划、个人学习计划等都比较清晰，能先计划出问题解决的整个过程，更好地掌握学习的方向，明确学习的任务。此外，数据搜集支架和数据加工支架中的技术操作微课对我的学习价值也很大，它让单调无趣的理论指导变得更加清晰明朗，而且还能下载保存，重复学习。"

生2："我认为这些学习支架是有帮助的。其中，数据搜集支架的帮助比较大，它能够快速提供相关的知识，对于学习理论知识和操作技巧很有帮助。而进行自主学习时，老师的建议（产品支架）就很有帮助了。这可能是由于我们自己的方法不够完善，比如制作思维导图展示成果的时候，我们只知道百度脑图，但老师会向我们推荐功能更强大、操作更容易的MindMaster。"

生3："在解决问题的过程中，这些学习支架是很有帮助的。主要是在学习方向和协作交流上，我觉得目标支架和协作技能支架对我的帮助比较大，因为对于问题解决学习来说，跟上集体的学习进度和节奏很重要。我反而觉得评价支架对我帮助不大，原因是在自己的学习过程中会很清楚自己有哪些部分学得不够深，做得不够好。而对于别人学习的那部分内容，自己没有亲身体验，很难做出正确的评价。"

生4："我之所以认为参加问题学习会感到兴奋和有自豪感，是因为我的加入和付出能够获得同伴们的认同，并且我的解决方案是经过我亲身经历证明有效的，因而我感到特别的自豪。尤其是在我最好的伙伴们面前分享经验，觉得自己就像大师一样精通百科，而且还不小心发现了我的演讲天分，油然而生的肯定是满足感了。所以，靠谱的思路和方法，满满的努力和付出，还有小伙伴们的相互理解和支持，是问题能够完美解决的关键原因。"

生5："老师的游戏问题特别有意思，我们都能找出自己最感兴趣的主题来研究，不但练了手，还增强了自信心和创造力，感觉特别好！而且在解决问题的时候，我们都可以自由发表自己的理解和看法，觉着整个人都融入问题里面去了，心里面都是主人翁的幸福感。最后在做任务小结时也是自信满满地去汇报，很享受整个过程。"

生6："说真的，我以前是最不认同小组协作解决问题的，我更偏向于个人处理，因为我觉得大家集中一块解决问题的效率不高，反而是自己一个人在时间安排和资源分配方面会更加自在。但现在我的想法转变了，我明白到问题解决是在大家相互理解基础上的互动过程，比如我们四个小伙伴之间经过密切合作实现了共同进步的目标。我们将集体研讨的话题作为支架，将分类搜集到的网络素材作为内容，最终制订出问题解决的计划和方案。真的是第一次这么尽心地准备，可能这就是参与其中的快乐吧！"

我的教学主张

我的教学主张源自我追求为学生"有意义的学习"导航，让学生在使用信息技术解决现实场景中的具体问题时享受"意义学习"所产生的积极体验。因而，我在教学实践中总是趋向于把"细节问题"留给学生，一如以下的教学案例。

"李老师，为什么图片和艺术字插入文字里面以后不能移动的？"

回想到在之前那个班的教学中，图文混排的效果一直难以令人满意。对于学生来讲，操作的方法虽然是一目了然，但难就难在如何选择合适的绕排方式。课堂上尽管已经不厌其详地反复介绍文字环绕的方法，可是学生一旦接触到图片、艺术字、文本框之类的绕排操作时依然做得不好。所以这节课，我准备采取不同以往的方法试着解决这个问题。

在通过问题引入图文混排的学习任务之后，我并不打算直接讲解文字环绕的七种方式，而是将一个"开放式"的问题抛出来："怎么可以将图片和艺术字插入文字里面并且随意移动呢？"

学生答："用图文混排的方法。"

师："能想到图文混排的方法真棒，谁能给大家说说图文混排是怎么操作的？"

生1："格式→文字环绕→浮于文字上方。"

师："其他同学有补充的吗？"

生2："还有格式→文字环绕→四周型环绕。"

师："两位同学分别找到两种不同的文字环绕方法，思考一下它们之间有什么区别呢？"

生3："第一种文字环绕方法（浮于文字上方）是艺术字用的，第二种文字环绕方法（四周型环绕）是图片用的。"

师："其他同学有不同的看法吗？请举出一些实际应用的例子加以说明。"

生4:"我觉得四周型环绕方式不一定是图片用的,因为在制作栏目标题时可以将(艺术字)标题嵌入到正文文字中,使(版面的)样式更美观(应作'更丰富')。"

师:"原来艺术字也是可以使用四周型环绕方式呀。那还有其他的发现吗?"

生5:"图片好像只能用四周型环绕方式,不能用浮于文字上方方式,因为如果用了会把文字覆盖的。"

生6:"不一定,图片还能用紧密型环绕方式,一样不会把文字覆盖。"

师:"那么四周型环绕与紧密型环绕的区别之处在哪里呢?"

生6:"紧密型环绕的话,文字会沿着艺术字的轮廓绕排;而四周型环绕会在艺术字四周有(矩形)空白(应作'留白')的地方。"

师:"通过观察,同学们发现了多种文字环绕方式。它们两两之间又存在着怎样的对应关系呢?"

生5:"我发现四周型环绕与紧密型环绕存在一样(应作'相近')的关系。"

生1:"我认为衬于文字下方与浮于文字上方是相反的关系。"

生7:"还有上下型环绕与穿越型环绕也是相反的关系。"

…………

在这个教学案例中,我不惜用大量的时间去启发学生思考文字环绕方式的特点和作用。尽管问题相同,但转换一种开放的方式呈现,使得学生的解决能力得到很大的改善。过去都是教师列出要点后再传授给学生,学生如同机器般死记硬背。在碰到类似的问题时,学生仍旧不懂得如何整理提取知识的要点,解决能力显然就不会得到提高。所以,采取何种方式向学生呈现细节问题,对学生学习效果的作用意义重大。

对此,我认为,授人以鱼不只授人以渔,还应授人以欲。在对教学内容的知识板块做布局时更要注意细节问题的巧妙设计,由经验思维向理性思维转变,为学生开创一个能够独立思考的求知空间去探寻问题解决的方法并协助他们将其创造性地运用到现实场景中——这可比单纯教会学生使用一种工具、背熟几个操作步骤重要得多,也是与"粤派"兼收并蓄、讲求实效和注重革新的教育智慧不谋而合。受此感悟,我的教学主张提炼为以下五点。

1. 坚持问题导向

问题设计的适切性对学生思维训练和潜能开发的作用至关重要,因此,要把握时机营造充满趣味性、挑战性的问题场景,设置若干递进式的焦点问题,引导学生展开探索与求证、商讨与辩论。

2. 敢于批判反思

教学是一个行而有思的过程,需要不停地检视教学方法的各个细节能否满足学生的学习欲望和挖掘他们的学习潜能。倘若结果是否定的就要及时反思,转变策略，调整方案。同时，鼓励和培养学生"自得""贵疑"的反思能力和批判精神，坚持"从内心出发，不迷信权威"，响应创新时代需要和呼唤具有反思能力和批判精神的人才要求。

3. 追求形象直观

利用演示法重现形象、直观的学习场景，使信息技术学习能够化艰深为浅白、化抽象为具体、化空洞为充实、化繁复为简约、化单调为丰富，使学生对学习倍感亲切生动、趣味无穷，极易产生清晰的感性形象。

4. 实现灵活多变

作为一个具有独立思想的鲜活个体，学生总是带着以往的知识经验和当时的思想情感投入到师生双边活动中，势必生成很多意想不到的变化。因此，教学行为应循从实际出发，坚持包容并举、因势而动、应权通变、弘思远益，使智慧生成之花在课堂上吐露芳华。

5. 直面内化升华

教学除了承担传播知识的职责，更兼具启迪智慧的重大使命。因此，无论是探究学习，还是综合运用，都要引导学生在充分感知、理解的基础上进行内化巩固，自主构建知识链和能力链，最终升华为自我的思维乃至思想。

他人眼中的我

毓嘉老师是一个"静慧"的老师。因为静得下来，他学习认真，研究深入，其学术研究的严谨性和钻研精神令我敬佩。静能生慧，他善总结、善提炼，结出了累累硕果。作为一个小学老师，其在学术领域的影响力令我印象深刻。

毓嘉老师是一个"务实"的老师，基本功底扎实，扎根学科、课堂研究，其成果受到好评、得到推广便是自然。

毓嘉老师是一个"有情"的老师，他心中、眼中有孩子，课堂静而启思，是一个有情感的老师。他热心培养青年教师，指导粤西教师，积极探索教育资源下乡行动，热心参与梅州、河源、肇庆等地城乡中小学校校际帮扶活动，是一个心怀大教育的有情怀的老师。

——广东省名教师工作室主持人、广东省基础教育与信息化研究院副院长林君芬高级教师

毓嘉身上有着好老师最大的特质——善倾听，精表达。在大多数学术活动中，毓嘉总是目光关注着讲者，细做笔记，尽可能地让别人把话讲完，从不插话。甚至一些场合像沉默的"旁观者"。难道他是不会说吗？不是。在最恰当的时机，在最应该阐明观点的时候，他总会用简趣的语言把自己的观点推送到听者的心底。多数时候，听者在会心一笑时颔首赞许。这种深思对话，是在信息泛滥的当下，

践行"少即是多"的经典。为什么我们的学生有"左耳进左耳出"的虚假的"听觉疲劳"呢？是因为我们笃信"抓反复反复抓"的金句，说话太多，让学生不厌其烦。而毓嘉的课堂不是这样，他永远尊重学生的表达权，不会为了教学预设而使用教师的"话语霸权"，他的信息技术教学课堂，鼓励学生表达，师生的思维都有足够的含金量。

——广东省名教师工作室主持人、中山市三乡镇平岚小学校长、高级教师　刘杰

李老师具有扎实的教学管理理论、较高的教育科学素养和科研组织管理及自主知识产权研发能力，教育领域高层次奖项丰硕、教书育人成绩显著。

——广东省教育研究院教学教材研究室信息技术教研员、高级教师　胡军苟

李老师多年从事一线教育教学工作，一直以来都积极投身学科的教改实验中。而且作为市、区科研骨干，多次主持省市规划课题研究项目，尤其在城乡学校数字化教学资源共建共享和中小学信息技术教学衔接方向取得显著的物化成果，形成示范引领的典型案例，使"粤派"教育研究和实践的成功经验与有效做法得到广泛的传播。

——广州市教育研究院副院长、研究员　傅荣

李老师是一个重视引导，关注操作，尊重学生差异的老师，常在课堂上组织合作活动。如在两人或四人之间展开问答，通过信息交流、扮演角色、游戏等活动，以学生为中心增加学生的参与度和会话频率，增强课堂的交际氛围，为学生创造宽松的学习气氛，减轻学生的学习心理压力，让学生在一个轻松愉快的环境中掌握知识。

——广州市名教师工作室主持人、广州市八一希望学校主任、高级教师　劳浩勋

李老师在康有为纪念小学工作已经有 17 个年头了。在这 17 年里，他热爱本学科教学工作，从一名普通的青年老师成长为一名优秀的教学骨干。这几年，他辅导参赛的学生和个人参评的教学课例都获得了省级奖项和优课的好成绩；科研方面，他所申报的省、市级教育规划课题都取得优秀的结项鉴定，而且成果还获得省教学成果二等奖，不愧是学科的模范带头人。

——广州市荔湾区康有为纪念小学校长、高级教师　李肖玲

李老师是从区内教学骨干中选调过来的优秀教师。作为一名省级中小学教师发展中心信息技术教育委员会的专家委员，他敬业爱岗、积极进取，在学校成立后短短两个月里，辅导七年级新生的竞赛活动就以市内一等奖的名次获得送省参

赛资格，表现出他过硬的业务能力和深厚的科研素养。

——中国教育科学研究院荔湾实验学校校长、高级教师　梁仲明

毓嘉的工作态度认真积极，常常主动参与班级的常规管理工作，并结合他所研究的课题努力提升学生思维素质。而且坚持"以情感人，以理服人"的管理方式，与学生建立起民主、平等的师生关系。对一些特殊学生，注意以情感为突破口，激发他们的自信心，鼓励他们发挥特长，树立信心，同时进行个性化教育，帮助他们树立正确的人生观，转变学习态度，掌握正确的学习方法，从而提高学习成绩。所以他所在班级的班风、学风良好，多次受到领导的肯定。

——广州市荔湾区名班主任工作室主持人、广州市荔湾区康有为纪念小学高级教师　马军丽

李老师是一个工作态度认真、虚心好学、待人真诚，做事有责任心的好同事。而且他基本功扎实、教学路子又活，是一个能够发挥自身的示范作用，帮助身边的老师一起进步的好伙伴。

——广州市名教师工作室主持人、中国教育科学研究院荔湾实验学校高级教师　刘燕清

李老师讲课有条理、清楚易懂，是一个能够不断鼓励同学、对待同学有耐心，制造出良好课堂气氛的好老师。

——广州市荔湾区康有为纪念小学六年（6）班学生　陈鸿宇

李老师非常懂得我们的心思，愿意为我们花时间、花精力，而且总是用"新鲜出炉"的知识支持着我们策划最佳的解决方案，提高我们的动手能力。

——中国教育科学研究院荔湾实验学校七年（1）班学生　樊宇阳

第四部分　育人故事

老师记住你的名字了

"李老师，我是34号，我叫……"

简简单单的几句自我介绍，让我对这名学生的回忆倏忽间涌现出来。

事情要从新接手的四年级说起。因为信息技术学科是从四年级起开设课程的，很多学生是初次接触，基本上都不认识，但有一些在课堂上表现积极或者过于

"积极"的学生，我也刻意地熟记了他们的姓名。而其他的学生由于电脑室按号就座的原因，所以还是能用点学号代替姓名的方法暂时应付过去了。

就这样，教学还是一路开展下来，直到那次公开课。

按照预设的教学计划，教学过程进入演示环节。在一轮竞答游戏中，我连续点了几名学习能力较强的学生名字之后，课堂出现了一点小冷场，这时如果再重复点之前的学生就略显作秀嫌疑了。正在无计可施的时候，我忽然瞥到课室一角一只举得若隐若现的手，于是我快速扫了一下计算机位的编号，就叫道："34号，对，就是你，34号同学请你来演示一下。"

话音刚落，只见"34号"同学脸上有点诧然，或是惊喜还是其他难以言喻的复杂表情闪过之后，慢慢地站起来，然后再走向讲台的电脑一步一步地操作起来。十分庆幸的是，"34号"同学的操作完全符合教学要求，所以我非常满意，做了一番"34号同学做得非常好"的表扬之后，就继续把教学流程推进到下一个环节了。当时我觉得，和我平常做的没什么两样啊，于是事情很快就被我淡忘了。

一周过后，当新课又进入到演示环节时，我再次看到"34号"同学举起了手，熟悉的场景使我脱口而出："34号同学，你能演示一下吗？"霎时间，我好像看到"34号"同学举着的手微微抖了一下，接着又是慢慢地站起来，然后再走向讲台的电脑一步一步地操作起来。但这一次他的表现让我失望了，于是我摆摆手让他回去，取而代之的是请另一名我能说得出名字的学生上台操作一番之后便匆匆结束了该环节。

下课之后，正当我要稍做整理为下一节课做准备的时候，竟看到还留在课室一角的"34号"。于是我问道："有什么事吗？"

"李老师，我是34号，我叫张榮烨，是跟'企业'一样读音的'榮烨'。"

我一下子呆住了。是啊，为什么上一次课后我就没去多关注一下他呢？

但是这一次他的名字终于深深地印在我的脑海里，而且这件看似很普通却在课堂中常常会发生的事情给我留下了非常深刻的启示。在教学过程中，老师千万不要忘了用心关爱身边的学生。哪怕只是记得住、叫得出他们每一个人的名字，都会大大拉近学生和老师彼此之间的距离。所以，我们作为老师要在课堂中落实教育对"人"的回归，坚持"育人为本"，尽可能地把每一个鼓励的机会留给不同的学生，让他们喜欢上与老师交流，在爱的基础上建立平等融洽的师生关系，同时达到教学相长，使孩子们能够在快乐中学习、在学习中快乐、在快乐中成长、在成长中收获！

"好的，张榮烨，老师记住你的名字了。"

附录　教学现场与反思

"魅力广州塔——信息综合活动"教学实录

【教学目标】

1. 知识与技能

（1）会利用多种途径获取资料。

（2）会根据表达观点的需要分类整理资料。

（3）会使用学习辅助工具表达各自的观点。

（4）会对加工后的资料以多种形式展示和交流。

2. 过程与方法

通过开展"广州塔魅力所在"的问题探究活动，借助各类资料的支持，逐步掌握运用信息技术进行问题解决的学习方法。

3. 情感与态度

（1）体验信息技术在问题探究活动中的优势。

（2）增强心系社会的责任感和待人以诚的合作意识。

【学情分析】

1. 学生对信息技术的基本操作掌握得比较熟练，部分同学能制作较为完整的电子作品。

2. 学生思维比较活跃，有一定的问题思考和任务自学能力，能够利用网络辅助学习。

3. 学生多为本地人，对探究"广州塔魅力所在"的问题具有较为强烈的学习欲望和积极性。

4. 学生与他人协作学习的能力相对薄弱。

【教材分析】

1. 内容结构

问题讨论："广州塔的魅力之处表现在哪里"。

解决拟案：

（1）获取信息，根据"魅力广州塔"的主题搜集各类资料。

（2）管理信息，将搜集到的各类资料汇总拟出观点，并据此进行分类整理。

（3）表达信息，结合对广州塔的认识和感受，加工搜集到的资料，表达最终的观点结论。

2. 重点难点

信息的加工和表达。

3. 知识节点

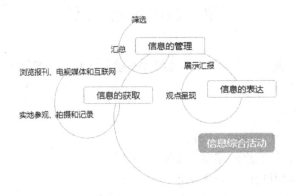

【教学方法策略】

本课以问题情境激发学生学习的兴趣，引导学生通过阅读学习资料，初步了解信息获取、管理和表达的方法。再以指导性任务为小组的问题探究活动搭建学习支架，给予学生必要的引导和辅助，培养其善于思考问题的能力。最后，分享探究成果，帮助学生认识自己在解决实际问题时思维方法和应对策略的缺陷，以及学习习惯上的不足，从而转变学习动机、学习态度和学习方法，提升学习效果。

【教学情境创设】

问题情境设计		
问题类型	问题情境简要描述	问题呈现方式
案例/系统分析问题	○现场情境　●虚拟情境　○真实情境 上节课后，老师布置了同学们以小组的形式在课外探究"广州塔魅力所在"的问题任务。今天我们就一起来开展探究广州塔魅力的综合活动。那么要寻找广州塔的特别之处，我们可以怎么做呢？同学们不妨一起来听听木棉仔和石榴姐姐在《老广游省城之小蛮腰》中是怎么说的	通过故事会的形式呈现

【教学过程】

1. 问题识别

（教师创设故事会的问题情境，学生从故事中发现问题，回答想到的可能的做法。）

师：上节课后，老师布置了同学们以小组的形式在课外探究"广州塔魅力所在"的问题任务。今天我们就一起来开展探究广州塔魅力的综合活动。那么要寻找广州塔的特别之处，我们可以怎么做呢？同学们不妨一起来听听木棉仔和石榴姐姐在《老广游省城之小蛮腰》中是怎么说的。

生1：我们可以到广州塔现场参观，用手机或者摄像机把广州塔的特别之处拍摄下来。

生2：还有把报纸和电视上关于广州塔的新闻也用手机拍下来。

生3：其实上网查找广州塔的资料，下载下来会更加方便快捷。

2．资料勘探

（引导学生阅读学习资料，从游戏活动中思考获取信息、管理信息和表达信息的方法。）

师：在互联网上，可以很便捷地搜集到广州塔的各类信息，但要体现出广州塔的特别之处，还需要小组里的各位同学对信息进行分类、整理和加工。同学们可以利用云盘建立分类文件夹，并通过文件评论功能筛选出有效的信息。

师：同时，为了让同学们在交流展示时能够更清晰地呈现小组的观点和结论，老师设计了一个"观点智叻醒"的伴学工具，同学们以小组讨论的形式从有效的信息中提取自己小组的观点和支撑的资料。

3．协商重构

（教师提出引导性任务，为小组的问题探究活动搭建学习支架，学生根据引导性任务分小组讨论问题解决的方法。）

师：在我们这次问题探究活动中要注意的是，对搜集到的信息如果是确定与观点相关的可以筛选出来整理在文件夹中；如果不确定的也可以在小组内发起讨论，再从讨论的结果中提出自己的观点。如果还有疑问的话，可以向老师请教。

生4：我们小组的计划首先是评价每位同学搜集到的信息的可用性，然后从有用的信息里面讨论我们小组的观点，确定观点之后再建立文件夹存放有用的信息，最后提出我们的结论和支撑的资料。

生5：我们小组是先分工收集广州塔的各类信息，然后使用分类文件夹整理收集到的信息，再从小组讨论中筛选出有用的信息提出我们的结论，最后向各小组交流分享。

4．交流解释

（1）学生汇报小组结论和支撑信息。

师：请提出结论信息的小组说说广州塔的魅力之处表现在哪里？

生5：我们小组认为，广州塔的魅力之处在于它的娱乐项目丰富，有蜘蛛栈道、极速云霄和摩天轮；而且功能多样，既可以观光又可以发射微波信号还能做展览场馆；最重要的是，广州塔的建筑结构安全、科技含量高，全面的安全监测系统保证600米高的广州塔能够抵御7.8级地震和12级台风。

生6：我们小组认为，广州塔的最特别之处在于它的景观优美，站在488米的世界最高观景平台上就可以饱览广州新城市中轴线和珠江景观中轴线的各大风景，是游客来广州必到的"打卡圣地"。

生7：广州塔最吸引人的地方还是它的"小蛮腰"。从我们小组收集的信息可以看到，广州塔的塔身是整个盘旋向上的，顶部和底面之间的支柱逐渐扭转并在腰部收缩变细，所以从不同的方向看都能欣赏到广州塔优美的"小蛮腰"造型。

（2）学生观摩各小组的探究成果，感悟其中的结论信息，并提出修改建议。通过简单评价，为下一阶段创作激发灵感。

师：请同学们浏览其他小组的成果作品，试着提出自己的意见和建议。

生1：我觉得广州塔的景观优美不仅体现在它的观景平台上。我和爸爸妈妈到过广州塔上的旋转餐厅吃自助餐，真的可以360度旋转观看广州的美景。如果有小组需要这方面的信息，我可以贡献我用手机拍摄的照片给你们使用。

生8："小蛮腰"不但白天漂亮，到了晚上灯光都亮起来之后更漂亮，特别是灯光节期间的"灯光秀"，不仅好看还包含了很多新科技。所以，"小蛮腰"的造型美还应该补充它的"灯光秀"信息。

5．回顾调整

（教师提供资源，引出新的问题任务，学生继续完成"魅力广州塔"的探究任务或尝试新的问题任务。）

师：除了广州塔是广州的标志性景点外，其实我们广州还有很多景点都有它的特色之处。请完成"魅力广州塔"探究任务的小组讨论一下，试着选择一个感兴趣的景点再进行探究，并且继续使用"观点智叨醒"将探究的结果向同学们分享。

生9：我们小组打算做"魅力广州塔"的姐妹篇"秀美荔枝湾"，计划从泮塘美食、民俗节日和湾水胜景个三方面收集信息体现"荔枝湾"的秀美之处。

....

【教学反思】

1．课程地域文化的资源开发与教学设计

支撑问题解决学习的核心之一是营造学习的"现实场景"。乔纳森曾概括得出契合不同问题解决学习的各种情境和对应元素。可是，到了实际应用场景中，教学条件的差异会在很大程度上制约着学习情境的创设。因此，基于我的"粤派"学科教育观，本课的设计是依据学生的真实状况，灵活把握教学资源，变通拓展教学内容，创设探究"广州塔魅力所在"的问题情境，并以小组合作的形式通过三步探究实施问题学习。一是信息的获取，让学生围绕"广州塔的魅力表现在哪里"的问题有针对性地搜集各类资料；而且仅在必要时给予学生适当的参考研究方向，以避免学习的盲目和信息的泛滥。二是信息的管理，引导学生将搜集到的资料汇总然后拟出观点，并据此筛选过滤出最能表达观点的内容，同时控制各类资料的总量，避免信息的冗余。三是信息的表达，引导学生结合对广州塔的认识和感受，对搜集到的资料进行加工，提出最终的结论。最后，组织全体同学展示汇报问题探究的成果，交流和表达各自的结论信息，并利用点评的方式，小结改进的方向和方法，点拨提升。目标是令整个问题解决学习过程在现有的环境条件下实现最优化。

2. 课堂教学对话与教学生成

保罗·弗莱雷曾深刻阐述了教学对话的实质是以问题解决为目的。从本课来看，尽管解决良构性问题和劣构性问题的过程各有不同，可它们均非"一蹴即至"的简单线性程序。因此，本课设计以利于问题解决学习过程的有序与流畅为对话线索，根据学生的生活背景和文化特点，以"育人为本"，按需整合相应的资源和认知工具，生成更丰富更有趣的问题场景和主题信息，使学生在现实状态下进行问题探究活动，研究最贴近生活世界的真实问题内容。所以，在本课中最主要的表征方式有以下几个方面：①师生对话。教师针对具体的活动任务，呈现问题解决学习所需开展的活动任务和操作流程，并在任务流程的各个阶段向学生推送有针对性的建议，以各种关联的知识建构工具、交流协作工具、评价反思工具，协助学生开展不同阶段的问题学习；学生则可以答辩式或讨论式对话积极回应。②生生对话。小组成员根据自己的学习情况，在任务学习主页中提出自己对问题解决的看法，本小组或其他小组的同伴通过线上或线下的交互方式进行对话沟通，并将交流协商的结果发布在学习主页中。③自我对话。学生通过以研讨结果形式提交的"学习日志"反思自己在问题解决过程中呈现的态度、行为和结果。④信息对话。教师和学生观察记录同伴在问题解决过程中的学习态度和行为，听取他们汇报的问题研讨结果，以及评估他们在小组活动中的参与度和贡献值。

3. 教师教学风格与教学艺术

问题解决学习的过程本来就是一种高阶思维活动，与之匹配的是其独有的评估量规。乔纳森倡导问题解决的绩效评价和建构主义学习的规范准则，采取真实性的评价，是本课重点考虑的因素之一。因而，本课在实施过程中除完整展现整个问题解决学习活动之外，还将评价反馈与问题解决学习相融合，利用引入即时评论和多样式评估方法进行过程性评价，是回归教育真实性的有意义学习。此外，本课基于"粤派"学科教育观的资源开发与教学设计虽然还处于原型阶段，但问题解决学习的支架体系已经建立，如对教学过程的设计，已将整个真实的问题解决学习的详细流程和具体要点都包含进去。今后同类课型的整体设计构想将继续通过循环的实践和反复的调整以臻于完美。

汪国真说过，向上的路，总是坎坷又崎岖。但凭继续行走的决心和信心坦然面对，终有所成。"粤派"教育风格的修炼也是路漫漫其修远，但我将上下求索"粤派"教育于平实之中启迪智慧的真理，矢志不渝地追求为学生"有意义的学习"导航，让学生经历内心真实的情感波澜和竞争挑战的刺激体验后真正享受学习的快乐。